BIBLIOTECA DE DERECHO PÚBLICO

Tommaso Edoardo Frosini
(Director)

Carlos Antonio Agurto Gonzáles
Sonia Lidia Quequejana Mamani
Benigno Choque Cuenca
(Coordinadores Generales)

Andreas Fischer-Lescano
Investigador del Institute for Business Law de la Universidad de Frankfurt y miembro del grupo de investigación de la Hessian Foundation for Peace and Conflict Research. Director del Instituto de Derecho Europeo -ZERP en la Universidad de Bremen-Alemania

Gunther Teubner
Catedrático de Derecho Privado y Sociología Jurídica. Profesor invitado de Frankfurt y Centennial en la London School of Economics

Colisiones entre regímenes jurídicos

Análisis de la fragmentación del Derecho global

Traducción de
Alex Valle Franco

Ediciones Olejnik

Edición al cuidado de
Carlos Antonio Agurto Gonzáles
Sonia Lidia Quequejana Mamani
Benigno Choque Cuenca

Título: Colisiones entre regímenes jurídicos
Análisis de la fragmentacion del Derecho global

Traducción de Alex Valle Franco

Huérfanos 611, Santiago - Chile
E-mail: contacto@edicionesolejnik.com
Web site: http://www.edicionesolejnik.com

Primera edición en Ediciones Olejnik: 2021

ISBN: 978-956-407-099-5

Diseño de Carátula: Ena Zuñiga
Diagramación: Luis A. Sierra Cárdenas

Impreso en Argentina 2021 Printed in Argentina

ÍNDICE

Agradecimientos

Queremos agradecer a Mathias Albert, Marc Amstutz, Michael Bothe, Sonja Buckel, Hauke Brunkhorst, Gralf-Peter Calliess, Anthony D'Amato, Ralph Christensen, Andreas Hasenclever, Christian Joerges, David Kennedy, Martti Koskenniemi, por sus sugerencias y crítica, Philip List, Junichi Murakami, Saskia Sassen, Craig Scott, Achilles Skordas, Rudolf Stichweh, Robert Wai, Rudolf Wiethölter y Helmut Willke. Nos gustaría agradecer a Anna Beckers, Susana Campos Nave, Cordula Heldt, Isabell Hensel y Soo-Hyun Oh, por su minucioso trabajo de edición.

1

EL PROBLEMA: LAS NUEVAS COLISIONES

En las ciencias sociales son bastante raras las predicciones teóricas de eventos futuros. Aún más raro es que los eventos predichos ocurran, esto sucede incluso con menos frecuencia. Una notable excepción, es el pronóstico de Niklas Luhmann sobre el futuro del derecho global a partir de 1971. Cuando Luhmann cimentó el concepto de sociedad mundial en la teoría social, aventuró la «hipótesis especulativa» de que el derecho global atravesaría por una fragmentación radical, con lo cual, las líneas de ruptura no discurren territorialmente sino socialmente. La razón de ello, es un «cambio de liderazgo» de los tipos de expectativa normativa (política, moral, jurídica) a los tipos de expectativa cognitiva (economía, ciencia, tecnología), las cuales tienen lugar en el cambio de las sociedades organizadas por los estados nacionales hacia la sociedad mundial: «Eso significa que, en el nivel de la sociedad mundial ya no hay normas (en forma de valores, regulaciones, propósitos) que controlan la preselección de lo que se debe reconocer, sino que por el contrario, el problema del aprendizaje de adaptación gana la primacía estructural y las condiciones estructurales de la capacidad de aprendizaje de todos los subsistemas, los cuales deben ser compatibles con la estandarización[1].

Por lo mencionado, los análisis teóricos posteriores del sistema examinaron la cuestión de cuáles serán las consecuencias para la ley, si en el curso de este cambio de liderazgo, ajusta sus normas para apoyar las condiciones de aprendizaje de adaptación en los subsistemas sociales individuales. La predicción complementaria decía: si el derecho de la sociedad mundial se enredara en tales dependencias sectoriales, surgiría un conflicto de leyes completamente nuevo, un «conflicto de leyes intersistémico» cuyas colisiones no se

[1] Luhmann (1971), p. 1 ss., 26; reimpreso en: (1986), p. 51 ss., 63 (Cursiva del autor).

originan en el derecho internacional privado de las naciones sino en sectores globales de la sociedad. Entonces, la dogmática jurídica tendría que ajustar su horizonte de problemas, su presupuesto de argumentación y su estilo de justificación a una nueva situación social: relacioanda con los conflictos globales permanentes entre diferentes racionalidades sociales[2].

Un cuarto de siglo después, se puede observar una réplica casi explosiva de cortes, cuasi cortes y otras instancias de resolución de conflictos independientes, globalmente activas y al mismo tiempo limitadas sectorialmente[3]. El «Proyecto sobre Cortes y Tribunales Internacionales» identifica el impresionante número de 125 instituciones internacionales en las que los jueces independientes toman decisiones legales finales[4]. Además de la Corte Internacional de Justicia (CIJ) en La Haya, la jurisdicción internacional incluye la Corte Marítima Internacional, varios tribunales de reparación, tribunales penales internacionales, tribunales híbridos internacional-nacionales, tribunales comerciales y de inversión, tribunales regionales de derechos humanos y organismos de convenciones especiales, entre otros. Tribunales regionales como el Tribunal de Justicia de la Comunidad Europea (TJCE), el Tribunal Arbitral de la Asociación Europea de Comercio Justo (TAAECJ), el Tribunal de Justicia del Benelux[5].

Más tarde, con la instalación del Órgano de Apelación de la Organización Mundial del Comercio (OMC), el Tribunal Penal Internacional Yugoslavo (TPIY), el Tribunal Penal Internacional de Ruanda (TPIR) y la Corte Penal Internacional permanente (CPI), la tendencia, que durante mucho tiempo ha sido sutil, se hizo claramente visible y provocó un debate dedicado al riesgo de la proliferación de tribunales y a la fragmentación del derecho internacional,

---

2 Teubner (1989), p. 123, 130 ss.; sobre el concepto de conflicto intersistémico de leyes, utilizando el ejemplo de cláusulas generales de derecho privado, véase Teubner (1980), p. 32 ss., 43 ss.

3 Abi-Saab (1999), p. 919 ss., p. 923; Typisierungen bei Buergenthal (2001), p. 267 ss.; Documentación de casos de colisión en Alford (2003), p. 675 ss.; Oellers-Frahm (2001), p. 67 ss.

4 El «Proyecto sobre Cortes y Tribunales Internacionales» (PICT) fue establecido en 1997 por el Centro de Cooperación Internacional (CIC), la Universidad de Nueva York y la Fundación para el Derecho Ambiental Internacional y el Desarrollo (FIELD). Desde 2002, el PICT ha sido un proyecto conjunto de la CIC y el Centro de Cortes y Tribunales Internacionales, University College London, ver: www.pict-pcti.org.

5 El PICT tiene uan buena documentación (nota 4) desarrollada; para el área de derechos humanos ver también la descripción instructiva de Shelton (1999), p. 57 ss. y p. 137 ss.; ver también: Lutz (2003), p. 19 ss.; sobre los tribunales, cuya instalación se remonta a los acuerdos entre la ONU y los estados nacionales individuales, ver Dickinson (2003), p. 295 ss.

de cómo lidiar con esta «relatividad normativa»[6], la cual, los abogados tradicionalistas perciben como patológica, debido a decisiones contradictorias en casos individuales, a colisiones normativas, a inconsistencias dogmáticas, y a conflictos entre diferentes principios legales, que se desencadenan por la caótica coexistencia de diversas instancias de resolución de conflictos, lo que se está volviendo cada vez más importante para las decisiones judiciales,[7] controversias académicas,[8] comités de expertos[9] y presidentes de las Corte Internacionales (CI).[10] La pregunta abierta es: ¿son suficientes las formas nacionales tradicionales de pensamiento para hacer frente a las colisiones normativas, o es necesario un reordenamiento del conflicto de normas en un sentido más amplio?

6 Ver la primera crítica de Weil (1982), p. 5 ss.; ver también die Diagnose von Jenks (1953), p. 401 ss.

7 Sobre la cuestión de la imputación estatal están loci classici: ICTY, The Prosecutor v. Dusko Tadic, Judgment, Case No. IT-94-1-A, A.Ch., 15.7.1999, Ziss. 115-145; IGH, Case Concerning Military and Paramilitary Activities in and Against Nicaragua (Nicaragua v. United States of America), Merits, ICJ Rep. 1986, p. 1 4 ss., Ziss. 109-116.

8 Ver por ejemplo Pauwelyn (2004), p. 903 ss.; Hafner (2004), p. 849 ss.; Nicolaidis y Tong (2004), p. 1349 ss.; Koskenniemi y Leino (2002), p. 553 ss.; Dupuy (2002), p. 1 ss.; Shahabuddeen (2002), p. 633 ss.; además, Abi-Saab (1999), p. 919 ss.; Charney (1999), p. 697 ss.; Dupuy (1999), p. 791 ss.; Petersmann (1999), p. 753 ss.; Romano (1999), p. 709 ss.; Treves (1999), p. 809 ss.; Ver ademásr: Charney (1998), p. 101 ss.

9 Ver Koskenniemi (2003), p. 1 ss.; también los informes del grupo de estudio de la Comisión de Derecho Internacional (CDI) sobre la fragmentación del derecho internacional (A/CN.4/L.628, 237 ss.) y (A/CN.4/L.644, p. 267 ss.); ver también el Informe del ILC, 57. Sesión, junio-agosto 2005, GA, Official Records, 60. Sesión, Suplemento 10 (A/60/10), Ziss. 439-493; cada uno disponible a través de : http://www.un.org/law/ ilc/index.htm.

10. Stephen M. Schwebel, Discurso al Pleno de la Asamblea General de la ONU, 26 de octubre de 1999, http://www.icj-cij.org; Ver también Guillaume (1995), p. 861 ss.

2

CONTEXTUALIZACIÓN: CONFLICTOS DE RACIONALIDAD EN LA POLICÉNTRICA SOCIEDAD MUNDIAL

Sin embargo, aquí se puede observar un peculiar reduccionismo jurídico que hace menos profunda la comprensión de los conflictos normativos y limita sus perspectivas de solución. En principio, los juristas solo registran la confusa variedad de áreas del derecho autónomas, políticamente establecidas, «self-contained regimes» y tribunales altamente especializados. Ven la unidad del derecho internacional en riesgo porque el derecho mundial carece de una consistencia conceptual-dogmática, una clara jerarquía de normas y una jerarquía de tribunales exigible, como la desarrollada por los estados nacionales. Se identifican siete áreas problemáticas como causas: falta de órganos centralizados, especialización, diferencias en la estructura de las normas, regulaciones paralelas, regulaciones en competencia, expansión del derecho internacional, diferentes regímenes de normas secundarias.[1] Los juristas solo ven los fenómenos legales internos y sus causas internas de fragmentación. En consecuencia, también se esfuerzan por encontrar soluciones legales internas al problema: el establecimiento de jerarquías judiciales y una jerarquía de normas a nivel mundial, que no pueden alcanzar el ideal de las jerarquías legales de los estados nacionales, pero al menos aproximarlo.[2]

Una propuesta dice que tan pronto como se establezca un nuevo Tribunal Internacional, la Corte Internacional de Justicia debería establecerse como un tribunal de instancia[3] o al menos debería ser

---

1 Hafner (2000), p. 326 ss. El estudio de Hafner fue la chispa inicial para el establecimiento del grupo de trabajo de la ILC.

2 Pauwelyn ejemplar (2003), 388; crítica instructiva sobre esto en Pulkowski (2005), p.153 ss.

3 Ver la presentación de Oellers-Frahm (2001), p. 67 ss.

posible acudir a la CIJ ante inminentes conflictos jurisdiccionales, cuyas opiniones consultivas salvaguardan la unidad del derecho internacional.[4]

Esta idea de transferir la experiencia nacional de institucionalidad de la «estructura escalonada de la norma» al nivel global, es planteada en repetidas ocasiones por la CIJ. Las ideas de centralización procedimental son apoyadas de mala gana en la literatura del derecho internacional. Por ejemplo, Oellers-Frahm ha señalado que es fundamentalmente deseable fortalecer el CIJ para la unificación del derecho internacional, pero que hay que diferenciar lo relativo a las instancias judiciales internacionales de las establecidas por los estados nacionales. Para los tribunales que se encuentran dentro del marco normativo de las Naciones Unidas (ONU) y los que se establecieron fuera de las Naciones Unidas, se establecieron diversas condiciones normativas y requisitos de derecho internacional para la presentación de documentos (Vorlagepflicht). En ambos casos, el requisito previo de procedimiento fue, que las condiciones de presentación ante la CIJ estuvieran estandarizadas en el estatuto de la institución judicial que tenía derecho a presentar. Esto a su vez requiere el consentimiento de los estados signatarios. A pesar de estas dificultades en el diseño específico, la idea de apoyo procesal para la interdependencia judicial debe ser respaldada porque la CIJ, puede identificar, interpretar y aplicar principios fundamentales dentro del marco de la interpretación auténtica en las cuestiones de derecho internacional consuetudinario y los tratados internacionales individuales, lo que contribuye al desarrollo consecuente de este derecho universal.[5]

Esto da como resultado la idea de centralizar el orden normativo internacional mediante la implementación de relaciones subordinadas específicas del área; en otras palabras, que en el campo de los derechos humanos, el derecho penal internacional o el derecho económico internacional, por ejemplo, o una institución (cuasi) judicial (ya sea uno de los Comités según los Pactos de Derechos Civiles y Políticos o Económicos, Sociales y Culturales, el Órgano de Apelación de la OMC, o la CPI, o uno) podría ser colocado en la parte superior de la jerarquía institucional a través de la Asamblea General de la ONU.[6]

4 Hafner (2000), p. 326 ss.; Dupuy (1999), p. 791 ss.; Guillaume (1995), p. 861 s.
5 Oellers-Frahm (2001), p. 99.
6 Oellers-Frahm (2001), p. 99.

Los tribunales nacionales también deberían tener derecho a recurrir al ámbito de estos tribunales, si las cuestiones de derecho internacional constituyen el tema de la controversia. En forma, esta propuesta sigue la lógica de la obligación de sumisión de los tribunales inferiores alemanes ante el Tribunal Constitucional Federal, por ejemplo, el Artículo 100, párrafo 2 de la Ley Fundamental, establece: «Si en una disputa legal es dudoso si una norma de derecho internacional es parte de la ley federal y si genera directamente derechos y obligaciones para el individuo (Artículo 25), el tribunal tiene que recurrir a la decisión de la Corte Constitucional Federal. Pero a diferencia de la solución constitucional, con la cual, en estos casos, existe un enfoque intersectorial y universal de competencia de un solo tribunal, el Tribunal Constitucional Federal, ha justificado institucionalizar la propuesta de construcción de jerarquías en un área específica en virtud de la fragmentación del derecho internacional.

La superación de los límites legales tendría lugar solo después de un segundo paso, porque, de acuerdo con la sugerencia, los «tribunales superiores regionales» podrían establecer una red con la CIJ de tal manera que puedan presentar directa o indirectamente asuntos en disputa para que se decidan a través de un órgano judicial, especialmente establecido por la CIJ, el cual podría presentar su decisión. La idea detrás de esto no es cargar al CIJ con consultas numerosas a organismos de altamente especializados, sino permitir solo consultas «filtradas». Para lograr dicha jerarquización se ofrecerían áreas legales como: el derecho ambiental, el derecho de telecomunicaciones y el derecho espacial.[7]

La idea de prescribir un procedimiento de certificación para nuevas convenciones va aún más lejos. De esta manera, de acuerdo con la idea articulada por Gerhard Hafner, la jerarquía institucional, esto es, la posición central prevista de la Corte Internacional de Justicia en el sistema de jurisdicción internacional se complementa con una homogeneización de normas sustanciales.

Hafner, cuyo informe sobre «Riesgos derivados de la fragmentación del derecho internacional» inició el establecimiento del grupo de trabajo de la Comisión de Derecho Internacional (CDI) sobre fragmentación, ha sugerido que la Comisión debería concienciar a los estados nacionales sobre los problemas de fragmentación.

---

[7] Oellers-Frahm (2001), p. 99 s.

Dado que los estados son los creadores principales de la actividad reguladora internacional, la Comisión debe desarrollar pautas para los representantes estatales basados en las recomendaciones de la CIT en la cuestión de las reservas estatales sobre las convenciones internacionales, a fin de identificar posibles estrategias de compatibilización.

Con el fin de minimizar el riesgo de inconmensurabilidad normativa de las nuevas convenciones que se crearán, Hafner sugiere que las posibles contradicciones de las normas deben ser anticipadas durante la negociación de las convenciones por parte de los estados y que los respectivos borradores de tratados deben ser luego revisados por la ILC (International Law Commission) para verificar su coherencia normativa:[8] Se podría encargar a la ILC que elabore una› lista de verificación general, que podría ayudar a los estados a evitar conflictos normativos, efectos negativos para las personas y competencias superpuestas con respecto a los subsistemas existentes afectados por el nuevo régimen. Como parte del proceso de evaluación de las negociaciones contractuales en curso, la ILC podría emitir certificados de no riesgo, que indiquen cuándo la creación de un nuevo subsistema particular no tiene un impacto negativo en los regímenes existentes.[9]

Las propuestas de jerarquización, avisoran posibilidades mínimas de realizarse, y restan importancia al problema de las colisiones normativas, se vuelve evidente, incluso, una visión políticamente relacionada que describe las normas legales solo como fenómenos superficiales y busca avanzar hacia los problemas políticos más profundos.[10]

En una interpretación socio-constructivista de las relaciones internacionales, los problemas de fragmentación del derecho internacional pueden verse como los efectos secundarios típicos de una fase

8 Hafner (2000), p. 335 s.

9 Hafner (2000), p. 339; Las traducciones de citas en idiomas extranjeros, a menos que provengan de obras en alemán, son traducciones del autor.

10 En este sentido, Stefan Oeter: «La lucha forzada por la construcción de unidad ‹formal, que caracteriza en gran medida el debate sobre la fragmentación, no es menos expresión de una› ortodoxia —aunque completamente diferente—. La transferencia acrítica del paradigma de la «unidad del orden jurídico» al derecho internacional corre el peligro de querer moldear el orden jurídico internacional según el modelo del Estado institucional moderno. Sin embargo, el derecho internacional carece del legislador central, y debe carecer de él mientras los problemas de representación adecuada de las poblaciones afectadas por decisiones legales estructurales no puedan resolverse en el proceso de toma de decisiones». (Oeter [2005], These 14).

de transición en la política mundial. La normativa de la ONU, la UE o la OMC expresa la internacionalización de las formas de autoridad política en las que se reconfiguran los intereses de los actores. El estado actual del orden internacional es solo una instantánea en una «lucha por el reconocimiento» global en el nivel micro y en una «cultura de la anarquía» en el nivel macro. El desarrollo político deriva sus impulsos decisivos de la dinámica de estos conflictos y la fase de transición solo puede superarse cuando «la propiedad de todos los individuos y grupos es reconocida y protegida por un estado global de Weber».[11] El problema central de cualquier otro modelo que no corresponde a la institución de Weber es la inestabilidad política que surge del uso no autorizado de la fuerza por parte de las grandes potencias.

Tales demandas de unidad política global, como también planteó Otfried Höffe desde una perspectiva moral-filosófica,[12] proporcionan la perspectiva de un orden legal mundial cosmopolita para el análisis de un «choque de civilizaciones»,[13] una diferencia entre Estados Unidos y la vieja Europa,[14] y una lucha entre estados egoístas y maximizadores,[15] la perspectiva de un orden jurídico mundial cosmopolita contrario, se basa en un centro político mundial, aunque, en un segundo paso, sus representantes enfatizan la descentralización del estado mundial o la república mundial a crearse. Los experimentos de un pensamiento sobre la creación de un orden mundial se basan en una estructuración jerárquica del sistema político, en el que el sistema multinivel de una autoridad política superior y una multitud de administraciones especiales, regionales y departamentales y colectividades parciales tienen que ser institucionalizadas.[16]

Esta visión política universal, describe especialmente la diferencia relevante entre el estado mundial y el mundo de los estados[17] ve las contradicciones globales relevantes en las asimetrías de poder que se encuentran en la ley, y en particular en la ley de seguridad

---

11 Wendt (2003), p. 491 ss., p. 506.
12 Höffe (2002), p. 118 ss.; Merle y Gosepath (2002), p. 7 ss.
13 Huntington (1993), p. 22 ss.
14 Kagan (2002), p. 1195 ss.
15 Krasner (1993), p. 139 ss.; ders. (1983), 1 ss.; para mayor desarrollo de los supuestos básicos de Krasner, ver: Müller (1993), 26 ss.; Hurell (1993), 49 ss.; además comparar: Hasencle, ver, Mayer y Rittberger (2000), 3 ss.
16 En especial Beck (2004), 187; Lutz-Bachmann (1999), p. 199 ss.; ver también Habermas (1995), p. 293 ss.
17 Lutz-Bachmann (2002), p. 32 ss.

colectiva, derechos humanos y orden económico mundial.[18] Los representantes de esta primacía política describen cada vez más la constelación actual de poder y el correspondiente sistema legal fragmentario como el «derecho hegemónico» de la «pax americana».[19] Los estudios relevantes generalmente tienen como objetivo garantizar que, a pesar de la discusión sobre las diferencias transatlánticas, una forma híbrida, similar a una red, de coordinar las políticas nacionales se haya conducido a una «revolución liberal en el derecho internacional» dirigida por los europeos y los estadounidenses.[20]

La apertura de los conceptos dogmáticos del derecho internacional, como la democracia, los derechos humanos, la obligación de tomar precauciones, el principio de inviolabilidad de los derechos civiles, y las estrategias de justificación para las intervenciones militares se mencionan en este contexto, así como los numerosos intentos de los Estados Unidos, pero también de la política europea para ablandar la prohibición internacional de la violencia, utilizar la OMC en particular, para los intereses de las naciones industrializadas e interpretar el Protocolo de Kyoto para consolidar diferentes estándares en el área de la protección del medio ambiente.[21] El nombre Carl Schmitt surge una y otra vez en estos debates. Nico Krisch, por ejemplo, citó al pensador del estado de emergencia como el testigo clave de su tesis de hegemonía[22], tal y como ya lo había hecho Schmitt en 1932 cuando describió el imperialismo estadounidense del siglo XIX, basado en algo que también abordaba las intuiciones básicas actuales. Schmitt escribió en ese momento que la elasticidad, la capacidad de operar con términos amplios y obligar a los pueblos de la tierra a respetarlos, era un fenómeno de importancia histórica. Los términos políticos decisivos dependen de quién los interpreta, define y aplica.

Es uno de los fenómenos más importantes en la vida legal y espiritual de la humanidad que el que tiene verdadero poder también puede determinar términos y palabras como «paz», «desarme», «intervención», «orden público y seguridad» por su propia iniciativa: «César dominus et supra grammaticam: el emperador también es el señor de la gramática».[23]

18 Así escribe, por ejemplo: Krasner: «Las diferencias de intereses y poder, y la ausencia de una autoridad decisiva final, hacen imposible que el derecho internacional proporcione el tipo de previsibilidad y coherencia a la que aspiran algunos de sus devotos» (Krasner [2004], p. 1075 ss., p. 1101; ver también Wendt [1992], p. 391 ss.).

19 Byers (2003), p. 1 ss.; Vagts (2001), 843 ss.

20 Slaughter (1995), 503 ss.; dies. (2004a), 27 ss.; Ver la crítica de Alvarez (2001), p. 183 ss.

21 Paulus (2004), p. 691 ss.; Ver también Vagts (2001), p. 843 ss.

22 Krisch (2004), p. 267 ss.

23 Schmitt (1994), p. 184 ss., p. 202.

Sin embargo, en última instancia, el concepto político del derecho, el decisionismo político de Schmitts y la advertencia siempre presente de un «normatismo y formalismo» incomprendido son solo formulaciones paradigmáticas para un momento en que los estados nacionales individuales podrían deshacerse del monopolio de la definición del derecho internacional. Esto no afecta la realidad del derecho internacional posterior a Westfalia, como ya se puede ver en la regla de prohibición de la violencia que se aplica en virtud del derecho internacional consuetudinario (Artículo 2, párrafo 4 de la Carta de las Naciones Unidas). Porque a pesar de que ha habido numerosos ataques del estado nación contra el derecho a la defensa,[24] no se puede decir que este intento de corromperlo haya tenido éxito.[25] Lothar Brock señala acertadamente que existen límites para la manipulación y la corrupción estatista del derecho internacional, el cual se encuentra en la naturaleza misma del derecho internacional público como ley. Porque quien se dedica al lenguaje del derecho internacional ya está sujeto a las reglas que se aplican al hablar en categorías de derecho.[26]

De esto se desprende, en particular, que el supuesto realismo político, y las categorías de pensamiento de «interés nacional», o de interés del poder político-militar nacional, son parte, del estado de diferenciación del sistema político mundial desde 1648, y ello, resulta ser un idealismo del poder, si no se toma en cuenta la dinámica inherente a su entorno social, que reduce enormemente el alcance de la configuración de la política nacional.[27] Lo mismo se aplica a los análisis que conforman una hegemonía legal global controlada por los Estados Unidos. Parece que la sociedad mundial posterior a Westfalia tiene un centro de poder que podría ser «dominus et supra grammaticam» sobre el mundo conceptual del derecho. Ningún proceso político puede estipular una determinada producción legal en el derecho mundial.

El derecho global se ha vuelto cada vez más autónomo en el curso del proceso de diferenciación social y funcional global y ges-

---

24 Fischer-Lescano (2004a), p. 33 ss.

25 Ver también Bruno Simmas «consideration of Rechtspolitik», el cual reinvindica, «el coraje de reafirmar, y así reconfirmar, principios más plenamente fyamentales del derecho de las Naciones Unidas, así como del derecho internacional consuetudinario (principios que, en mi opinión, tienen la naturaleza del jus cogens) sobre el uso de la fuerza, o más bien la prohibición de la fuerza armada, en un contexto y en un momento en el que tal reconfirmación se requiere con la mayor urgencia» (CIJ, Oil Platforms Case [Iran v. USA], Sentencia de 6.11.2003, ICJ Rep. 2003, Juez Bruno Simma, Prólogo y Ziss. 6).

26 Brock (2004), p. 8.

27 Schütz (1997), p. 257 ss.

tiona un derecho en las redes transnacionales que los teóricos de la primacía política dejan de lado prematuramente como una utopía no vinculante. En ese sentido, Roger Alford ha señalado acertadamente, que el discurso sobre el derecho internacional blando (soft law), no es derecho en sentido estricto, dado que no existen mecanismos de aplicación a nivel del derecho internacional, así, se desconoce la realidad del derecho mundial; no solo porque los mecanismos de implementación descentralizados son regularmente ignorados por los tribunales nacionales, sino también porque a los tribunales internacionales se les ha confiado la decisión sobre lo correcto y lo incorrecto en una gran cantidad de casos. Es un hecho social innegable que las decisiones de los tribunales internacionales son cada vez más reconocidas y ejecutadas, ofensivas y defensivas, directas e indirectas.[28]

En particular, los intentos de determinación por parte de los estados nacionales están sentados en guiones dispersos,[29] que no pueden controlarse centralmente. En estos guiones, las expectativas normativas se producen en los límites de la ley. Al igual que en el área de los derechos del derecho económico mundial, derecho ambiental, tecnología, etc., esto ya se puede observar en el derecho internacional de la paz. Aquí es donde la sociedad civil global establece su propia ley, el derecho social global consuetudinario, que no debe confundirse con el derecho internacional consuetudinario. La discusión político-científica se concentra actualmente en el impacto de los actores de la sociedad civil en las áreas de derechos humanos y política ambiental, que están llegando a un público más amplio al involucrar a organizaciones no gubernamentales en los procesos de elaboración de leyes.[30] El establecimiento de convenciones como el Estatuto de la CPI en el área de la prohibición de minas y ciertas armas convencionales puede interpretarse en ese sentido.[31]

Los estudios van un paso más allá, y abarcan ciertos procesos de escándalo como parte de un pluralismo jurídico genético de la sociedad mundial e insisten en que se trata aquí de la lógica de los procesos de elaboración del derecho consuetudinario, de una lex humana global.[32] La visión de Michael Hardt y Antonio Negri de

[28] Alford (2003), p. 675 ss., p. 791 s.

[29] Sobre el término guiones comunicativos ver «Schematismen der Zeit», Luhmann (2000a), 155 ss.

[30] List y Zangl (2003), p. 361 ss.

[31] Deitelhoff (2003), p. 16 ss.

[32] Fischer-Lescano (2003a), p. 717 ss.; Thürer (2003), p. 314 ss.; Schircks (2002), p. 37 ss.

una multitud global que «se inscribe creativamente a sí misma» en el imperio global comienza en este punto.[33] Pero también aquí sería ilusorio atribuir la situación policéntrica del derecho mundial únicamente al hecho de que, en lugar del mundo de estados westfaliano y los heterogéneos «intereses nacionales», prevalecía ahora un enfrentamiento dicotómico entre multitud e imperio. Tanto la multitud como el imperio son en última instancia sólo fórmulas colectivas para la unidad de campos heterogéneos.

En particular, la semántica del imperio se refiere a un área híbrida de centros políticos nacionales, supranacionales y organizativos. Son estos regímenes políticos, los que, en la investigación de regímenes clásicos, se han desglosado en la fórmula de «principios, normas, reglas y procedimientos para la toma de decisiones, en torno a los cuales, convergen las expectativas de los actores en un área temática determinada».[34]

La semántica del «régimen» ya muestra que la teoría del régimen político-científico persigue un fenómeno que tiene un componente genuinamente legal. Desde el siglo XIX, los regímenes internacionales se conocen como «regímenes» que tienen un componente transnacional, por ejemplo, problemas ambientales transfronterizos y uso del agua.[35] John Ruggie y Ernst Haas introdujeron el término en el debate de la ciencia política en 1975.[36] En el contexto de la práctica política a nivel internacional, los teóricos del régimen de ciencias políticas han dibujado una imagen de las instituciones o regímenes internacionales que muestra las posibilidades de cooperación en el contexto de la gobernanza internacional mucho menos pesimista que en el realismo de la ciencia política y la escuela clásica inglesa.[37] En particular, el trabajo de investigación del régimen de Tübingen ha agudizado la conciencia del problema de que un enfoque monocausal debe ser reemplazado por una pluralidad de perspectivas: deben mencionarse los enfoques basados en el poder, el

---

33 Hardt y Negri (2000), p. 271 ss.

34 Krasner (1983), p. 1 ss.; ver también Keohane y Nye (1977), p. 19.

35 Garnier (1839), p. 36 ss.; ver también el Trail-Smelter-Decisión del año 1938, en el que la regulación de las cuestiones de protección ambiental está en los alrededores de la frontera, está como «Regime» bezeichnet wurde, American Journal of International Law 1939, p. 182 f. y 1941, p. 684 ss.

36 Ruggie y Haas (1975), I f.; el volumen especial de la revista de la Organización Internacional contenía una contribución en particular de Haas (1975a), p. 827 ss., y von Ruggie (1975), p. 557 ss.; ver también Haas (1975b), p. 147 ss.

37 Ver neueren Regimetheorien: Simmons y Martin (2002), 192 ss., 193 f.; ver también: Hasenclever, Mayer y Rittberger (2000), p. 3 ss.; Evans y Wilson (1992), p. 330 ss.; Müller (1993b), p. 361 ss.; Klotz (1995), p. 13 ss.

interés y el conocimiento.[38] Si bien los efectos del poder e intereses generalmente permanecen en el paradigma racionalista, la mayor o menor fuerza en los cálculos racionales de costo-beneficio producen actores egoístas, y más teorías científicas que las normas de identidad que producen los actores.[39]

Desde la perspectiva de las teorías del régimen de la ciencia política, que articula la idea de que el sistema político de la sociedad mundial no está constituido en modo alguno por bloques homogéneos, no faltan jerarquías judiciales para hacerles responsables de la fragmentación. El nuevo desorden global no corresponde a la sociedad anárquica del estado, que la escuela clásica inglesa todavía tenía en mente cuando describía sus condiciones constitucionales de la falta de mecanismos de cooperación entre los estados atomizados. El nuevo desorden mundial se basa en el hecho de que se han formado regímenes, instituciones y jurisdicciones internacionales y regionales dispares, cuya proliferación se debe a la naturaleza fragmentada de la gobernanza global. Por lo tanto, la descripción adecuada del mundo no es una alternativa entre jerarquía y anarquía, sino más bien heterarquía; no entre apología y utopía,[40] sino heterotopía.[41] Desde este punto de vista, los conflictos subyacentes a las colisiones normativas pueden identificarse con las «políticas» opuestas.[42]

Resolver estas colisiones políticas como el trasfondo de los enfrentamientos legales es también la principal preocupación de los nuevos enfoques interdisciplinarios en el derecho internacional de los EE. UU., representados particularmente por Anne-Marie Slaughter. En este sentido, por ejemplo, Anne-Marie Slaughter, Andrew Tulumello y Stephen Wood ven la tarea principal de los abogados internacionalistas en: «(1) reconocer los problemas de política internacional y formular soluciones para ellos; (2) explicar la función individual de las instituciones de derecho internacional y

---

38 Hasenclever, Mayer y Rittberger (2000), 3 ss.; ver también Albert (2002), 292 ss., y Little (2001), 299 ss.

39 Sobre esta distinción entre normas regulativas y constitutivas, ver, por ejemplo: Checkel (1998), p. 324 ss., 327 f.; además: Kratochwil y Ruggie (1986), p. 753 ss.

40 Ver la clásica formulación de Koskenniemi (1989), p. 6 ss., en Anspielung auf die bei Carr (1939), 12 ss., systematisch behandelten Differenzen zwischen Realisten y Idealisten.

41 Kanwar (2004), p. 47 ss., 43 f.; zur «anarchical society» Ver: als locus classicus den Begründer der English School, Bull (1995), 22 ss.; zur Heterotopie Ver: Willke (2003), 13 ss.; zu Apologie y Utopie Koskenniemi (1989), 6.

42 Entonces, la solución solo se puede encontrar a través de un compromiso político, ver, por ejemplo: Neumann (2002), 64.

(3) volver a conceptualizar en general las instituciones de derecho internacional».[43]

Mientras Slaughter y otros, han tomado como fundamento que el derecho de la política posmoderna está subordinado a redes,[44] los análisis críticos indican que un papel tan cuasi-políticamente servil del derecho, subestima el proceso dialéctico de particularidad y universalidad. Las diferentes organizaciones internacionales independientes y los regímenes regulatorios siguieron diferentes estrategias de transformación de intereses especiales a universales a nivel global e hicieron uso de estructuras de poder hegemónicas globales.[45] La forma legal fue mal utilizada para dar a las estrategias de búsqueda de intereses particulares la apariencia de universalidad. Cada institución habla su propio lenguaje profesional y busca universalizarlo en un Esperanto global para enmascarar sus intereses particulares como los intereses naturales de todos.[46] Desde esta perspectiva política, las colisiones de normas legales reflejan las estrategias de los nuevos actores colectivos en las relaciones internacionales, que persiguen «intereses especiales» basados en el poder y desencadenan «conflictos políticos» drásticos, independientemente de un interés general. Tales conflictos no pueden tratarse ni con fórmulas dogmáticas de la unidad del derecho ni con el ideal jurídico-teórico de una jerarquía de normas o con la institucionalización de las jerarquías de los tribunales.

Tales intentos de resolver el problema solo reflejaban la orientación hacia el interés y las preferencias profesionales de los abogados. Solo una politización consistente de las colisiones de las normas legales, y la «política de fragmentación», sobre el establecimiento de instituciones de contrapoder, a través de conflictos de poder e identidad abiertamente resueltos y procesos de negociación entre los actores colectivos relevantes, incluidos los diversos organismos de resolución de conflictos, parece ser una forma de lidiar con los conflictos de la política arriba citados.[47]

Esta crítica al pensamiento de la unidad internacional, particularmente repetida y comprometida desde Martti Koskenniemi, articula correctamente la búsqueda de la unidad del derecho interna-

43 Slaughter, Tulumello y Wood (1998), p. 367 ss., 373.
44 Abbott, Keohane, Moravcsik, Slaughter y Snidal (2000a), 401 ss.; ver también Slaughter y Burke-White (2003), 1 ss.; kritisch: Fischer-Lescano (2005a), p. 335 ss.
45 Ver la crítica de Allott (2003), p. 309 ss.
46 Koskenniemi y Leino (2002), p. 578.
47 Ibídem.

cional, en una representación textual de esta unidad o incluso en valores universales, como la base de una comunidad universal de naciones en un viaje a *hic sunt leones* como sociedad global.[48] La heterogeneidad, el pluralismo de intereses y las asimetrías de poder determinan el panorama político precisamente donde los miembros del «colegio invisible de abogados internacionales»,[49] los humanistas de vanguardia y los dogmáticos legales idealistas de la comunidad epistémica de profesores de derecho internacional sucumben a la idea errónea de que los valores y los principios podrían referirse realmente a una realidad extralegal; como si los «valores centrales» de la Corte Internacional de Justicia, no fueran solo una digitalización legal de ciertas condiciones ambientales complejas, como si los derechos humanos universales, los principios de *ius cogens* y erga *omnes* y la Carta de las Naciones Unidas fueran realmente lo que posibilita que el mundo permanezca unido o lo que hizo compatible los disensos.[50]

En cambio, Koskenniemi insiste en que el punto fijo de las proyecciones normativas de los académicos que son docentes de derecho, han, perdido contacto con el entorno social del derecho y carecen de cualquier comprensión de las realidades políticas. El pensamiento jurídico deductivo, que, en particular, los profesores alemanes de derecho internacional en practican con tanta insistencia en los cursos de la Academia de Derecho Internacional de La Haya y que los ha llevado a ellos y a sus estudiantes a clasificar la Carta de las Naciones Unidas como un documento constitucional de la sociedad mundial,[51] tiende a trivializar los problemas estructurales y simplemente los reformula como «lagunas legales». Sin embargo, estas autodescripciones legales son completamente inadecuadas en vista del conflicto fundamental de intereses en la sociedad mundial.[52] Desde este punto de vista político, el problema de la fragmentación del derecho internacional no debe reducirse a la dificultad técnico-legal de manejar las normas generadas en diferentes procedimientos, sino más bien como un conjunto de maniobras hegemónicas en las que las nuevas instituciones expresan sus inte-

---

48 La frase hic sunt leones viene del latin y significa «aquí hay los leones» y es una expresión utilizada en la antigua Roma para mapas antiguos en referencia a territorios inexplorados. Koskenniemi (1997),p. 566 ss.; Koskenniemi y Leino (2002), p. 578.

49 Schachter (1977), p. 217 ss.

50 Ver especialmente el trabajo de Paulus (2001), p. 250 ss.; Kritik an der German School darum bei Klabbers (2003), p. 201 ss.

51 Exemplarisch: Fassbender (1998), p. 529 ss.

52 Koskenniemi y Leino (2002), p. 559.

reses especiales como intereses universales.[53] La inmunidad diplomática contra la responsabilidad del Estado, los derechos humanos contra los derechos económicos son, en última instancia, solo fórmulas cortas para las luchas antagónicas en la sociedad mundial.[54] Desde este punto de vista, la elección no es entre política arcaica y derecho moderno, sino que es cuestión de una lucha política por intereses particulares.

La observación política de Koskenniemi de intereses heterogéneos y conflictos de poder es correcta y su drama no debe subestimarse.[55] Al mismo tiempo, trata de poner en perspectiva la ansiedad posmoderna. Sin embargo, esta relativización debería subestimar el problema de coherencia extralegal que surge de la fragmentación de la legitimidad, credibilidad y efectividad de la ley. Lo mismo se aplica a las teorías posmodernas, que con razón ven la fragmentación en un contexto de toda la sociedad.[56]

Estos análisis no desarrollan un fundamento lo suficientemente profundo sobre la base de las colisiones normativas, sino que, emprenden una política central basada en la reducción del problema de fragmentación. Tal cosmovisión política subestima sistemáticamente dos cosas: la obstinación de la ley misma, como la de otros mundos sociales de significado. El enfoque centrado en la derecha y el centrado en las políticas que solo ofrecen explicaciones unidimensionales de las colisiones y buscan soluciones unidimensionales, ya sea a nivel meta legal o político.[57]

Sin embargo, las explicaciones también son reduccionistas, ya que buscan atribuir la fragmentación de la ley mundial a los fenómenos económicos o culturales. Después de todo, las explicaciones económicas más recientes ya no ven las colisiones nomativas como meras desviaciones irracionales de la eficiencia económica, sino que tratan de explicar la dependencia de dicha ruta, con supuestos teóricos evolucionados.[58]

Pero a pesar de todas las aperturas interdisciplinarias, en última instancia permanecen apegados a la lógica unidimensional de

53 Koskenniemi (2004a), p. 241 ss., p. 243.
54 Koskenniemi (2004b), p. 197 ss.
55 Koskenniemi y Leino (2002), p. 578; ILC Report, 18.7.2003, A/CN.4/L.644, Ziss. 2.
56 Para ello ver: Santos (1987), p. 279 ss.; Fitzpatrick (1984), p. 115 ss.
57 Una crítica similar de las reducciones legales y políticas (y económicas) de Berman (2002), p. 311 ss., 371, lo que a su vez conlleva una reducción cultural.
58 Ver a Roe (1995), p. 641 ss.

la racionalidad económica, con la que solo pueden entenderse las normas en conflicto como conflictos entre intereses individuales. De manera similar, Berman utiliza una interpretación culturalista para atribuir la fragmentación legal a una variedad de comunidades imaginadas,[59] que se han desarrollado por debajo y por encima de los estados nacionales. Tal profundización cultural de la fragmentación de la ley proporciona información importante sobre las contingencias de los espacios colectivos construidos,[60] porque se enfoca en exponer las formas y estrategias de inclusión y exclusión en la construcción de comunidades y porque es el proceso de formación comunitaria, no se trata como un problema ontológico, sino que aborda las técnicas de atribución y etiquetado.[61] Por su parte, sin embargo, reduce el mundo social a un conjunto de comunidades imaginarias y a sus problemas de identidad.

En relación con tales interpretaciones reduccionistas, nuestra tesis es: el pluralismo jurídico global no es simplemente el resultado del pluralismo político, una «nueva Edad Media» política[62] de dominios y jurisdicciones diversas, sino la expresión de contradicciones sociales más profundas producidas por sectores conflictivos de la sociedad mundial. La fragmentación del derecho mundial no es simplemente una colisión de normas legales ni conflictos sociales que pueden explicarse de manera monocausal. Más bien, hay contradicciones entre las racionalidades institucionalizadas en toda la sociedad que la ley ciertamente no puede resolver, pero que requieren que lidie con sus enfrentamientos de normas de una manera nueva.

La tesis debe desarrollarse en tres argumentos:

1. Se puede concebir que la fragmentación del derecho global es mucho más radical que una visión unificada y reduccionista, ya sea legal, política, económica o cultural. La fragmentación del derecho es solo un epifenómeno de la fragmentación más profunda y multidimensional de la sociedad mundial.

2. Por lo tanto, las esperanzas de una entidad jurídica normativa a escala global son por adelantado inútiles. Un meta-nivel para resolver conflictos sociales no está a la vista ni en el derecho

---

59 Anspielend auf Anderson (1991), p. 37 ss.
60 Ver también Nassehi (2002), p. 38 ss., p. 52 ss.
61 Berman (2002), p. 463 ss.
62 Ver el texto de Umberto de 1977: Eco (2003), p. 13 ss.; también: Schmierer (1996), p. 189 ss.

mundial ni en la sociedad mundial. Más bien, se puede esperar un aumento en la fragmentación del derecho como resultado de conflictos sociales en el futuro.

3. La fragmentación del derecho en sí misma no puede ser superada. En el mejor de los casos, se puede lograr una débil compatibilidad normativa. Sin embargo, esto solo si es posible implementar una lógica de red peculiar en un nuevo tipo de conflicto de leyes, lo que contribuye a un acoplamiento flexible de las unidades en conflicto y, por lo tanto, a soluciones de conflicto específicas y temporales.

3

MAXIMIZACIÓN DE LA AUTO-RACIONALIZACIÓN: REGÍMENES AUTÓNOMOS

La forma en que la fragmentación global del derecho depende de la fragmentación de la sociedad mundial puede aclararse si se utilizan varias explicaciones teórico-sociales de la globalización legal. Aquí hay diversos enfoques teóricos, la teoría institucionalista de la «cultura global» de la Escuela de Stanford, los conceptos posmodernos del pluralismo jurídico global, la teoría de los «sitios globales de gobierno», las interpretaciones analíticas del discurso de la globalidad del derecho y la política, versiones de la «sociedad civil global» y particularmente los conceptos teóricos de sistemas de una sociedad mundial funcionalmente diferenciada, que comprende de la globalización policéntrica, lo que hace que la fragmentación legal aparezca bajo una nueva luz.[1] Sin embargo, esto requiere decir adiós a toda una serie de supuestos teóricos sociales y legales populares y reemplazarlos con ideas bastante desconocidas. Algo de esto ya se ha explicado en detalle en otra parte, de modo que aquí solo deben registrarse los resultados.[2] Por otro lado, tenemos que entrar en más detalles aquí sobre cuál es la política del derecho y las consecuencias del dogma legal que tiene la fragmentación del derecho global global.

La suposición generalizada de que la fragmentación del derecho global se debe principalmente a la internacionalización de la economía debe ser abandonada. La gestión económica nacional no podía mantenerse al día con el desarrollo de diferentes mercados

---

1 Cultura Global«: Meyer, Boli, Thomas y Ramírez (1997), p. 144 ss.; Diskursanalyse: Schütz (1997); globaler Rechtspluralismus: Santos (2002), p. 163 ss.; «sites of governance»: Snyder (1999), p. 4 ss., 7; zur globalen Zivilgesellschaft: Günther y Randeria (2001), p. 7 ss.; Brunkhorst (2000), p. 274 ss.; Shaw (1998), p. 221 ss.; Held (1995).

2 Fischer-Lescano (2005b), p. 129 ss.; Teubner (2003a), p. 1 ss.; Teubner (2000a), p. 437 ss.; Teubner (1996a), p. 255 ss.

mundiales; en cambio, han surgido una variedad de regímenes regulatorios globales competitivos, cada uno con sus propias entidades legales.[3] La alternativa a tal globalización centrada en la economía se llama globalización policéntrica.[4] La dinámica impulsora es la diferenciación acelerada de la sociedad en subsistemas sociales autónomos, que hoy saltan sus fronteras territoriales y se constituyen en todo el mundo. No solo la economía sigue esta dinámica, sino también la ciencia, la cultura, la tecnología, la salud, las fuerzas armadas, el transporte, el turismo, el deporte, pero también, aunque con un retraso significativo, la política, la ley y el bienestar social están cada uno en sus propios caminos de desarrollo hoy se han convertido en sistemas mundiales independientes.

Lo que importa en el contexto actual son las relaciones externas de estas «aldeas globales» autónomas, es decir, sus relaciones entre sí y sus relaciones con su entorno. A diferencia de los conceptos divisionales que piensan en la sociedad como la relación de las partes con el todo, esto significa ver el significado principal de la diferenciación interna de la sociedad como un producto del examen de las redes de comunicación independientes y su entorno y la independencia de las redes de comunicación, lo cual también debe analizarse como una exclusión radical de las personas de la sociedad.[5] Aquí la teoría de sistemas retoma teoremas de la alienación social en una versión contemporánea de la tradición socio-teórica. En este lugar hay contactos ocultos con las teorías oficiales del enemigo, con los análisis del poder disciplinario de Foucault, la crítica de la exclusión social de Agamben, la teoría de los discursos cerrados de Lyotard y el pensamiento de Derrida sobre la justicia, incluso si estos contactos son oficialmente negados por todas las partes.[6] La conversión del pensamiento divisional al ecológico transforma la descripción de los problemas sociales. Las inconmensurabilidades no se basan en la relación «parte-todo», sino en la relación «sistema-entorno». La simultaneidad de los sistemas funcionales y sociales, los entornos humanos y naturales, significan que estas relaciones son cualquier cosa menos armoniosa.[7] Si en alguna parte la fórmula del «choque de civilizaciones» es apropiada, es aquí. En las condiciones de una diferenciación funcional plenamente desarrollada, las relaciones entre los subsistemas más importantes de la sociedad mundial ya no pue-

---

3 En ese sentido, algo argumenta Dahrendorf (1998), 31 ss.
4 Held (1995), 62; más información en la nota a pie de página 1 de este capítulo.
5 Luhmann (1984), p. 346 ss.; Luhmann (1983), p. 1 ss.
6 Ver especialmente Schütz (2000), p. 107 ss.
7 En detalle sobre el concepto ecológico de justicia: Teubner (2005), 547 ss.

den representarse como una armonía preestablecida de esferas sociales dentro de un orden social. Sobre todo, «se ven atrasos, cuellos de botella y cargas cambiantes en la relación de los sistemas funcionales entre sí».[8] A través de su cierre operativo, los sistemas funcionales globales generan sus propios grados de libertad para un aumento extremo de su propia racionalidad, que pueden lograr independientemente de otros sistemas sociales, Pero también se pueden utilizar sin tener en cuenta su entorno natural y humano. Hacen esto el mayor tiempo posible, siempre que su entorno lo tolere.[9]

Esto ha sido probado una y otra vez desde los análisis pioneros de Karl Marx sobre el potencial destructivo de una racionalidad económica, que ya estaba globalizada en ese momento.[10] Con la ayuda del concepto de politeísmo moderno, Max Weber demostró este peligro potencial no solo en la economía, sino también en otras áreas de la vida, y se analizan los resultantes conflictos de racionalidad amenazadores.[11] Hoy se habla más de colisiones discursivas.[12] Mientras tanto, los riesgos sociales, humanos y ecológicos de otros sistemas globales altamente especializados, como la ciencia y la tecnología, también se han hecho visibles para un público más amplio[13]. Y queda claro, sobre todo cuando se mira a los países del Sur, que el potencial de riesgo real se origina menos en la política internacional, sino que las áreas de acción económica, científica y tecnológica son el choque de racionalidades «con su desencadenamiento en tendencias destructivas» Los sistemas funcionales (sobre todo empresarial, ciencia y medicina) no se integran positiva sino negativamente a través de consecuencias ecológicas. Los descubrimientos científicos que permiten armas atómicas y bioquímicas, pero también tecnologías de alto riesgo plantean problemas a los políticos que son casi imposibles de resolver. El poder judicial, que opera bajo el imperio de la ley, legitima y obstaculiza a la policía. Una formación exigente y prolongada puede tener un impacto positivo en las estadísticas de desempleo, pero el mercado laboral solo puede recompensarla de forma limitada. El dinamismo de los mercados financieros internacionales contrarresta la política económica en sus proyectos de planificación y apenas permite distinguir entre programas políticos liberales y socialistas. Esto elimina la posibilidad de ofrecer a los vo-

---

8 Luhmann (1995b), p. 14.
9 Willke (2003), 179 ss.; Luhmann (1997a), 133.
10 Más impresionante Polanyi (1995), 270 ss.
11 Weber (1968), p. 605 ss.; también Schluchter (1988), p. 299 ss., p. 302.
12 Lyotard (1989), p. 9 ss.
13 Influyente Beck (1991), p. 117 ss.; el mismo. (1986), p. 25 ss.

tantes partidos con estilos diferentes para las elecciones, lo que anteriormente era un requisito esencial para la democracia. Si las reformas también se vuelven cada vez más difíciles, los medios de comunicación deben ayudar a la política a enfrentar diarios y nuevos escándalos»[14].

La razón más profunda del autosabotaje del progreso social, según la tesis central de Niklas Luhmann, es la maximización de la autorracionalidad de varios sistemas funcionales que operan globalmente, lo que trae consigo un enorme potencial de riesgo para las personas, la naturaleza y la sociedad.[15] Los problemas de la sociedad mundial, la contaminación ambiental, la escasez flagrante, las discrepancias en la vida y las oportunidades de desarrollo tienen en consecuencia una profundidad, cuyo análisis debe comenzar por la propia modernización, es decir, por la diferenciación funcional y la dinámica intrínseca sistémica. En consecuencia, es inapropiado identificar los problemas de seguimiento en los mercados financieros globales, los fondos de cobertura y la especulación cambiaria, la protección de patentes de vacunas, el tráfico de drogas, la prostitución infantil, la clonación reproductiva y la biotecnología en general, refiriéndose únicamente a los conflictos políticos en la descripción del problema y nivelar las posibles soluciones de conflictos político-legales. Porque los problemas se generan menos por conflictos de interés y poder en el sistema político global. Estos son más como fenómenos superficiales. Más bien, los sistemas funcionales fragmentados y operacionalmente cerrados de la sociedad mundial, con su impulso de expandirse, establecen las causas reales de los problemas de la sociedad mundial y, al mismo tiempo, hacen uso del derecho mundial para la salvaguardia normativa de sus sofisticadas lógicas de dominio.[16]

La fragmentación del derecho resulta en última instancia de la maximización de la auto-racionalidad de diferentes sistemas sociales. Estos conflictos se ven agravados por otra peculiaridad de la diferenciación funcional como una forma específica de afrontar los riesgos que ha desarrollado la sociedad moderna. Un nuevo tipo de absorción de riesgos aumenta la dinámica mutua de conflictos sociales y colisiones de normas legales. En esta perspectiva de riesgo, la vieja pregunta sociológica sobre la contraparte social del conflicto social, que se reconstruye de forma independiente en el ordenamiento

14 Luhmann (1995b), p. 5.
15 Luhmann (1997a), p. 1088 ss.
16 Más precisamente sobre este problema:Teubner (1996b), p. 199 ss.

jurídico, se responde como un «caso judicial» en el que los conflictos individuales se resuelven en el proceso de reclamos y contrademandas vía normas, a diferencia de las teorías anteriores. La sociología del derecho como sociología del conflicto tiende a ubicar los conflictos individuales en su contexto social y a buscar soluciones al conflicto que sean satisfactorias para los involucrados. En una comparación sistemática de la ley con la mediación, la resolución alternativa de conflictos, los tribunales de arbitraje, las comisiones de la verdad y las negociaciones, la ley lo hace bastante mal. Sin embargo, esto reduce el papel social del derecho a la solución de conflictos individuales.[17] Por el contrario, las grandes teorías sociales del derecho siempre han tenido en mente la producción de estructuras sociales a través del derecho.[18] El caso legal se convirtió en una expresión de conflictos estructurales sociales no individuales o en conflictos de intereses entre grupos de poder social y pluralismo de grupos políticos, o se trata de conflictos de clases en el contexto de contradicciones económicas estructurales, por lo que todos los conflictos sociales pueden, en última instancia, remontarse a la contradicción entre producción pública y apropiación privada.

O, después de todo, se trata de una generalización de tales conflictos estructurales en el politeísmo moderno, que desencadena las correspondientes colisiones de normas legales. Los conflictos en áreas de la vida aparecen como esferas de valor institucionalizadas que compiten entre sí y exigen una decisión institucional. La tesis descrita anteriormente se basa en estas teorías, que remontan la fragmentación legal a las colisiones sociales de la racionalidad. En contraste con estas, por así decirlo, explicaciones sociológicas legales clásicas de la fragmentación legal, el análisis de riesgo ahora introduce una nueva dimensión: el manejo de los riesgos por parte de la sociedad moderna crea colisiones de sistemas como problemas estructurales de la sociedad que van más allá de los conflictos descritos anteriormente para maximizar la racionalidad.[19] Históricamente, esto tiene que ver con el cambio de la protección de salvaguardas de las múltiples instituciones multifuncionales.

La familia era responsable de todas las áreas de la vida y tenía que incorporar múltiples consideraciones al abordar los riesgos de la vida. En este sentido, Oikos, Polis, Korporation (corporacio-

---

17 Particularmente señalado en: Christie (1977), 1 ss.

18 Más detallado sobre este argumento: Teubner y Zumbansen (2000), p. 189 ss., con más información.

19 Luhmann (1991), p. 86 ss.

nes) y Kirche (iglesia) fueron instituciones multifuncionales que desarrollaron una forma bastante difusa de abordar los riesgos y, en consecuencia, actitudes de aversión al riesgo. Por el contrario, la modernidad se basa en la unifuncionalidad en los sistemas de codificación binaria. Para los riesgos, esto significa que ahora son asumidos por los sistemas funcionales altamente especializados. La forma específicamente moderna de abordar los riesgos consiste en que no son abordados en todas sus dimensiones y con todo tipo de consideraciones por una sola instancia, como una institución política central, sino que se traducen en la lógica de sistemas sociales altamente especializados; y, por tanto, sólo se puede percibir unidimensionalmente como problemas específicos del subsistema. Hay un lado extremadamente productivo en esto con sus subracionalidades altamente impulsadas y las correspondientes técnicas de resolución de problemas, los subsistemas son altamente adecuados para la gestión de riesgos. La ciencia, los negocios y la medicina han desarrollado técnicas impresionantes para la absorción de riesgos. La consecuencia positiva es que los riesgos sociales pueden incrementarse en un grado inimaginable y aun así son soportables y que esto también permite un aumento de las oportunidades sociales.

Sin embargo, este proceso de fragmentación del riesgo en racionalidades parciales tiene su lado destructivo, desencadena nuevos tipos de conflictos con otros sistemas, que luego se perciben en la ley como colisiones de normas. La consecuencia destructiva radica en los efectos nocivos imprevisibles y no coordinados de la absorción de riesgos específicos del sistema en su entorno social. La liberación de los sistemas especializados de diversas consideraciones lleva al hecho de que el subsistema respectivo, maneja los riesgos con mucho éxito por sí mismo, pero literalmente «sin piedad» para los demás.

Lo que representa un riesgo aceptable para un sistema se convierte en una amenaza o incluso amenaza la existencia del otro.[20] Por lo tanto, la asunción de riesgo realmente productivo en un sistema crea altos riesgos en otros sistemas. La absorción exitosa del riesgo en un subsistema resulta entonces en autolesiones a la sociedad

[20] Las drásticas diferencias en la percepción del riesgo que se han documentado una y otra vez afectan no solo las cosmovisiones de los individuos, sino también las cosmovisiones de sistemas sociales completos. Especialmente la tesis que se remonta a Ludwik Fleck «How Institutions Think» von Douglas (1986). En a agudización de la teoría de sistemas de Luhmann (1991), p. 111 ss.

en su conjunto. La acusación, que se plantea regularmente en el contexto del control de riesgos, de que las medidas solo están dirigidas a los síntomas, no a la causa, debe discutirse en este contexto. La clasificación de causa / síntoma es parte de la atribución del riesgo social que, en la perspectiva de cada subsistema social, sigue diferentes principios rectores y construye diferentes responsabilidades. Entender la «lucha contra el terrorismo» global según el secretario de Defensa de Estados Unidos, Donald Rumsfeld, como una medida militar «contra lo desconocido, lo incierto, lo invisible y lo inesperado»[21] es básicamente parte del intento de combatir el terrorismo y monopolizar las medidas militares.

La crítica que ha hecho Giorgio Agamben al hecho de que «al final, el Estado y el terrorismo forman un solo sistema con dos caras, en el que cada uno de los elementos sirve no solo para justificar las acciones del otro, sino que cada uno es indistinguible del otro»[22] tiene como objetivo garantizar que el establecimiento universal de los paradigmas políticos de emergencia y seguridad como gestión de riesgos específica de la función del sistema político pueda representar una estrategia de atribución de riesgo y auto-legitimación para combatir los peligros en cuestión, que sea efectiva en la sociedad global. Esta estrategia de monopolio, sin embargo, tiende a marginar las condiciones ambientales económicas, religiosas y de derechos humanos de la posibilidad del terror y las estrategias de lucha contra el terrorismo mismo.[23] Por lo tanto, se convierte en un riesgo.[24]

Según Luhmann: «Los fundamentalismos y las radicalizaciones políticas son inherentes a la tendencia, si tiene éxito políticamente para convencer a una población de la importancia de tales distin-

---

21 Rumsfeld (2002), p. 20 ss., 23.

22 Agamben (2004), p. 1 ss.; Agamben (2002), p. 25 ss.

23 De la abundancia de literatura sobre las contingencias del proceso de significación: Derrida (2003), 134 ss.; sobre el marco de derechos humanos para la lucha contra el terrorismo: Seibert-Fohr (2004), 125 ss.; Oeter (2002), p. 422 ss.

24 Aquí es donde reside el potencial crítico de los nuevos enfoques de la ciencia política, que describen procesos en los que el sistema político aborda problemas sociales globales, los construye como «problemas de seguridad» y luego los explota con fines de legitimidad; para la securitización: Buzan, Waever y de Wilde (1998), p. 70 ss.; sobre estos peligros: Koskenniemi (1995), p. 325 ss.; Maus (1999), p. 276 ss.; Véase también el informe del Grupo de alto nivel sobre amenazas y desafíos y Wandel, *Eine sicherere Welt: Unsere gemeinsame Verantwortung*, el término de seguridad también incluye «amenazas económicas y sociales, incluyendo pobreza, enfermedades infecciosas y degradación ambiental; conflictos interestatales, conflictos internos, incluida la guerra civil, el genocidio y otras atrocidades masivas; armas nucleares, radiológicas, químicas y biológicas; Terrorismo; crimen organizado transnacional» (ONU Doc. A/59/565, 2. diciembre 2004, http://www.un.org/secureworld).

ciones, entonces se puede hacer política con ellos independientemente de las consecuencias económicas. Pero un Estado que no hace justicia a la constitución autorreferencial, es decir, a la tautología lógica y al universalismo específico de lo político, pero persigue fines específicos, debe en consecuencia discriminar estructuralmente y se vuelve inevitablemente despótico»[25].

El potencial destructivo de otros mecanismos de monopolización de la absorción de riesgos en los sistemas sociales de economía, religión y tecnología es estructuralmente análogo a esta situación de riesgo. La mera protección de los riesgos financieros a través del sistema económico global puede desestabilizar a los estados nacionales, hacer que las políticas del estado de bienestar sean imposibles; y, por lo tanto, ya conlleva un enorme riesgo para el derecho de las personas a la autoconstitución. La prohibición de las medidas anticonceptivas por motivos religiosos asegura nuevos hijos cristianos y la difusión de la doctrina religiosa de la salvación, pero es problemática con respecto a la planificación familiar responsable. El desarrollo de la tecnología de los alimentos puede contribuir de manera importante a minimizar el riesgo de «hambre» de las plantas resistentes a enfermedades y plagas, pero en sí mismo conlleva importantes riesgos para el medio ambiente humano y natural del sistema tecnológico.

La maximización de la auto-racionalidad a partir de una especificación de función exitosa y aumento del riesgo de una absorción de riesgo exitosa. En resumen, estos son los procesos sociales que son responsables de un aumento del conflicto de normas legales, de los procesos de fragmentación del derecho mundial, de la desintegración de las autoridades de resolución de conflictos. Es dudoso que el establecimiento de jerarquías judiciales pueda hacer frente a la fragmentación jurídica resultante de tales contradicciones sociales y estructurales. Pero también es imposible una reversión, un retorno al derecho de coordinación internacional[26] y un giro a los viejos mitos: «La caída en el pecado de la diferenciación en sí misma nunca puede retirarse. No se vuelve al paraíso».[27]

---

[25] Luhmann (2000ª), p. 219.

[26] Esto es lo que requiere, por ejemplo, Böckenförde (1999a), p. 123: «Si se quiere preservar la estadidad, parecen necesarias contramedidas en el proceso de globalización, y en forma de una lucha para restablecer la primacía de la política en áreas controlables».

[27] Luhmann (1994), p. 344.

4

INTERLEGALIDAD: COLISIONES ENTRE REGÍMENES REGULATORIOS

Para comprender con mayor precisión la conexión entre fragmentación jurídica y diferenciación social, debe abandonarse la suposición de que un sistema jurídico en sentido estricto sólo existe a nivel del Estado-nación. En cambio, se puede asumir que el derecho, siguiendo la lógica de la diferenciación funcional, se ha establecido globalmente como un sistema social unificado más allá de los sistemas legales nacionales. Una ley mundial uniforme se reproduce a través de la autopoiesis de operaciones legales que, aunque controladas por diferentes programas, en última instancia, están todas orientadas hacia la codificación binaria de bien / mal. Sin embargo, la unidad del derecho mundial ya no se basa estructuralmente, como en el Estado-nación, en la coherencia del conjunto de normas garantizadas por la jerarquía judicial, sino solo en el procedimiento de vinculación de las operaciones jurídicas, a través del cual incluso sistemas jurídicos muy heterogéneos transfieren validez jurídica vinculante,[1] consecuencia indirecta de la diferenciación social globalizada. De esta manera, la unidad operativa del sistema legal también se logra a nivel global. Sin embargo, esta unidad jurídica tiene que enfrentarse a numerosos conflictos normativos fundamentales. En el derecho mundial, la unidad jurídica se está convirtiendo de la coherencia normativa a la «interlegalidad» operativa.[2] La interlegalidad no significa solo una variedad estática de órdenes normativos que están delimitados entre sí, como lo describen en la

---

1 Sobre el concepto de teoría de sistemas de un sistema jurídico mundial: Luhmann (1993a), p. 571 ss., ver también: Teubner (2003a), p. 1 ss.; Teubner (2000a), p. 437 ss.; Teubner (1996a), p. 255 ss.; Fischer-Lescano (2003a), p. 717 ss.; D'Amato (2005), p. 335 ss.; Ziegert (2000), p. 69 ss.; Albert (2002), p. 203 ss.; Calliess (2002), p. 185 ss. Una visión similar de un sistema legal internacional en: Martínez (2003), p. 429 ss., p. 443 f., bajo la cita de Sunny Y. Auyang, ver el mismo. (1999), p. 39 ss.

2 Santos (1992), p. 131 ss.; Amstutz (2003a), p. 161 ss.; Kenny (2003), p. 569 ss.

sociología clásica del derecho Eugen Ehrlich, Santo Romano, Maurice Hauriou, Georges Scelle y Georges Gurvitch,[3] sino una variedad dinámica de operaciones normativas. en el que «sistemas paralelos de normas de diferentes orígenes se estimulan mutuamente, se conectan, se entrelazan y penetran sin fundirse en superórdenes uniformes que absorben sus partes, pero existen permanentemente en su yuxtaposición como estructuras heterárquicas, en resumen, que el pluralismo jurídico es una realidad».[4]

En otras palabras, no solo la colisión de las leyes tradicionales locales establecidas con las decisiones legales de origen parlamentario es la característica de la interlegalidad posmoderna, sino una confusión completamente nueva en los mundos intermedios legales de la sociedad global, que tiene que convivir con decisiones individuales contradictorias, con regulaciones normativas en conflicto para el mismo campo social, con textos legales para ser leídos como hipertextos, esto significa, que sólo cuando se combina con otros textos y contextos tiene «sentido» y no produce una «regla última de reconocimiento».[5] En lugar de generalizar expectativas a través de decisiones finales autorizadas, la unidad del texto legal y homogeneidad de los métodos de conocimiento, la constelación posnacional se caracteriza por la yuxtaposición de una mutitud de sistemas legales estructuralmente cerrados, que en principio -todos- reclaman la primacía en sus propios asuntos. Estos órdenes heterárquicos no se mantienen unidos por una estructura jerárquica de derecho, ni por una norma básica suprema, ni por una referencia última común. Pero, ¿cuáles son las unidades de esta interlegalidad?

Para responder a esa pregunta, se necesita corregir la ideas sobre la diferenciación interna del derecho. Aquí se encuentra el primer impacto directo y masivo de la fragmentación de la sociedad sobre la propia ley. Durante siglos, su diferenciación interna había seguido los lineamientos de la política de los Estados nacionales y se

---

3 Ehrlich (1913), p. 81 ss.; Romano (1918), §§ 12 ss.; Hauriou (1933), p. 11 ss.; Gurvitch, p. 181 ss.; Scelle (1932), p. 6 ss.

4 A mstutz (2003b), p. 213 ss., p. 213. Sobre una nueva formula de pluralismo jurídico: Santos (2002), p. 353 ss.; Teubner (1995), p.191 ss.; ver también: Rigaux (1998), p. 325 s.: «[L] egal pluralismo significa que existen múltiples ordenamientos jurídicos, algunos dotados de caracteres comunes (los ordenamientos jurídicos de los distintos estados o los diversos sistemas de organizaciones deportivas), otros de distinta naturaleza. El derecho internacional es único, no solo porque su propio alcance debe ser ecuménico, sino también porque ningún otro orden jurídico sigue el mismo molde. Pero dentro de la comunidad internacional existen ordenamientos jurídicos regionales o particulares como lo demuestran sus instituciones».

5 Fischer-Lescano y Christensen (2005), p. 213 ss.

había convertido en una realidad como multitud de ordenamientos jurídicos nacionales con pretensiones de validez territorial. Al final, el derecho internacional, que se ve a sí mismo como el derecho contractual de los Estados nacionales, no rompió con esta forma de diferenciación. Solo la rápida expansión de las organizaciones internacionales y los regímenes regulatorios políticamente establecidos,[6] los convirtieron en sistemas legales independientes desde sus orígenes en los tratados internacionales, en ese sentido la ruptura corresponde a la diferenciación nacional del derecho que encuentra superpuesta por una fragmentación sectorial.[7]

El surgimiento de regímenes globales no significa entonces, como afirman repetidamente los abogados, que los sistemas jurídicos estén unificados, armonizados o que al menos convergieron en el curso de la legalización global, sino que el derecho impulsa una nueva forma de diferenciación interna; y con ello, no creando unidad jurídica, sino más bien una nueva fragmentación. La fragmentación de la sociedad afecta al derecho de tal manera que una regulación política orientada al éxito de áreas de la sociedad estructuradas de manera diferente requiere una división de arenas políticas específicas para cada tema, que a su vez están fuertemente juridificadas.[8] La diferenciación interna tradicional basada en el principio de territorialidad en los sistemas legales nacionales relativamente autónomos se superpone, por lo tanto, a un principio de diferenciación sectorial, la diferenciación del derecho mundial de acuerdo con regímenes legales transnacionalmente uniformes que definen sus fronteras externas no territorialmente, sino de manera específica y reclaman validez global.[9] Cabe destacar que el objetivo no es reemplazar la antigua diferenciación en los sistemas jurídicos nacionales. Nadie afirma que el Estado nacional será abolido en el proceso de globalización, incluso si esto es insinuado repetidamente por los sim-

6 Sobre el concepto de régimen en el derecho internacional: Klein (1986), p. 1354; Matz, p. 358 ss.; Walter (2004), p. 31 ss., p. 38 ss.; Ruffert (2000), p. 129 ss., p. 141 f.; Tietje (1999), p. 26 ss.

7. Aus der neueren Regime Literatur Ver, entre otros .: Yerdahl (2002), 433 ss., 435 ss.; Hasenclever, Mayer y Rittberger (1997), p. 162 ss.; Young (1986), p. 104 ss.; Nadelman (1990), p. 479 ss.; Mitchell (1998), p. 109 ss.; Ver más en: Herberg (2001), p. 25 ss.; Kelly (2001), p. 673 ss., lo cual en efecto exagera en resaltar el elemento sancionador.

8 Sobre la juridificación de las organizaciones internacionales : Abbott, Keohane, Moravcsik, Slaughter y Snidal (2000a), p. 401 ss.

9 Halfmann (2006); Koskenniemi (2005); especialmente con relación al «Internet Corporation for Assigned Names and Numbers» (ICANN) como «Global Regulatory Regime» Ver Lehmkuhl (2002), p. 61 ss., p. 71 ss.; Mueller (2002), p. 211 ss.; Walter (2001), p. 170 ss., p. 186 s.; sobre otros aspectos del régimen de internet : Perritt (2000a), p. 563 ss.; Post (2000), p. 2 ss.; Post (1998), p. 521 ss.; Post (1995).

patizantes del Estado nacional. No se trata de sustituir una diferenciación interna por otra, sino de superponer dos principios distintos: diferenciación territorial-segmentaria y temático-funcional.[10]

Los regímenes jurídicos regulatorios sectoriales pueden identificarse como las nuevas unidades de interlegalidad buscadas, que, también debe evitarse, pues no son un reflejo paralelo de los procesos de diferenciación extralegal. Aquí nos encontramos con la difícil cuestión de ¿a qué principio obedece la diferenciación interna de los sistemas funcionales autopoiéticos?, que no es diferente para el derecho con sus normas internas que para la ciencia con sus diversas disciplinas. La tríada de diferenciación segmentaria, jerárquica y funcional, que ha demostrado su eficacia para la sociedad en su conjunto, no parece funcionar aquí.[11] Los regímenes jurídicos globales no deben ser vistos como segmentos del mismo tipo, ni están estructurados jerárquicamente entre sí, ni siguen las categorías de sistemas funcionales de toda la sociedad.

Para dar un paso más aquí, se debe seguir la sugerencia de Michael Bothe y prestar atención a las irritaciones ambientales aleatorias en el proceso de creación de regímenes globales: «De esta manera, eventos, oportunidades e ideas desencadenantes son factores clave en el desarrollo del derecho internacional. Este hecho es responsable de la fragmentación del derecho internacional en un gran número de regímenes de tratados fácticos que se han establecido en ocasiones especiales y tratan problemas específicos. Pero como todo está relacionado con todo lo demás, estos regímenes se superponen. De esto se puede deducir que las reglas no son necesariamente compatibles entre sí, pero que también pueden reforzarse entre sí. Esto plantea la cuestión de si existe conflicto y tensión o sinergia entre diferentes regímenes».[12] De manera similar a Bothe, el concepto de Incidentes de la Escuela de New Haven se basa en la observación de los procesos que dieron lugar al respectivo desarrollo jurídico.[13] Ellos también observan un «ex facto ius oritur» (Ulpian),[14] y por lo tanto tienen un punto de partida apropiado.[15] Sin embargo, el déficit analítico de los New

---

10 Ver también Stolleis (2004), p. 17 ss.

11 El modelo de diferenciación segmentaria parece acercarse más a los procesos de fragmentación, Luhmann (1997a), p. 636 ss.; Stichweh (1994), p. 20 ss.; Luhmann (1990a), p. 450.

12 Bothe (2004), p. 37 ss., 37.

13 Locus classicus der New Haven School: Reisman (1984), p. 1 ss.

14 Ulpian, Digesten p. 44, 7, 25.

15 Al respecto, paralelo a la escuela de New Haven y el enfoque sociológico jurídico de Niklas Luhmann: Simma (1972), p. 293 ss. Cabe señalar, sin embargo, que la radicalización autopoiética de la sociología del derecho de Luhmann permite definir más claramente la diferencia entre New Haven y Bielefeld con respecto a la dinámica inherente del derecho.

Haven Scholars radica en la inclinación de la lógica intrínseca jurídica, esto significa que estos conceptos, en la tradición de Myres McDouglas, se adoptan regularmente en primacía de lo político.[16]

En cambio, la clave para entender la nueva diferenciación interna radica en los procesos coevolutivos que estructuran la relación entre los grandes sistemas funcionales y el derecho.[17] Los sistemas funcionales no se inscriben en un guión integral en el derecho como régimen jurídico independiente, sino a través de coincidencias históricas, los conflictos individuales, los problemas emergentes y los escándalos irritan el sistema legal. Siempre se trata de una interacción de eventos externos de la derecha y oportunidades de estandarización interna de la derecha.

Las sorpresas externas de los problemas sociales y sus reformulaciones políticas deben ir acompañadas de opciones de construcción legal y oportunidades de regulación para permitir la formación de un régimen. El punto fijo que constituye la norma tiene que ver con: »las fuerzas ilocucionarias vinculantes, que se activan mediante actos explícitos de autocompromiso y acuerdo. Además, hay muchos 'hechos que implican normas' adicionales, esquemas de generación y percepción más profundos, 'reglas básicas' y requisitos fácticos que caracterizan el campo particular de práctica en cuestión y con los cuales el orden normativo aplicable está estrechamente entrelazado».[18] Diferenciar los regímenes legales tratando con secciones de sus entornos sociales y naturales. La diferenciación de los ambientes se lleva hacia adentro y ahí se convierte en la base para diferenciar entre diferentes regímenes. Pero su reconstrucción está sujeta a las condiciones inherentes al sistema legal.[19] Bajo ciertas condiciones, la irritación social se responde no simplemente con acuerdos estatales, sino con el desarrollo de un régimen legal que surge «por casualidad» en el punto de conflicto.

Diferentes escuelas de relaciones internacionales (realismo, neoliberalismo y cognitivismo) se han esforzado por especificar estas condiciones: cálculos de costos de transacción por parte de actores estatales, cálculos de poder, especialmente en constelaciones

---

16 «[L]ey es solo instrumental, un medio para un fin, y debe valorarse solo a la luz de los fines que logra» (McDougal (1941), 827 ss., 834); Ver aquí también la crítica de Brunnée y Toope (2000), p. 19 ss.

17 Sobre la coevolución del derecho y la sociedad: Teubner (1999), p. 7 ss.; Luhmann (1993a), p. 118 ss., p. 239 ss.; ver también Diehl, Ku y Zamora (2003), p. 43 ss.; Abegg (2006), p. 371 ss.

18 Herberg (2005), p. 73 ss., p. 78.

19 En conexión con Stichweh (1994), p. 22.

hegemónicas, y finalmente absorción de incertidumbre en comunidades de conocimiento.[20] El aspecto cognitivista de la absorción de incertidumbre es particularmente importante. Está claro cuán intensamente se relaciona la formación de regímenes con la diferenciación funcional. La complejidad del problema es tan grande que las típicas soluciones políticas y legales a los problemas parecen inadecuadas y las estrategias de solución se trasladan a las comunidades epistémicas. Su conocimiento no puede simplemente incorporarse a una solución política y legal material, sino que debe ser independiente desde el punto de vista del procedimiento para desarrollar soluciones futuras. El potencial de tales comunidades epistémicas, una metáfora teóricamente mal pensada para los sistemas de funciones específicas, está así institucionalizado política y legalmente en un régimen independiente. Tales instituciones se refuerzan recursivamente por conflictos posteriores comparables, hasta que finalmente surge una coexistencia no sistemática de regímenes legales, que se remonta a las relaciones ambientales entre el derecho y los principales sistemas funcionales, pero no los representa en el derecho, sino solo como organización o pueden identificarse »islas« institucionales de orientación a problemas específicos.

La nueva diferenciación interna del derecho mundial en regímenes desterritorializados puede entenderse ahora como una repetición interna del sistema de la diferencia entre el sistema legal y sus sistemas ambientales sociales. El estado de diferenciación debe cambiar cuando las condiciones ambientales cambian en el proceso de globalización. Sin embargo, al mismo tiempo, como dije, esto no significa un reflejo fiel a escala de los sistemas ambientales en los subsistemas legales correspondientes, sino una creación de formas específicas del sistema que solo existen en el sistema legal, pero que permiten determinar la diferencia inicial entre el sistema legal y los otros sistemas legales, diferentes sistemas funcionales de una manera específica. En otras palabras, no existen diferencias entre sistemas y entornos. En el entorno del sistema legal no existen correlatos para los contenidos de la ley de la Organización Mundial del Comercio respecto de la Organización Mundial de la Salud, o de la diferencia de contenidos entre el Banco Mundial y la UNESCO, etc., aunque al mismo tiempo está claro que el sistema legal se basa en diferencias funcionales y la diferenciación de la sociedad global.[21]

[20] También Hasenclever, Mayer y Rittberger (1997), p. 7 ss.; para una fuerte orientación jurídica analizar Trachtman (2002), 77 ss., p. 85 m.w.N.

[21] Sobre esta cuestión de la no correspondencia de diferencias ambientales y diferencias internas con dependencia mutua simultánea de ambos, ver: Luhmann (1995b), p. 7.

5

AUMENTO DEL CONFLICTO: REGÍMENES PRIVADOS AUTÓNOMOS

Pero incluso esto no es suficiente para comprender completamente la fragmentación del derecho. Porque con la normativa global, esto significa que, en los regímenes políticamente establecidos, se registra el proceso fundamental de superposición del derecho mundial territorialmente diferenciado con elementos de diferenciación sectorial, pero solo en la medida en que es inducido por tales regímenes legales que se basan en acuerdos internacionales entre estados nacionales.

El rápido crecimiento simultáneo de los regímenes privados no estatales sigue estando completamente subexpuesto. En primer lugar, éstos generan una «ley global sin el Estado»,[1] que justifica la multidimensionalidad del pluralismo jurídico global.[2] Para hacer justicia a esto, uno tiene que abandonar el supuesto común de que la ley global está gobernada únicamente por el Estado; y sancionando, ya sea a través de fuentes legales nacionales o de las fuentes legales oficialmente reconocidas del derecho internacional.[3] Aquí uno encuentra otro dramático impacto de la fragmentación de la sociedad sobre el derecho. Esto obliga a una expansión del concepto jurídico más allá de las fuentes legales del derecho nacional e internacional y al mismo tiempo a una reformulación del concepto de régimen. Como dice Berman, es una de las tareas centrales futuras del derecho internacional que aún no han sido resueltas: «El reconocimiento y evaluación de los ejercicios de jurisdicción no estatales que vincu-

1 Teubner (1997).

2 Sobre la nueva discusión: Melissaris (2004), p. 57 ss.; Berman (2002), p. 325 ss.; Weisbrod (2002), p. 5 s. y p. 68 s.; Sinha (1995), p. 31 ss.; además: Berman (1994-1995), p. 1617 ss.; Engel Merry (1988), p. 869 ss.

3 Esta visión estática permanece en: Reuter (1996), p. 1 ss., aún está detenida, incluso mientras está buscando nuevas soluciones legales pluralistas en el ámbito internacional.

lan a comunidades sub, supra o transnacionales. Dichas jurisdicciones no estatales abarcan una amplia gama de organismos, desde organismos reguladores y judiciales transnacionales oficiales hasta tribunales cuasi legales no estatales y organizaciones reguladoras o de establecimiento de normas privadas».[4]

«Las comunidades transnacionales», es decir, las sociedades autónomas fragmentadas por economía, ciencia, tecnología, medios de comunicación, medicina, educación, transporte, desarrollan una enorme necesidad de normas, que, sin embargo, no es satisfecha por las instituciones nacionales e interestatales. En cambio, satisfacen esta necesidad ellos mismos a través de la aplicación directa de la ley. Cada vez más, los regímenes sociales globales están estableciendo sus leyes materiales por si mismos.[5] Tienen sus propias fuentes de derecho fuera de la legislación centrada en el Estado, fuera de la legislación nacional y los tratados internacionales.[6] Por supuesto, es muy controvertido si tales normas de entidades transnacionales, que han surgido sin ayuda estatal, tienen un carácter legal genuino.

Los argumentos que hablan a favor no sólo de «ordenamiento privado» sino de derecho en el sentido técnico no deben volver a presentarse aquí.[7] En este punto, debe bastar con identificar el criterio de que es responsable de su carácter legal. Contrariamente a algunas formulaciones legales, sociológicas o económicas, no todas las estandarizaciones sociales o todos los «ordenamientos privados» son correctos. La indiferencia hacia el propio del derecho que ofrecen las teorías sociológicas del pluralismo jurídico o las teorías económicas del ordenamiento privado sería fatal para los análisis jurídico-sociológicos o incluso jurídicos dogmáticos que tienen que lidiar con la racionalidad y auto-normatividad inherentes al derecho.[8] Incluso

---

4 Berman (2002), 235; ver también: Aleinikoff (2000), 197 ss., 201-02: «Además, no hay razón para suponer que la forma de estado-nación será perdurable para siempre. Actualmente estamos siendo testigos de serios desafíos a la soberanía del Estado-nación desde tres direcciones. En primer lugar, las normas y estructuras supranacionales (el derecho internacional de los derechos humanos, la OMC) afectan la soberanía de formas sin precedentes. La afirmación aquí no es que los estados hayan sido sellados herméticamente hasta este momento; es más bien que la injerencia en la soberanía estatal se justifica ahora en términos legales que tienen un peso cada vez mayor en el mundo».

5 Princen y Finger (1994), p. 1 ss., 10; Shaw (1995), p. 5-9; Darcy de Oliveira y Tandon (1994), p. 1 ss.; Wapner (1995), p. 311 ss., p. 312-13.

6 Young (1994), p. 184 ss.; Teubner (1996a), p. 255 ss.

7 Para profundizar: Teubner (1996a), p. 255 ss.; Fischer-Lescano (2005b), p. 129 ss.

8 En su descripción del pluralismo jurídico como una multitud de sistemas de «control social» es extremadamente insensible a las características jurídicas: Griffiths (1986), 1 pp. Recientemente, por ejemplo, sobre la indiferencia de los análisis económicos del «ordenamiento privado» Aviram (2003), p. 5 ss.

la aplicación correcta / incorrecta del código binario a la hora de evaluar el comportamiento -esto debe enfatizarse para evitar malentendidos con respecto al concepto jurídico teórico del sistema- no es suficiente. La institucionalización de procesos de normalización secundaria es decisiva. Esto recuerda la definición de ley de Herbert Hart como una unidad de normas primarias y secundarias,[9] pero va más allá, al reemplazar su orientación estructural con una orientación operativa. Sólo cuando se han creado instituciones que someten sistemáticamente las observaciones de primer orden según el código de derecho / injusticia a la observación de segundo orden según el código legal, se puede hablar de la existencia de un derecho autónomo, con o sin Estado. Por lo tanto, no se puede asumir una «ley global sin el Estado» cuando las instituciones no estatales toman decisiones normativas sobre el comportamiento de acuerdo con el código legal binario, sino solo cuando se institucionalizan procesos que apoyan estas operaciones de evaluación. sujeto a decisiones vinculantes según el código legal binario.

Entonces tiene sentido definir el concepto de ley transnacional fuera de la ley estatal de la siguiente manera: «El derecho transnacional describe una tercera categoría de los sistemas jurídicos autónomos de los hombres más allá de las categorías tradicionales del derecho nacional e internacional. El derecho transnacional es creado y desarrollado por los poderes creativos de una sociedad civil global, se basa en principios legales generales y su concreción en la práctica social (ejercicio), su aplicación, interpretación y formación continua, incumbe -al menos principalmente- a los proveedores privados, los mecanismos de solución de controversias, y se lleva a cabo una codificación -en todo caso- en forma de catálogos generales de principios y reglas, formularios de contratos estandarizados o códigos de conducta elaborados por instituciones privadas de normalización».[10]

Los regímenes jurídicos autónomos más destacados en la actualidad son la *lex mercatoria* de la economía internacional y la *lex digitalis* de internet.[11] Ambos cumplen los requisitos de la definición técnica

---

[9] Sobre el intento paralelo de Hans Kelsen de poner el derecho consuetudinario directamente bajo el Grynorm, ver: Fischer-Lescano (2006).

[10] Calliess (2004), p. 244 ss., p. 254 s.; para la historia conceptual del derecho transnacional, se debe comenzar con: Philip Jessup (1956), y su propia sistematización, ver: Koh (1996), 181 ss.; ver, además: Hanschmann (2006), 349 ss. Berman (2005), p. 458 ss. y Friedman (1996), p. 65 ss.

[11] Sobre lex mercatoria: McConnaughay (2001), p. 427 ss., p. 473; Maniruzzaman (1999), p. 657 ss., p. 672-74; Friedman (2001), p. 347 ss., p. 356; sobre lex digitalis: Perritt (2000b), p. 675 ss., p. 691-92; sobre lex sportiva: Becker y Lehmkuhl (2004), p. 225 ss.

como sistemas jurídicos transnacionales y sistemas jurídicos independientes, porque, a diferencia de las fuentes legales nacionales o internacionales, cuentan con mecanismos legales independientes. En ambos casos se trata de un sistema de aplicación de reglas no gubernamental y nacional que contiene sus propias normas secundarias. La lex mercatoria basa su pretensión de validez en normas secundarias independientes, la validez de contratos internacionales, costumbres comerciales, términos y condiciones generales, reformulaciones de derecho contractual (principios de derecho privado UNIDROIT-Instituto Internacional para la Unificación del Derecho Privado - del derecho mercantil internacional, principios de la normativa europea de derecho contractual) y los emitidos por los tribunales arbitrales. De manera similar, la *lex digitalis* se basa en normas secundarias para actos privados y autónomos de usuarios de internet, las reglas explícitas de la UDRP (Política de Resolución de Disputas de Nombres de Dominio), las Reglas para la Política Uniforme de Resolución de Disputas, así como las respectivas Reglas Suplementarias de los Proveedores de Resolución de Disputas acreditados por ICANN; y finalmente, sobre las decisiones de los paneles de la ICANN (La Corporación de Internet para la Asignación de Nombres y Números).

Aquí, sin embargo, cabe mencionar un sinnúmero de otros organismos reguladores y tribunales de arbitraje privados o híbridos público-privados que establecen leyes autónomas con validez global, que Paul Schiff Berman menciona: «En otros lugares vemos el uso generalizado de organismos marco, reguladores internacionales no estatales. Por ejemplo, Apparel Industry Partnership, una empresa conjunta de organizaciones no gubernamentales, fabricantes internacionales de prendas de vestir y universidades estadounidenses, han creado su propio régimen regulatorio cuasi gubernamental (pero no gubernamental) para proteger los valores públicos relacionados con el trabajo internacional - condiciones a mantener-. La asociación ha adoptado un código de conducta para cuestiones como el trabajo infantil, las horas de trabajo, las condiciones de salud y seguridad, junto con una estructura de control de cumplimiento detallada (con un procedimiento de quejas de terceros). En relación con Internet, la coalición ›TRUST‹ de proveedores de servicios, empresas de software, abogados de protección de datos y otros actores, ha desarrollado estándares de protección de datos ampliamente aceptados para sitios web (que también supervisan). Del mismo modo, el diálogo empresarial mundial sobre comercio electrónico ha establecido una serie de grupos de trabajo para abordar principios uniformes sobre una variedad de temas de comercio electrónico «.[12]

La investigación sobre el régimen de las ciencias políticas también ha comenzado a ocuparse de las instituciones normativas de naturaleza transfronteriza que son establecidas y operadas por actores privados para su autorregulación colectiva.[13] Sin embargo, como regímenes privados, los fenómenos del régimen mencionados anteriormente difieren de manera marcada de los términos de régimen común de la teoría de las relaciones internacionales. Por lo general, se entiende que el régimen es un conjunto de principios, normas, reglas y procesos de toma de decisiones en torno a los cuales las expectativas de los actores (la famosa fórmula de Krasner se basa principalmente en los Estados) se forman en un área temática.[14] Elementos legales y políticos están peculiarmente interrelacionados en tal perspectiva: «Los regímenes contienen un componente sustancial de derechos y reglas y generalmente también un componente operativo que apoya el establecimiento y aplicación de tales derechos y reglas».[15]

Para los regímenes legales autónomos «privados», el centro político basado en la fórmula del régimen de Krasner no es adecuado. Por un lado, impide el desarrollo de un conjunto de instrumentos suficientemente diferenciado para distinguir los regímenes legales de otros regímenes de gobernanza no legales.[16] Por otro lado, tal perspectiva no reconoce la dimensión legal en los regímenes más allá del derecho internacional clásico y su centralidad estatista en los actores. Para estos regímenes privados, las normas de derecho internacional tienen inicialmente menos de un constituyente que - y sólo en casos extremos - desarrolla una función meramente limitante.[17] La formación de regímenes privados es más el resultado de esfuerzos, el comportamiento de una amplia variedad de regímenes no estatales. Regular a los actores, incluidas corporaciones públicas y privadas, bancos y compañías de seguros, aerolíneas y compañías navieras.[18]

---

12 Berman (2002), p. 369 s.

13 Evidencia para la investigación empírica con: Hasenclever, Mayer y Rittberger (1997), p. 154 ss.

14 Krasner (1983), p. 1 ss.; sobre el actual régimen de teoría y crítica en: Krasner: Hasenclever, Mayer y Rittberger (1997), p. 13 ss.; Young (1986), p. 104 ss.

15 Schramm Stokke (2001), p. 2.

16 Hierzu auch: Young (1986), p. 104 ss.

17 Muchlinski (2001), p. 31 ss.; zu politisch unterstützten Unifizierungsstrategien: Cutler (1999), 25 ss.; International Council on Human Rights Policy (2002), p. 7 ss.

18 Young (1994), p. 187; Arts (2000), p. 513 ss.

La centralidad política del concepto de régimen jurídico no puede ser reemplazado por un centro económico, como suele suceder en la teoría del «ordenamiento privado» con la ayuda de la ecuación del derecho privado y la economía.[19] Para esta visión, también permanece ligada a una lógica parcial que - como todos otras perspectivas parciales - intenta universalizar su propia lectura de la sociedad mundial. Sin embargo, la misma sociedad también está «fundamentalmente juridificada, fundamentalmente mediatizada, fundamentalmente educada, fundamentalmente medicalizada, fundamentalmente observable desde el punto de vista religioso»,[20] y en el punto ciego de la perspectiva del sistema respectivo no sólo existen mundos sistémicos completos, sino también vínculos estructurales entre el derecho y sus respectivos entornos.

La alternativa a estos supuestos de una sola perspectiva en las» formaciones posnacionales es: «En los ámbitos más diversos de la sociedad, surgen conexiones y vínculos separados entre el derecho y su entorno social. «Estas formaciones ahora se organizan en torno a principios financieros, de contratación, coordinación, comunicación y reproducción que son fundamentalmente posnacionales y no solo multinacionales o internacionales»[21]. La diferencia específica en comparación con los regímenes político-regulatorios clásicos es que, estos regímenes privados son el resultado de la auto-adjudicación de fragmentos de sociedad muy diferentes. Con el concepto de formaciones posnacionales, el concepto de régimen, los procesos políticos se generalizan hasta tal punto que pueden comprender áreas autónomas de la sociedad de los más variados tipos y producir normas jurídicas en conflicto. Por lo tanto, el área de colisiones de regímenes se amplía enormemente. Ya no se trata solo de conflictos políticos que se libran entre diferentes regímenes regulatorios, sino que también están abiertos a un poder político o una solución de negociación. Más bien, las colisiones de regímenes reflejan diversos conflictos entre las racionalidades del sistema social.

---

19 Ellickson (1989), p. 23 ss.; Posner (1987), p. 761 ss.; Hadfield (1992), p. 583 ss.; Bernstein, p. 189 ss.

20 Nassehi (2002), p. 44.

21 Appadurai (1996), p. 27 ss., p. 167; ver también Cutler (2003), p. 100 ss., y Winter (2005), p. 3 ss., p. 19 ss.

6

CENTRO/PERIFERIA: HETERARQUÍA DE REGÍMENES

Si tales regímenes privados establecen una ley genuina sin un Estado, entonces el colapso de las jerarquías clásicas de las normas legales está programado al mismo tiempo. ¿Podrían los regímenes normativos políticos seguir acomodándose, aunque con dificultad, en una jerarquía de normas inducida por el Estado, que, según el enfoque de Kelsen y Merkl, es una estructura paso a paso de los actos jurídicos nacionales, la legislación nacional, el derecho constitucional nacional y el derecho internacional, cuyo siguiente nivel superior bien podría ser el derecho constitucional internacional, esta jerarquía se derrumba con el surgimiento de regímenes autónomos no estatales.[1] Esto requiere un cambio adicional en el pensamiento legal. Pero, ¿qué ocupa el lugar de una jerarquía de normas jurídicas? - La diferencia entre centro y periferia.[2] Si bien los tribunales están en el centro del derecho, la periferia de los regímenes jurídicos autónomos está formada por complejos de estandarización política, económica, organizativa y religiosa que limitan con el derecho en sectores autónomos de la sociedad, pero que, sin embargo, son parte integral del propio sistema jurídico. Una vez más, es la fragmentación de la sociedad mundial lo que crea nuevas líneas divisorias, ahora entre el centro legal, la periferia legal y los entornos sociales del derecho. En los puntos de contacto entre la periferia jurídica y los sectores autónomos de la sociedad se configuran mecanismos legales plurales: contratos estandarizados, acuerdos de colegios profesionales, rutinas de organización formal, estandarizaciones técnicas y científicas, normalizaciones habituales, consensos informales entre ONG, medios de comunicación y públicos sociales. Debido a sus normas secundarias independientes, que difieren fundamentalmente de las del derecho nacional y del derecho internacional, estos re-

---

1 Teubner (2000b), p. 240 ss.; Fischer-Lescano (2006).

2 Luhmann (1993a), p. 321 ss.; Teubner (1989), p. 36 ss.; Fischer-Lescano (2005b), p. 129 ss.

gímenes forman auténticos «regímenes autónomos», según la formulación de la Corte Internacional de Justicia en la decisión del caso de rehenes de Teherán: «Las reglas del derecho diplomático, en definitiva, forman un régimen autónomo, que por un lado establece las obligaciones del Estado receptor en lo que respecta a las instituciones, privilegios e inmunidades de las misiones diplomáticas, y por otro por otro lado, prevén posibles abusos por parte de los miembros de la misión y determina los medios contra tales abusos a disposición del Estado receptor».[3]

La decisión de la Corte Internacional de Justicia permanente en el caso de Wimbledon ya revela el intento judicial de operacionalizar la figura del «régimen autónomo» para el derecho internacional. El tribunal tuvo que decidir sobre el estado del Canal de Kiel, que estaba cubierto tanto por la ley general sobre rutas marítimas como por una regla especial para el Canal de Kiel en el Tratado de Versalles de 1919. La Corte entendió la relación entre estas dos normas contradictorias como algo entre regulación especial y universal: «Las regulaciones para el Canal de Kiel son, por lo tanto, autónomas. La idea en la que se basan no se puede encontrar a través de una analogía, sino más bien a través de un argumento en contrario»[4]. Parece razonable considerar la decisión de la CIJ en el caso de rehenes de Teherán y la de la Corte Internacional de Justicia permanente como una lectura «estrecha» y, «amplia» de la unidad estructural. Mientras que en la decisión de la CIJ se entiende el régimen autónomo como un marco especial de normas secundarias en el ámbito del derecho de la responsabilidad estatal, que imposibilita el recurso a las normas internacionales generales de retorsión y represalias,[5] la Corte Internacional de Justicia tenía el derecho - para aclarar la relación que figura entre normas primarias y secundarias en un sentido más amplio e independientemente de la cuestión específica de retorsiones / represa-

[3] Aquí: CIJ, Diplomatic and Consular Staff Caso, ICJ Rep. 1980, 1 (40), Ziss. p. 86; Simma (1985), p. 111 ss.; ver también el Informe de Martti Koskenniemi, Preside el ILC Study Group zur Fragmentierung, ILC(LVI)/SG/FIL/CRD.1/Add.1, 5/4/2004, Ziss. p. 105 ss.; ver también TPIY en la decisión Tadic: «En el derecho internacional, todo tribunal es un sistema autónomo (a menos que se disponga lo contrario)» (TPIY, The Prosecutor v. Dusko Tadic «Dule», IT-94-1-AR72, 2 de octubre de 1995, en: International Legal Materials 32 [1996], p. 32 ss. [Ziss. 11]); Además: Marschik (1998), p. 212, y el trabajo en red de la BVerfG con la decisión de la CIJ: «Las reglas del derecho diplomático representan, por tanto, un régimen autónomo» (BVerfGE 96, 68 [84] = NJW 1998, 50).

[4] Corte Internacional Permanente de Justicia, Caso de las SS «Wimbledon», PCIJ Ser. A. No. 1 (1923), p. 23-4; ver también: Weinberger (1996), p. 1 ss.

[5] Sobre esta problemática, que constituye el núcleo de la discusión jurídica sobre los regímenes autónomos: Simma (1985), p. 111 ss.; Conway (2002), p. 679 ss.

lias.[6] Lo que ambos usos tienen en común es que relacionan regímenes jurídicos especiales con sus leyes y abordan el entorno no legal. En sus deliberaciones, la International Law Commission ILC, con razón, no entró en una diferenciación del término «regímenes autónomos», sino que, en línea con debates anteriores sobre este tema, incluye cómo fueron formados por Riphagen, Arangio-Ruiz y James Crawford,[7] el problema de la relación en general de sistemática especial y universal de las normas.[8] Martti Koskenniemi formuló la definición técnica en la que actualmente se está negociando el «régimen» de figura jurídica en la ILC: «Un régimen es una combinación de reglas que engloba derechos, obligaciones, competencias y establece reglas con respecto a la administración de tales reglas, especialmente incluidas las reglas para responder a las violaciones. Si tal régimen reclama precedencia sobre la ley general, tenemos un régimen autónomo, un caso especial de *lex specialis*».[9]

Dado que están estructuralmente vinculados a la lógica intrínseca del respectivo sector social, los regímenes dentro del derecho, aunque de forma diferente, reproducen inevitablemente los conflictos estructurales entre los sistemas funcionales. Esto se aplica no solo a los casos negociados por la ILC con referencia al derecho internacional, sino también en particular a las normas legales que se forman en relación con otros sistemas funcionales de la sociedad global. Los contratos estándar de la *lex mercatoria* reflejan la racionalidad económica de los mercados mundiales y, entre otras cosas, chocan con los estándares de la OMS, que apuestan por la racionalidad del sistema de salud. La construcción de lex de las asociaciones de ingenieros organizadas globalmente choca con el derecho ambiental internacional. En los casos sometidos al órgano de apelación de la OMC, los regímenes de derechos humanos, los regímenes ambientales y los derechos económicos a menudo chocan.[10] El derecho internacional

---

6 ILC(LVI)/SG/FIL/CRD.1/Add.1.

7 Riphagen, Dritter Bericht zur Staatenverantwortlichkeit, ILC Yearbook 1982, Bd. II (Teil 1), 28 (Ziss. 35); Riphagen, Vieter Bericht zur Staatenverantwortlichkeit, ILC Yearbook 1983, Bd. II (Teil 1), 8 ss. (Ziss. 31-130); Arangio-Ruiz, Dritter Bericht zur Staatenverantwortlichkeit, ILC Yearbook 1991, Bd. II (Teil 1), 25 (Ziss. 84). Arangio-Ruiz, Vierter Bericht zur Staatenverantwortlichkeit, ILC Yearbook 1992, Bd. II (Teil 1), 40 (Ziss. 112); James Crawford, Dritter Bericht zur Staatenverant- wortlichkeit, A/CN.4/507/ Add.4, 27 (Ziss. 420).

8 ILC Rep. 2004, A/59/10, Kapitel X, Ziss. p. 296 ss.

9 Koskenniemi (2003), p. 9.

10 Eine Fülle von Literatur widmet sich diesen Kollisionslagen. Besonders pointiert: Pauwelyn (2001a), p. 535 ss.; Böckenförde (2003), p. 971 ss.; Hunter, Salzman y Zaelke (2002), p.

de la paz y la prohibición de la violencia estipulada, no siempre cumplen sin tensiones el régimen de derechos humanos,[11] lo mismo se aplica al derecho internacional humanitario y los regímenes ambientales,[12] derechos humanos en general y derechos ambientales.[13] Sí, los conflictos sociales de racionalidad son tan poderosos que incluso penetran en el centro del derecho global formado por los tribunales. Allí impiden la estandarización jerárquica de los tribunales del régimen, así como la unidad jurídica conceptual-dogmática de los regímenes globales. Si bien los tribunales de los Estados-nación desarrollados pudieron garantizar su unidad jurídica mediante la creación de tribunales y especialmente de tribunales constitucionales, los tribunales, los paneles y los tribunales de arbitraje que han proliferado a nivel mundial, son en su organización y en su propia imagen su régimen especializado en la periferia del derecho y están tan estrechamente conectados que necesariamente crean la fragmentación, que es ampliamente criticada por el derecho global. Estos nuevos conflictos son el resultado de una «policontexturalización» de la función jurídica. Son generados por diferentes entornos internos del sistema legal, que a su vez dependen de diferentes paradigmas de formación del orden en la sociedad.[14]

1127 ss.; Nanda y Pring (2003), p. 398 ss.; Weinstein y Charnovitz (2001), p.147 ss.; Stoll (2003), p. 439 ss.; Kiss y Shelton (2004), p. 776 ss.; Durner (2001), p. 269 ss.; ver también: Marceau (2001), p. 1081 ss.; zur Kollision von TRIPS y CBD: Bodeker (2003), p. 785 ss.; Eckersley (2004), p. 24 ss.; Falkner (2003), p. 72 ss.; Thomas (2004), p. 9 ss.; Grätz (2005), p. 407 ss.; ver también: International Court of Environmental Conciliation and Arbitration, Consultative Opinion, EAS - OC 8/2003, Compatibility Between Certain Provisions of the Convention on Biological Diversity and the Agreement on Trade related Aspects of Intellectual Property Rights as to the Protection of Traditional Knowledge, Berichterstatter: Michael Bothe, consultado en: http://iceac.sarenet.es.

11 Sobre la intervención humanitaria, ver además de todo: Koskenniemi (1995), p. 325 ss.; Simma (1999), p. 1 ss.; Cassese (1999), p. 23 ss.

12 Vöneky (2001), p. 133 ss.; sobre nuevos pluralismos de régimen en el ámbito de la protección de los derechos humanos: Bothe (2004), p. 37 ss.

13 Hanschel (2000), p. 1 ss.

14 14 Ladeur (1992), p. 159 s.

7

CONSTITUCIONALIZACIÓN: REGÍMENES AUTOCONSTITUCIONALES

Las colisiones legales tienen un incremento final a través de la consolidación constitucional de los regímenes. Una vez más, es la fragmentación de la sociedad mundial la que impulsa un replanteamiento, esta vez basado en supuestos constitucionales. La positividad de las normas constitucionales se está desplazando a nivel global desde el sistema político a diferentes sectores de la sociedad, que generan normas constitucionales de la sociedad civil en paralelo a normas constitucionales políticas.[1] Según el concepto de pluralismo constitucional, se puede asumir la constitución de una comunidad fuera de los Estados nacionales, si se cumplen con las siguientes condiciones: (i) el desarrollo de un discurso explícitamente constitucional y una autoimagen constitucional, (ii) un reclamo de soberanía o poder soberano, por el cual la soberanía no se considera absoluta, (iii) delimitación de una gama de competencias, (iv) la existencia de un órgano dentro de la comunidad con independencia para interpretar el significado y alcance de las competencias, (v) la existencia de una estructura institucional para gobernar la comunidad, (vi) derechos y obligaciones de de la ciudadadanía, entendida en un sentido amplio, (vii) establecer las condiciones para la representación de los ciudadanos en la comunidad.[2]

---

1 Sobre el concepto de «constitucionalismo social» desde un punto de vista socio-teórico: Sciulli (1992), p. 21 ss.; Sciulli (2001), p. 131 ss.; Teubner (2003a), p. 1 ss.; sobre el constitucionalismo pluralista: Walker (2002), p. 317 ss.; Walter (2001), 170 ss.; Fischer-Lescano (2005b), 247 ss.; Brunkhorst (2002), 203 ss.; Calliess (2002), p. 185 ss.; Cottier y Hertig (2003), p. 261 ss.; Schepel (2004), p. 161 ss.; Scott y Wai (2004), p. 287 ss. Con relación a una constitución económica global: Arthurs y Kreklewich (1996), p. 1 ss., 4 («economic quasi constitution»); Cass (2001), p. 39 ss., p. 40 s.; Lange (1995), p. 103 ss., p. 112 ss.; sobre la constitucionalización de los sistemas políticos, por ejemplo: Zangl (2005), p. 73 ss.; Uerpmann (2001), p. 565 ss.

2 Walker (2001), p. 31 ss., 33.

Los términos «comunidad», «gobernar» y «representación» no deben entenderse, por supuesto, en el sentido estricto de política institucionalizada, sino que también significan formaciones «no políticas» de la sociedad civil en los ámbitos empresarial, científico, educativo, sanitario, artístico o deportivo, en el que tienen lugar procesos de constitucionalización global.[3] En estos procesos, los «regímenes autónomos» se solidifican en regímenes autoconstitucionales. Como ya se dijo, los «regímenes autónomos» se definen por el hecho de que no solo positivan normas primarias altamente especializadas, derechos materiales de áreas especiales, sino también que, a diferencia de las normas secundarias generales del derecho internacional, tienen normas secundarias independientes, eso significa, desarrollar normas procesales sobre educación jurídica, conocimiento jurídico y sanciones legales.[4] Sin embargo, estas normas reflexivas no son, por su parte, normas constitucionales en sentido estricto, solo se convierten en esto, cuando crean el paralelo exacto de las constituciones políticas, que no deben entenderse simplemente como la positividad de normas legales superiores, sino como vínculos estructurales entre los mecanismos reflexivos del derecho y los mecanismos reflexivos de la política.[5]

Los regímenes autoconstitucionales se caracterizan por el hecho de vincular procesos reflexivos del derecho con procesos reflexivos de otros ámbitos sociales, es decir, no solo políticos, sino de instituciones de acoplamiento intersistémico, relacioan el derecho con principios fundamentales de racionalidad de las áreas sociales autónomas a través de normas jurídicas secundarias.

Para ilustrar la diferencia entre tales regímenes autoconstitucionales y regímenes simples y derechos de áreas especiales: (1) Los derechos de áreas especiales son meros conjuntos de normas legales que constituyen un área de derecho independiente. La «ley de responsabilidad del Estado» sería un ejemplo de este tipo de establecimiento de normas, pero también campos normativos como «derecho de los tratados», «derecho de inmunidad estatal», «derecho de solución pacífica de controversias», «derecho de refugiados», «derecho de telecomunicaciones», «derecho de armas». Básicamente, son sistemas conceptuales dogmáticos jurídicos que subsumen

---

3 Esto es especialmente resaltado por Sciulli (1992), p. 21 ss.; Teubner (2003a), p. 1 ss.; Brunkhorst (2002), p. 203 ss.; Fischer-Lescano (2005b), p. 195 ss.; Joerges, Schepel y Vos (1999), p. 1 ss.; Scott y Wai (2004), p. 287 ss.

4 Simma (1985), p. 111 ss.; Koskenniemi (2003), p. 1 ss.

5 Luhmann (1990b), p. 176 ss.

conjuntos de normas y términos jurídicos bajo un principio uniforme, y en la medida en que este principio es capaz de estructurar todo el campo. Sin embargo, no forman sistemas de acción independientes porque no tienen mecanismos e instituciones legales que sean independientes del sistema legal general, sino que siguen los procedimientos generales de formación de reglas. Por lo tanto, solo deben describirse como áreas del derecho, no como subsistemas independientes del derecho. (2) Los «regímenes autónomos», por otro lado, ya cuentan con mecanismos de formación jurídica independientes. Forman una ley genuina e independiente como una unidad de normas legales primarias y secundarias. Como regímenes en sentido estricto, se caracterizan por el hecho de que sus normas jurídicas primarias no están vinculadas estructuralmente a los procesos políticos nacionales, sino a las normas de sectores globales.[6] (3) En los regímenes autoconstitucionales, a su vez, hay una acoplamiento estructural de las normas jurídicas secundarias con los mecanismos reflexivos establecidos en los sectores sociales. Una constitucionalización no estatal, apolítica, pero de la sociedad civil de los regímenes autónomos, tiene lugar cuando los procesos sociales reflexivos que hacen autónomos las racionalidades sociales a través de su autoaplicación se legalizan por el hecho de que a su vez son procesos jurídicos reflexivos, es decir, normas. Las normalizaciones están vinculadas. Solo se debería hablar de una constitución independiente de un régimen global en sentido estricto cuando esta interacción de procesos sociales autónomos y procesos legales autónomos, que es rica en prerrequisitos, se produce, en un lenguaje teórico-sistémico, si hay un acoplamiento estructural permanente de patrones de orden y regímenes legales específicos de sub-áreas.[7]

Sólo entonces, encontramos la notable duplicación del fenómeno constitucional, que es característico del acoplamiento estructural y que excluye el entendimiento generalizado que se deriva de la fusión en un concepto constitucional uniforme que engloba el orden jurídico y social. La constitución de un régimen es siempre, ante todo, la conexión entre dos procesos reales: desde el punto de vista del régimen jurídico, es la producción de normas jurídicas la que se

[6] Más precisamente en esta comprensión teórico-sistémica del régimen como un acoplamiento estructural del derecho con diferentes áreas sociales.: Teubner (1999), p. 7 ss., 9 ss.; Teubner (2001a), p. 351 ss.; utilizando el ejemplo de los regímenes productivos de las empresas, los regímenes se conciben como acoplamientos intersistémicos; en esta dirección también: Albert (2002), p. 292 s.

[7] Sobre el acoplamiento estructural de la ley con otros sistemas sociales: Teubner (2001a), 351 ss.; Luhmann (1993a), p. 440 ss.

entrelaza peculiarmente con las estructuras básicas del sistema social supervisado por el régimen; desde el punto de vista del sistema social constitucional, se trata de la creación de estructuras básicas del orden social, que al mismo tiempo informan la ley del régimen y a su vez son estandarizadas por el régimen.[8] Bajo esta condición, tiene sentido hablar de elementos de una constitución económica mundial, una constitución global del sistema educativo y científico, una constitución política global o una constitución digital de internet. Su función de juridificación autónoma de los sectores sociales da lugar a los componentes típicos de una constitución: disposiciones sobre el establecimiento y ejercicio de los procesos de toma de decisiones (reglas organizativas y procesales) y la estandarización de los límites del sistema a través de las libertades individuales y las autonomías sociales. (Derechos fundamentales)[9]. Obviamente, el efecto positivo de las normas constitucionales civiles aumenta los conflictos ya existentes entre regímenes legales porque aumenta la dependencia de los regímenes legales en áreas conflictivas de la sociedad a través de mecanismos reflexivos.

Solo cuando uno comprende estos diversos supuestos (globalización policéntrica, sistema legal mundial independiente, su diferenciación interna sectorial, establecimiento de regímenes políticos y regulatorios, surgimiento de regímenes de la sociedad civil, separación del centro y la periferia del derecho mundial, constitucionalización del régimen) se adquiere una comprensión suficiente de la fragmentación del derecho. Por su relación con las contradicciones sociales, se diferencia considerablemente de la visión cotidiana de los abogados que solo perciben los conflictos jurisdiccionales provocados por la falta de jerarquía judicial. También difiere de una visión de políticas centrada en las políticas de conflicto. Para decirlo en pocas palabras: *en la fragmentación del derecho global, están en juego conflictos constitucionales genuinos, que en última instancia son mediados por regímenes legales autónomos y se remontan a colisiones institucionalizadas de racionalidades en la sociedad global.*

---

[8] Luhmann (1990b), p. 176 ss., sobre el caso del vículo entre la política y el derecho.
[9] Fischer-Lescano (2002), p. 349 ss.

8

RÉGIMEN DE REDES: ¿UN NUEVO CONFLICTO DE LEYES?

Por consiguiente: *Lasciate ogni speranza*, cualquier esperanza de una unidad jerárquica-organizativa o conceptual-dogmática del derecho internacional sería en vano. La razón de esto radica en la idea socio-teórica de que la sociedad mundial es una «sociedad fragmentada sin un techo y sin un centro».[1] Después de la descentralización de la política, no se vislumbra una instancia social que tenga la capacidad de hacerse cargo de la coordinación de los fragmentos sociales. Ciertamente, el derecho no puede cumplir con esta tarea, aunque sólo sea indirectamente a través de una integración del derecho mundial fragmentado. Siendo realistas, después del colapso de las jerarquías normativas, solo hay oportunidades para un derecho sistemáticamente heterárquico, un derecho que se limita a crear una conexión débil entre sistemas legales fragmentados. Entonces, todo depende de la calidad de esta conexión.

Dicha conexión, es nuestra tesis, solo puede establecerse a través de la interconexión selectiva de los regímenes, que consolidan normativamente las redes fácticas que ya existen, externamente a la ley, la interconexión de los regímenes legales con un área de autonomía social e internamente la interconexión de los regímenes legales socialmente interconectados entre sí. El elemento normativo apunta en última instancia a crear una reflexión mutua en los fragmentos legales.

De hecho, actualmente se están identificando las oportunidades y los riesgos de la formación de redes, no solo entre los regímenes políticos y regulatorios, sino también entre los regímenes de «tribunales»[2] «Global Community of Courts».[3] Estamos hablando, de

---

1 Luhmann (1981a), p. 22.

2 Slaughter (2003), p. 191 ss.; Burke-White (2003), p. 1 ss.; Helfer y Slaughter (1997), p. 273 ss., p. 372; Slaughter (1997), p. 183 ss., p. 187.

3 Slaughter (2004a), p. 100, y Burke-White (2003), p. 1 ss.

«una comunidad global de tribunales», de una comunidad judicial global en la que los jueces internacionales de los cuerpos colegiados, los árbitros internacionales, los tribunales nacionales, especialmente los tribunales constitucionales, los órganos de resolución de disputas regionales y supranacionales comparten valores e intereses basados en su creencia de establecer el derecho como diverso de la política pero no separado. En el mejor de los casos, esta comunidad global recuerda a cada participante que su desempeño profesional es observado y apoyado por una audiencia más amplia: «La red de jueces nacionales e internacionales, se vuelve cada vez más necesaria y su mutua participación en una empresa debe ser conjunta y deliberada. El nivel más informal de contacto judicial transnacional es el conocimiento de las decisiones de los tribunales extranjeros e internacionales combinado con la voluntad de citarlas.[4]

Anne-Marie Slaughter enfatiza que la desagregación de las relaciones legales globales tiene sus raíces en el pluralismo de múltiples sistemas legales y es, en última instancia, una expresión de una identidad común. El diálogo prevalece sobre la uniformidad, el debate y la disidencia justificada son más importantes que la certeza jurídica; todos estos fueron desarrollos evidentes debido a la falta de disponibilidad de una autoridad suprema mundial.[5]

Lo que se nota en estos nuevos intentos de hacer que los hallazgos de la teoría de redes sean fructíferos para describir la formación del derecho transnacional es que los análisis se centran principalmente en la formación de interdependencias personales enfocadas en los centros judiciales del derecho. Slaughter cree que el diálogo transnacional de problemas «comunes» hace que los jueces se sientan parte de una gran comunidad judicial mundial. El efecto a largo plazo de estas densas redes personales y organizativas debe entenderse menos legalmente y mucho más psicológicamente,[6] la desagregación del Estado conduce a un orden mundial en el que no son los Estados mismos, sino sus partes, es decir, Judicial, Ejecutivo y Legislativo, las que son entidades relevantes.[7]

Sin embargo, se abren muchas más perspectivas cuando el derecho internacional se pone al día con los desarrollos más recientes en la teoría de redes. Porque no sólo se examinan las interdependencias personales de las organizaciones con respecto a

---

4 Slaughter (1997), p. 186.
5 Slaughter (2004a), p. 102 s.
6 Ibídem., p. 101; Aceves (2000), p. 129 ss., p. 138.
7 Slaughter (2004a), p. 12 ss.; Slaughter (2004b), p. 283 ss.

sus posibilidades de coordinar las políticas organizativas, sino que se intenta desarrollar la lógica de acción peculiarmente paradójica, la *unitas multiplex*, de las configuraciones vinculadas heterárquicamente.[8] Las redes son contrainstituciones que actúan de forma selectiva para la diferenciación de sistemas autónomos. Las redes forman relaciones altamente improbables de reproducción de elementos heterogéneos.[9]

Estas redes cumplen la función de coordinación entre sistemas funcionales autónomos,[10] entre organizaciones formales[11] o, como en nuestro caso, entre regímenes autónomos. Sirven para vincular lógicas de acción autónomas a través de las fronteras.[12] La principal tendencia social hacia la »sociedad red«[13] describe tendencias seculares para cambiar de coordinación jerárquica a heterárquica en las más variadas áreas. La acción estatal tiende a cambiar de jerarquías a negociaciones heterárquicas, tanto en el ámbito de la política interna como en las relaciones internacionales.[14] En el proceso de globalización, las redes como formas transnacionales de cooperación juegan un papel particularmente importante no solo en el ámbito intergubernamental, sino también en el ámbito de las organizaciones sociales.[15]

Las redes entre regímenes legales globales, asumen ahora, bajo ciertas circunstancias, un arreglo institucional que no suprime la comunicación sobre colisiones de normas incompatibles en la fragmentación del derecho, ni simplemente lo tolera, sino que lo promueve, lo facilita institucionalmente y, en el mejor de los casos, lo usa productivamente.[16] Las redes, como una combinación peculiar

---

8 Sobre la red de la sociedad: Mayntz (1992a), p. 11 ss.; Messner (1995), p. 168 ss.; Powell (1996), p. 213 ss.; Castells (2000a), p. 77 ss.; Ladeur (2000a), p. 204 ss.; Ladeur (2001), p. 59 ss., p. 62 ss.

9 Baecker (2003), p. 293 ss.

10 Willke (1992), p. 183 s.; Luhmann (1997a), p. 788; Brodocz (1996), p. 361 ss., p. 366 ss.

11 Kämper y Schmidt (1999), p. 211 ss., p. 227 ss.

12 Compare el concepto de «integración fractal» mediante «control de diferencias» en «Imperio» en Hardt y Negri (2000), p. 325 ss.

13 Castells (2000b) p. 77 ss.; Ladeur (2000a), p. 204 ss.; Ladeur (2001), p. 62 ss.; Mayntz (1992b), p. 19 ss., 41; Messner (1995), p. 168 ss.

14 Además necesariamente Scharpf (1991), p. 621 ss.; Willke (1997), p. 136 ss.; Brunkhorst (1999), p. 373 ss., p. 384 ss.

15 Sobre esta contribución ver la colección de: Altvater, Brunnengräber, Haake y Walk (1997).

16 En ese sentido argumenta Snyder (2004), p. 624 ss., con su concepto de pluralismo jurídico global, que trata de las relaciones entre «sitios de gobernaciones». El concepto combina «formas de gobernanza públicas, privadas e híbridas con un énfasis en la acción estratégica: la teoría de los sitios de gobernanza como parte del pluralismo jurídico global».

de una relación puramente bilateral y una organización jerárquica, aparecen en esta visión como el resultado de una frágil coexistencia de lógicas de acción diferentes y contradictorias.[17] Son sólo una respuesta institucional productiva ante la incompatibilidad de colisiones de normas, logran transformarlos en imperativos internos del sistema que pueden compatibilizarse entre sí según la situación. Esto crea una «estructura paradójica» de interdependencia interinstitucional, porque se basan en «requisitos contradictorios» que, sin embargo, son «funcionales».[18] Para caracterizar la oscilación de las redes entre los polos de diversas contradicciones, se introdujo el neologismo de la «organización oscilodoxa».[19] El logro central de la creación de redes es que traduce una contradicción indisoluble, que se manifiesta en normas en conflicto, en una oposición sostenible de varios niveles y subsistemas, de nodos de red, relaciones de nodos y redes en general.[20]

Desde el punto de vista de la teoría del sistema, la característica específica de las redes es que un sistema social organizado observa su entorno de una manera especial. Las organizaciones generalmente observan el desarrollo de sus entornos relevantes a través de la observación secundaria de indicadores generalizados y en consecuencia ajustan sus decisiones en curso y sus estructuras normativas internas. Siguiendo una sugerencia de Luhmann para el comportamiento de las organizaciones formales, se puede entender la situación de la formación de redes en relación con esta situación normal, de tal manera que cuando el entorno se vuelve demasiado turbulento, la institución observa un sistema social organizado diferente en su vecidendario, y así orienta sus cambios. Los sistemas buscan una relación simbiótica con otros sistemas con el fin de llevar el entorno relevante para ellos en una forma manejable en caso de grandes turbulencias en su entorno.[21]

Exactamente esta situación existe cuando los regímenes legales globales se interconectan. En vista de la turbulencia en su entorno, se concentran en observar los regímenes legales vecinos. En una red tan híbrida, los sistemas involucrados no se fusionan en una unidad que define su función social y el desempeño de su entorno como un

17 Cuán precaria es esta interacción, se muestra claramente en los análisis de: Bieber (1997), p. 111 ss., p. 116 ss.
18 Sobre para otros contextos de red: Benz (1996), p. 23 ss., 24.
19 Littmann y Jansen (2000), p. 15 ss.
20 Semlinger (1993), p. 309 ss., 332.
21 Luhmann (2000b), p. 407 ss.

todo, sino que permanecen autónomos al reflexionar sobre su propia función y desempeño.[22] Amstutz está desarrollando esto de forma más amplia; y, en este sentido, capta el «vínculo» de las instituciones como una relación de reflexión recíproca entre dos sistemas que continúan desarrollando su respectivo proyecto de manera autónoma, pero que se adaptan entre sí en la observación mutua.[23] Esto se condensa regularmente en una relación más estrecha, denominada «relaciones operativas».

Por tanto, cuando los regímenes jurídicos globales se relacionan entre sí, se ven expuestos a un proceso de «formación de orden espontáneo» de naturaleza no organizativa. Este es el *proprium* de la creación de redes. En contraste con la organización espontánea de la competencia de Hayek como un proceso de descubrimiento, no es precisamente el mercado y la competencia, sino la coordinación y la cooperación son los responsables del orden de la espontaneidad.[24] Esta es la diferencia entre el régimen de redes al que se apunta aquí y el que a menudo utilizan los economistas y los juristas que recomendaron la competencia de regímenes.[25] Lo que ambos tienen en común es que las decisiones sobre colisiones de regímenes no se basan autoritariamente en el modelo de jerarquías jurídicas, sino a través de mecanismos descentralizados. La competencia de regímenes tiene como objetivo garantizar que los regímenes compitan entre sí en un área específica y que los mecanismos del mercado decidan cuál de los regímenes prevalecerá en última instancia. En contraste, la creación de redes de regímenes requiere reconocimiento mutuo, observación, adaptación y cooperación entre los regímenes. En contraste con el comportamiento competitivo en los mercados, la reciprocidad generalizada es el mecanismo básico para la formación espontánea de órdenes en la red.[26]

En tales órdenes de redes espontáneas «se produce la permanencia de la relación [...] más allá de las determinaciones

---

22 En detalle: Castells (2000b), p. 187; Teubner (2001b), p. 550 ss., 572.

23 Amstutz (2003a), p. 164 ss.

24 Sobre la formación espontánea del orden y su relación con la formación del derecho Hayek (1973), p. 72 ss.; Vanberg (1986), p.75 ss., p. 79 ss.; Cooter (1994), p. 443 ss., 447 f. Sobre la importancia de la diferenciación de los diferentes tipos de orden espontáneo, especialmente con: Märkten y Relationalobligationen: Gordon (1994), p. 453 ss.

25 Locus classicus con: Tiebout (1956), 416 ss. Se puede encontrar una buena descripción general de la discusión en: Bratton y McCahery (1997), p. 201 ss. Comparar auch Trachtman (2000), p. 331 ss. Una tipología de competencia de régimen que incluye formas híbridas, en: Kerber, Wolfgang y Budzinski (2003), p. 411 ss.

26 Sobre la propiedad de las redes, en ese sentido: Teubner (2004), p. 130 ss.

bipolares».[27] Más allá de las determinaciones bipolares -eso es- lo que importa en nuestro contexto. Ciertos mecanismos de coordinación social de naturaleza no jerárquica, observación mutua, ajuste anticipatorio, cooperación, confianza, auto compromiso, confiabilidad, negociación, relaciones permanentes,[28] forman el orden general del trabajo en red del régimen.

En esta perspectiva, se pueden dar tres pautas para una red jerárquica de regímenes legales:

1. Mera compatibilidad normativa de los sistemas jurídicos autónomos en lugar de la plena unidad jerárquica del derecho;

2. Formación jurídica a través de la mutua provocación, observación y reflexión de sistemas jurídicos parciales autónomos;

3. Gestión descentralizada de colisiones como método legal.[29]

De esta manera, si el pensamiento jerárquico es reemplazado sistemáticamente por la lógica de la red, no significa simplemente registrar y aceptar los desarrollos fácticos en la red de regímenes globales. Después de todo, eso significaría aceptar los déficits en la teoría democrática de las redes existentes de unidades estadísticas desagregadas, en cuya «interconexión» se concentran los teoremas actuales de las redes internacionales. En lugar de una observación puramente descriptiva del observador, Philip Allott, se puede afirmar que una teoría de redes centrada en las organizaciones y en lo personal puede recapitular de manera plausible la práctica actual de las élites globales, pero con el supuesto acrítico de la afirmación transnacional de que los tomadores de decisiones solo contribuyeron a la justificación de un proyecto dudoso: «En la notable constitucionalización de la sociedad internacional desde 1945, la oligarquía posdemocrática se ha internacionalizado en una orquesta global de todas las orquestas de la oligarquía. El surgimiento de una aristocracia internacional de las nieblas seculares de la ilusión compartida no es motivo de sorpresa. La tendencia de las oligarquías

---

27 Windeler (2001), p. 240.

28 Una discusión de los mecanismos y de los efectos de tales pedidos espontáneos fuera del mercado con: Windeler (2001), p. 240 ss.; Sydow y Windeler (2000), p. 1 ss., p. 12 ss.; Gordon (1994), p. 459.

29 Se está llevando a cabo un programa paralelo para el conflicto de normas en contextos europeos multinivel: Amstutz (2003b), p. 216 s.; Joerges (1997), p. 378 ss.; Joerges y Godt (2005), p. 93 ss.

nacionales a exteriorizarse es tan antigua como la historia humana, tan antigua como el imperialismo político o económico, tan antigua como la diplomacia y tan antigua como la guerra. La evidencia histórica sugiere que la sumisión de países y pueblos extranjeros es tan natural para los titulares de la autoridad pública como la sumisión de sus propios países y pueblos».[30]

En lugar de una descripción, se requiere un concepto normativo de trabajo en red, que debe integrarse en las auto descripciones de la ley como compensación por las colisiones. Tal concepto normativo aprovechará la gran ventaja del trabajo en red, que en la práctica y la ciencia que lo acompaña se ve en el hecho de que permite a las instituciones involucradas agrupar sus recursos para la toma de decisiones, ampliar sus capacidades y su gama de servicios; y, actuar de manera más flexible de lo que sería el caso con decisiones descoordinadas por un lado o con la coordinación vertical y jerárquica por el otro.[31] Aquí han pasado a primer plano los «efectos de red» particularmente positivos, porque la coordinación productiva es provocada por una relación potencialmente integral entre los socios de la red tiene lugar en redes.[32] Estas son buenas razones para asegurar también la interconexión de los regímenes globales con los medios del derecho internacional.

Sin embargo, se atribuyen funciones sociales de mayor alcance al establecimiento de redes de instituciones autónomas. Como sistemas policéntricos, las redes están destinadas a promover estructuras de toma de decisiones descentralizadas en la sociedad, una disipación del poder y, por tanto, una democratización de la sociedad.[33] Se habla del efecto integrador propio de las redes, que contrarresta las tendencias fragmentadoras de la diferenciación social.[34] Las redes son particularmente válidas como una forma apropiada de organización para el uso del conocimiento social descentralizado, una situación que es bastante típica de los regímenes legales

---

30 Allott (2003), p. 334.

31 Hirsch-Kreinsen (2002), p. 106 ss., 107 f.; detalladamente: Windeler (2001), p. 14 ss.; Sydow (1999), p. 279 ss., 293 ss.; Sydow (1992), p. 80 ss., p. 242 ss.; Semlinger (1993), p. 337 ss. Sobre la empirica medición de su efectividad y eficiencia: Provan y Milward (1995), p. 1 ss.; Sydow y Windeler (1998), p. 265 ss.; Provan (2001), p. 1 ss.

32 Katz y Shapiro (1985), p. 424 ss.; Liebowitz y Margolis (1994), p. 133 ss., p. 135; Lemley y McGowan (1998), p. 479 ss., p. 531 ss.

33 Stichweh (2001), p. 22; Comparar auch Perrow (1992), p. 445 ss. Escéptico al respecto: Harrison y Bennett (1994), 219 ss.: Netzwerke (»lean and mean«) son formas de concentracion económica sin centralización.

34 Tacke (2000), p. 1 ss.; en una perspectiva de la sociología del derecho: Amstutz (2003a), p. 164 ss.

fragmentados.[35] En el derecho internacional debería institucionalizarse tales oportunidades para la coordinación multilateral y no confiar únicamente en el establecimiento de jerarquías judiciales, porque debido a que la jerarquía judicial solo repite la perspectiva bilateral del litigio individual con su restricción a la construcción mundial del demandante y acusado en un nivel superior, y aquello, no hace justicia a las numerosas interdependencias multilaterales de intereses y riesgos actuales. Aquí, la creación de redes de regímenes puede dar rienda suelta a mayores capacidades para el procesamiento de la información y la consideración del valor.

Las redes interinstitucionales dejan particularmente claro que »el procesamiento legal de las relaciones jurídicas multipolares y organizativas ya no se lleva bien con las perspectivas individuales tradicionales« .[36] En cambio, el derecho debería reconstruir formas de coordinación de los regímenes globales con su propia terminología, pero también »inventar« nuestros propios procesos que hacen visibles y audibles diversas inquietudes a través del networking. En el análisis final, buscamos formas legales de autonomía de regímenes independientes que reflejen al mismo tiempo otros intereses y especialmente el bien común y que al mismo tiempo efectúen el trabajo en red a través de los derechos de participación.[37] Tal teoría de redes normativas de regímenes legales globales, que aún no se ha elaborado, también puede hacer ensayos iniciales, que se relacionen con la práctica legal y la dogmática que van en direcciones similares, algunas de las cuales se discutirán a continuación.

---

35 Ladeur (2000), p. 204 ss.
36 Zumbansen (2000), p. 269.
37 Wiethölter (1988), p. 1 ss., p. 21 ss.

9

CONFLICTOS INTERNACIONALES Y CONFLICTOS ENTRE REGÍMENES

Tipicamente, surgen dos preguntas. En primer lugar, ¿cómo debería reaccionar si no existen condiciones jerárquicas, decisiones vinculantes colectivamente, responsabilidades centralizadas y aspectos fácticos jerárquicamente superiores? La reacción se denomina de forma abstracta: observación mutua de los nodos de la red.[1] La decisión vinculante final es reemplazada por la multitud de posiciones de observación en la sociedad, que se reconstruyen, conectan, influyen, limitan, controlan, provocan innovaciones, pero no se reconstruyen mutuamente. Tomar decisiones colectivas sobre normas sustanciales. La auto-legitimación de tal red de observación tiene lugar «a través de una práctica de prueba que no es accesible para los individuos ni para el estado».[2] Entonces la transparencia y la accesibilidad mutua se convierten en la máxima prioridad. La participación y la deliberación reciben un nuevo estatus. La segunda pregunta es ¿qué hay de los sujetos de regulación con un carácter genuinamente transnacional -como derechos de autor, derecho cibernético, derechos humanos, derecho ambiental- qué debe decidirse? La reacción a esto significa, en abstracto, desprenderse de la reconstrucción más auténtica de las normas del derecho nacional. El patrón de ordenamiento territorial será reemplazado en estas áreas temáticas por la diferenciación según regímenes sectoriales. Ambas reacciones se describen utilizando el ejemplo de la ley de derechos de autor.

Primer ejemplo: derechos de autor transnacionales

Las decisiones sobre conflictos de leyes en el derecho internacional de los derechos de autor siguen tradicionalmente el principio

---

1 Ladeur (1992), p. 80 ss.
2 Ladeur (2000a), p. 82.

de territorialidad. Este principio encuentra su expresión decisiva en la Convención de Berna de 1886.[3] Sin embargo, el sistema de reglas de Berna no está a la altura de las consecuencias de la revolución cibernética, la innovación en tecnología de los medios y la transnacionalización de la ciencia y el arte. La Convención de Berna de 1886, aunque ciertamente hubo intentos en ese momento, no creó una ley de derechos de autor uniforme, sino que se concentró en el reconocimiento mutuo de diferentes sistemas territoriales. La norma central es el Artículo 5, Párrafo 1 de la Convención de Berna: «Para las obras para las cuales están protegidas por esta Convención, los autores gozan de los derechos en todos los países miembros con la excepción del país de origen de la obra que las leyes pertinentes aplican a las nacionales. Actualmente se otorga a los autores o se otorgará en el futuro, así como los derechos específicamente otorgados en este acuerdo». Es cierto que a través del establecimiento de la Organización Mundial de la Propiedad Intelectual (OMPI), que durante mucho tiempo administró casi todos los acuerdos multinacionales sobre propiedad intelectual, los Estados han concluido el Acuerdo sobre los Aspectos de los Derechos de Propiedad Intelectual relacionados con el Comercio (ADPIC) en el curso de la Ronda en Uruguay el Acuerdo General sobre Aranceles Aduaneros y Comercio (GATT) en abril de 1994, a través de intentos de cooperación entre la Organización Mundial del Comercio (OMC) establecida por el Acuerdo de Marakesch y la OMPI, a través de la Convención sobre Derechos de Autor, que fue establecida en el marco de los mecanismo Europeos, a través de los «Tratados de Internet de la OMPI» a través de medidas de la UE y actos legislativos relacionados, intentos de adaptar el proceso legislativo internacional al desarrollo dinámico del campo social.[4] Sin embargo, a pesar de estos esfuerzos de coordinación, todavía no existe

[3] Convenio de Berna para la Protección de las Obras de Literatura y Arte de 9 de septiembre de 1886, 1161 United Nations Treaty Series (U.N.T.S.).

[4] Ver: Agreement on Trade-Related Aspects of Intellectual Property Rights vom 15.4.1994, seit 1. Januar 1995 in Kraft; Ver además: Marrakesh Agreement Establishing the World Trade Organisation, Annex 1C, Legal Instruments-Results of the Uruguay Roy, I.L.M. 33 (1994), 81 ss.; European Convention relating to Questions on Copyright Law and Neighbouring Rights in the Framework of Transfrontier Broadcasting by Satellite vom 11.5.1994, European Treaty Series (E.T.S.) Nr. 153; Agreement Between World Intellectual Property Organization and World Trade Organisation, 22.12.1995, abgedruckt in: I.L.M. 35 (1996), 754 ss.; WIPO Copyright Treaty, WCT, 20.12.1996, CRNR/DC/94; WIPO Performances and Phonograms Treaty, WPPT, 20.12.1996, CRNR/DC/95.; zum Sekyärrecht der EU: Richtlinie 40/94, 20.12.1993, Abl. 1994 L 11, 1 ss.; Verordnungsentwurf COM(93)342; Verordnung 93/83/EEC, 27.9.1993, Abl. 1993 L 248, p. 15 ss.; Verordnung 91/250/EEC, 14.5.1991, Abl. 1991 L 122, 42 ss.; Details bei: Dinwoodie (2001), p. 733 ss., p. 748 ss.

una norma de derechos de autor internacional uniforme. Las garantías de derechos de autor que divergen a nivel territorial y nacional siguen siendo decisivas. Los acuerdos legales internacionales simplemente median diferentes estándares de protección y crean reclamos nacionales recíprocos para la implementación de niveles mínimos de protección. Los regímenes en conflicto en red requerirían ahora, como lo describen Dinwoodie y Berman: «La fachada de las reglas territoriales de derechos de autor basadas en la territorialidad debe ser despojada y debe crearse un nuevo enfoque. Las incertidumbres menores son costos inevitables, pero valiosos, a corto plazo».[5]

¿Cómo podría ser este nuevo enfoque? En esencia, no se trata de ver agotadas las normas a tener en cuenta en los ordenamientos jurídicos parciales nacionales, sino de reflexionar sobre posibles efectos de desbordamiento en otros ordenamientos jurídicos territoriales y evitar el peligro de la «carrera a la baja» yendo más allá de las normas legales nacionales. También se tienen en cuenta los mecanismos transnacionales de educación jurídica. De hecho, esto significó repensar el derecho procesal internacional tradicional y el conflicto internacional de leyes, desde conflictos entre sistemas legales nacionales hasta conflictos entre regímenes sectoriales entre sí y con sistemas legales nacionales. Tal conversión de territorialidad a «afiliación de régimen funcional» significa entonces que, como sugieren Dinwoodie y Berman, la distribución de jurisdicción y las especificaciones normativas sustantivas de toma de decisiones no pueden derivarse de los respectivos sistemas legales territoriales.[6] La cuestión de la jurisdicción no se basaría en una subsunción mecánica para responder bajo las normas del Estado del foro direccionado aleatoriamente, pero dependiendo de las peculiaridades del respectivo régimen funcional. La apertura de canales legales no se basa en si, en si se puede establecer una referencia legal a una ley nacional de cualquier Estado del foro, sino en si el foro al que se dirigirá debe entenderse como parte de un sistema legal sectorial. La «atribución mecánica de contratos a entidades geográficas soberanas»[7] debería abandonarse y sustituirse por normas de conexión para las jurisdicciones del régimen.

Desde la perspectiva de la economía institucional, Trachtman desarrolló ideas similares sobre cómo la cuestión de la jurisdicción podría resolverse bajo regímenes funcionales. Aboga por reempla-

[5] Dinwoodie (2000), p. 469 ss., 573; Berman (2002), p. 311 ss.
[6] Dinwoodie (2000), p. 469 ss.; Berman (2002), p. 311 ss.
[7] Berman (2002), p. 496.

zar el criterio de territorialidad por el criterio de «cobertura primaria» al momento de establecer la jurisdicción. Entiende la «cobertura primaria», como la asignación de jurisdicciones de acuerdo con aspectos funcionales, en última instancia, según los cuales los regímenes individuales del sector social están estructuralmente vinculados.[8] De hecho, tal solución a las colisiones de regímenes a través de la «competencia funcional» se convertiría en una representan una adición fructífera al principio de territorialidad. Sin embargo, presupone la voluntad de que los regímenes con responsabilidad primaria no vean la colisión como resuelta con la transferencia de responsabilidad, sino que por el contrario internalicen el problema de la colisión en su propia toma de decisiones.

Es igualmente importante seguir esta lógica de conexión funcional a las reglas de conflicto de leyes aplicables. Los problemas derivados de la reconstrucción recíproca de los círculos legales nacionales por parte de los tribunales en cuestiones legales transnacionales pueden ser superados por un conflicto de leyes que no se enfoca en una ley territorial aplicable, sino que pregunta ¿a qué régimen pertenece la cuestión jurídica sometida al determinar las constelaciones en conflicto? para examina este régimen con otros regímenes y luego enfrentarlo con la pluralidad de mecanismos legales nacionales, internacionales y transnacionales.

Esto crearía nuevas reglas de conflicto de leyes que ya no toman su decisión sobre el derecho aplicable entre naciones sino entre regímenes. Sin embargo, las reglas de conflicto de leyes, siguen comprometidas con el método clásico de conflicto de leyes, decidiendo entre diferentes sistemas legales y asignando las cuestiones legales a uno de los sistemas legales involucrados. De manera similar a la cuestión de la jurisdicción, la cuestión de la aplicación de la ley, que buscaba el «asiento» de una relación jurídica en uno de los territorios involucrados, debería ahora replantearse en términos de «cobertura» en un régimen jurídico funcional.

Más dramático, sin embargo, es el paso posterior a la colisión para convertir estándares en estándares materiales. El derecho internacional privado reconoce este enfoque de derecho sustantivo sólo en los raros casos excepcionales en los que es imposible asignar la cuestión jurídica exclusivamente a uno u otro sistema jurídico debi-

---

8 Trachtman (2002), p. 90 s.; sobre la transformación de las colisiones normativas, ver también: Michaels (2005).

do a la naturaleza transnacional del asunto en cuestión.[9] Las colisiones de regímenes ahora invierten esta relación regla-excepción. Los conflictos que pueden asignarse exclusivamente a un régimen en particular son una rara excepción. La regla son los conflictos entre regímenes que tienen un efecto relevante en ambos regímenes. Entonces, la única salida es que el derecho de colisiones entre regímenes ya no decide sobre la aplicabilidad de una de las leyes de régimen involucrada con reglas reales de conflicto de leyes, sino que desarrolla normas fácticas en sí.

El proceso legal transnacional esbozado de esta manera tiene cuatro dimensiones que lo distinguen de manera particularmente llamativa del trabajo convencional sobre textos legales. Lo que Harold Koh dice en general sobre el derecho transnacional también se aplica a los conflictos de leyes. El concepto «rompe con la tradición, rompe con dos dicotomías tradicionales que históricamente han dominado el estudio del derecho internacional: nacional e internacional, público y privado. En segundo lugar, es no estatal: los actores de este proceso no son simplemente, ni siquiera principalmente, Estados-nación, sino que incluyen actores no estatales. En tercer lugar, el proceso legal transnacional es dinámico, no estático. El derecho transnacional transforma, muta y filtra de arriba hacia abajo y viceversa, de lo público a lo privado, de lo doméstico a lo internacional y viceversa. Cuarto y último, es normativo. A través de este proceso de interacción, surgen nuevas reglas de derecho, que se interpretan, internalizan y hacen cumplir y, por lo tanto, permiten que el proceso comience de nuevo. Por tanto, el concepto no solo incluye el procesamiento descriptivo de un proceso, sino también la normatividad del proceso».[10] Este procesamiento transnacional funciona sin una instancia superior. Esto conduce a la situación paradójica de que la instancia superior del régimen respectivo, que es él mismo una «parte» del conflicto legal, tiene que desarrollar normas materiales comunes para ambos regímenes. Bajo la forma de un derecho mixto asimétrico, las normas transnacionales se forman con miras al régimen propio y al de otro, pero también con miras a terceros sistemas legales.[11] De manera similar a la metodología en el derecho internacional consuetudinario, se

---

9 Dazu Kegel y Schurig (2004), p. 357 ss.; Steindorff (1958), p. 37 ss.

10 Koh (1996), p. 181 ss.; ver también: Koh (1998), p. 623 ss., y Hanschmann (2006), p. 349 ss.

11 Muy similar al enfoque de Joerges en la legislación europea. No son solo los sistemas legales nacionales autónomos los que chocan aquí, ni los niveles jerárquicos como en los sistemas federales, sino niveles semiautónomos de gobernanza multinivel. La salida radica en el desarrollo de estándares fácticos en un nivel con la consideración respectiva del otro. (Joerges [2003], p. 183 ss.).

deben incluir diferentes mecanismos legales.[12] Pero en el derecho internacional habría que superar la limitación al derecho políticamente establecido y la jerarquización asociada entre el orden nacional e internacional.[13] El objetivo sería orientarse en un «respeto jurídico de los regímenes» en los que se transforman los actos jurídicos territoriales, organizativos e internacionales. Para llamar la atención, el desafío de desarrollar normas materiales transnacionales a partir de este caos comunicativo en casos individuales sería, por lo tanto, enfrentado por los tribunales involucrados, eso significa que los tribunales nacionales y órganos transnacionales de resolución de conflictos determinen las normas jurídicas pertinentes más allá de su ámbito jurídico territorial, organizativo o institucional, y a partir de sus conjeturas deben redactar normas jurídicas transnacionales bajo su propia responsabilidad.

[12] Ver también: Rousseau (1932), p. 133 ss., p. 151, quien habla de diferentes normas legales «d'égale valeur juridique», pero caracterizó el derecho internacional tradicionalmente no jerárquico antes de la celebración de la Convención de Viena sobre el Derecho de los Tratados (WVK).

[13] Esto también distingue el borrador del «derecho transnacional» de Philip Jessup, quien había concebido una primacía en el derecho internacional., Ver Jessup (1950), p. 21 ss.

10

CONFLICTOS POLÍTICOS VERSUS CONFLICTOS DE RACIONALIDAD

Las situaciones de colisión que surgen en este contexto están en ángulo recto con los patrones de representación convencionales de decisiones colectivamente vinculantes. No siguen las líneas de la segmentación política de la sociedad mundial. Por lo tanto, es inadecuado seguir el enfoque de intereses gubernamentales desarrollado en el conflicto de leyes, que ha superado con éxito los formalismos de meros conflictos de normas legales al someter los conflictos de políticas de los Estados involucrados a un equilibrio legal de intereses.[1] Porque los en conflicto Como se mencionó anteriormente, los regímenes están solo parcialmente constituidos en tratados internacionales que persiguen políticas explícitas. Por otro lado, son regímenes sociales autónomos que se originan en diferentes sectores sociales. Las situaciones de conflicto legal entre la ICANN y los tribunales nacionales, entre el TPIY y la CIJ, entre la OMC y la OMS, la CIJ y el Tribunal del Mar, advertidas por presidentes de la CIJ y expertos en derecho internacional, son bastante diferentes de los conflictos entre los sistemas legales nacionales. Sin embargo, el conflicto de leyes a desarrollarse no puede reducirse al hecho de que se reconstruyen y coordinan diferentes políticas en situaciones de colisión.[2] En vez de eso, el derecho debe ajustarse a la racionalidad de los conflictos sociales subyacentes.

En primer lugar, esto significa que las unidades en colisión no son simplemente normas o políticas de los regímenes involucrados, es decir, de las organizaciones internacionales político-reguladoras o de la sociedad civil o de los Estados participantes, sino que la incensurabilidad surge de la contradicción de principios organizativos fundamentales de los sistemas sociales. La colisión globaldel dere-

[1] Dazu Brilmayer (1995), p. 9 ss.; Joerges (1971), p. 38 ss.
[2] Además: Martínez (2003), p. 472 ss.

cho tiene que ver con la compatibilización de colisiones de sistemas sociales globales, cuya dimensión jurídica específica se deriva del hecho de que los sistemas funcionales están cada uno estructuralmente ligado a la ley. Esto significa que el respectivo derecho sustantivo especial transnacional está vinculado a expectativas normativas que se generan en el campo de la ciencia, el arte, la tecnología, la economía, la educación, la religión de la sociedad global y se encuentran juridificadas en sistemas jurídicos específicos. El desarrollo del derecho transnacional como el derecho de un régimen funcional específico no es, por lo tanto, una empresa del estado-nación, incluso si la elaboración de leyes transnacionales está expuesta a influencias políticas masivas. Las expectativas del régimen solo son vinculantes para sub segmentos de la sociedad mundial, y la sustitución de la diferenciación territorial por la afiliación al régimen funcional depende de que los foros relevantes desarrollen una comprensión suficiente de la lógica de los regímenes funcionales.

En el ejemplo de la ley transnacional de derechos de autor, la reformulación jurídica de las posibles situaciones de colisión entre la OMPI, la OMC, la UE y los derechos nacionales debería reorientarse. Ya no se debería intentar re-jerarquizar estos patrones políticos heterárquicos per se, sino mirar los choques subyacentes de racionalidades. En consecuencia, se trata de compatibilizar las racionalidades de la ciencia, la tecnología, el arte y los negocios en caso de conflicto, y no solo comprometerse con las políticas de las organizaciones y los estados. Esta compatibilización se explica a continuación utilizando el ejemplo de la cuestión de la protección por patente de los medicamentos:

Segundo ejemplo: protección por patente de medicamentos

La respuesta internacional al problema del VIH / SIDA fue «sorprendentemente lenta y sigue siendo vergonzosamente insuficiente».[3] No fue hasta seis años después de que se identificaron los primeros casos de VIH y varios millones de personas en todo el mundo se habían infectado con el virus. En 1987, la OMS lanzó el primer programa de acción internacional.[4] En 2004 había alrededor de 40 millones de enfermos de SIDA en todo el mundo.[5] En 2003,

---

3 High-level panel on threats, challenges and change (2004), Ziss. 44; en: www.un.org/secureworld.

4 Heymann (2003), p. 192 ss.; WHO (2003), p. 46.

5 WHO (2004).

cuando se creó el Fondo Mundial de Lucha contra el SIDA, la Tuberculosis y la Malaria, 11 millones de niños de África estaban enfermos. El número de personas que murieron por el trastorno de inmunodeficiencia superó el número de víctimas de todas las guerras civiles de la década de 1990.[6]

Lo difícil que será lograr el objetivo de reducir a la mitad el número de enfermos de sida y aliviar con drogas el sufrimiento de los infectados, que también fue expresado en la Declaración del Milenio de la Asamblea General de la ONU,[7] ello muestra una disputa ostensiblemente que preocupa a los estados de Brasil y EE. UU. En 2001, EE. UU. solicitó la creación de un panel de la OMC para revisar la situación del derecho de patentes en Brasil. En 1997, bajo presión de Estados Unidos, Brasil ajustó su ley de patentes, particularmente en lo que respecta a productos y procesos farmacéuticos,[8] pero previó posibles licencias obligatorias, entre otras cosas, en caso de que el titular de los derechos no opere la producción local en Brasil. Por ejemplo, el artículo 68 y siguientes de la Ley de Patentes de Brasil[9] permite la producción propia de medicamentos de imitación (los llamados genéricos),[10] pero lo restringe al caso, entre otras cosas, de que la salud de la población se vea amenazada por una epidemia y el precio de los medicamentos aumente, ya que en el mercado mundial es demasiado alto. La ley habla de «abuso económico» («praticar abuso de poder económico») por parte de las empresas farmacéuticas. Los artículos 68 y siguientes de la Ley de Patentes de Brasil también permiten la producción interna de medicamentos patentados si el medicamento se vende en Brasil durante más de tres años sin que la empresa extranjera establezca instalaciones de producción locales. Desde 1981 en Brasil 150.000 personas murieron de SIDA, el número de nuevas infecciones superó las

---

6 High-level panel on threats (2004), Ziss. 48.

7 UN Dok. A/55/L.2, Ziss. 19; ver también den letzten Fortschrittsbericht des UN-Generalsekretärs zur Milleniums-Deklaration: UN Dok. A/59/282, 27.8.2004, Ziss. 60: «La pandemia continúa sin cesar en la mayoría de los países del África subsahariana, está alcanzando proporciones epidémicas en Europa oriental y está comenzando a extenderse rápidamente entre la población general del sur de Asia. Las intervenciones y los programas de prevención exitosos siguen siendo muy cortos, y la magnitud del problema está teniendo un impacto «en cadena» devastador en indicadores más amplios de salud, pobreza, educación y hambre y en la propia capacidad de gobernar».

8 Braune y Menezes (1999), p. 46 ss.

9 Regula direitos e obrigações relativos à propriedade industrial, Gesetz Nr. 9.279 vom 14.5.1996, in Kraft seit Mai 1997, Diário Oficial da União (DOU) 15.5.1996.

10 Con respecto a la regulación brasileña de la producción de genéricos después de la expiración de la protección de la patente, ver: Lei 9.787/99, Diário Oficial da União (DOU) 11.2.1999.

20.000 en 1997, pero se ha reducido a menos de 5.000 al año mediante medidas preventivas. El gobierno brasileño tuvo que gastar alrededor de 300 millones de dólares estadounidenses al año para atender a los aproximadamente 100.000 enfermos de SIDA, a pesar de que ocho de los doce componentes del «cóctel del sida» se elaboraron en el propio Brasil.[11] Los componentes Efavirenz y Nelfinavir, patentados por la empresa estadounidense Merck y la farmacéutica suiza Roche, engullieron más de un tercio de esta cantidad. Ante eso, dado que ninguna de las empresas tenía instalaciones de producción brasileñas, el ministro de salud brasileño anunció que produciría copias genéricas internamente. El gobierno de EE. UU. Consideró que los artículos 68 y siguientes de la ley de patentes brasileña discriminan a los titulares de patentes de EE. UU. y, por lo tanto, exigió consultas bilaterales en mayo de 2000,[12] después de que estas fracasaran, según la opinión de EE. UU., en un panel de 9 de enero de 2001.[13]

Hay tres posibles lecturas de este conflicto. Una primera sería interpretarlo como un conflicto entre el gobierno brasileño y los titulares de patentes (el cual clásicamente es mediado en el derecho internacional por Estados Unidos).[14] Los dueños de las patentes, como titulares de derechos subjetivos, intentaron defender sus derechos de propiedad contra la acometida de Brasil. Esto sería parte de una constelación de disputas legales, tal como pasó en Sudáfrica, donde 39 compañías farmacéuticas, mediadas por la Asociación de Fabricantes Farmacéuticos de Sudáfrica (PMASA), han invocado a los tribunales nacionales[15] y donde en octubre de 2003 la comisión nacional de competencia en el procedimiento «Hazel Tau y otros v. Glaxo Smith Kline y Boehringer Ingelheim» tuvieron que tomar una decisión sobre los derechos subjetivos de acceso a los medicamentos contra el VIH de los denunciantes frente a las empresas Glaxo Smith Kline, distribuidora sudafricana del medicamento Azidovudine[16] y

11 Ver el reciente desarrollo: Após negociações «duras» com laboratórios. Ministério vai economizar R$ 229 milhões, O Estado de São Paulo (16.01.2004).

12 I.S.v. Art. 4 DSU y Art. 64 TRIPS (Art. XXII des General Agreement on Tariffs and Trade 1994 inkorporierend) WT/DS199/1.

13 WT/DS199/3. Diesem Antrag kam der DSB auf seinem Treffen am 1. Februar nach Anhörung Brasiliens y der USA nach y beschloss die Einrichtung eines Panels nach Art. 6 DSU. Comparar DSB, Minutes of the Meeting, WT/DSB/M/97.

14 Tal es la propuesta de Ernst-Ulrich Petersmann, quien pide que se identifiquen los intereses de los actores en las colisiones de régimen: Petersmann (2004a), p. 34.

15 Bass (2002), 191 ss., p. 192.

16 Este medicamento es el primer antiretroviral que fue registrado, para el tratamiento del VIH (Krim y Ward [1999], p. 381 ss.).

Boehringer Ingelheim, distribuidor del medicamento Nevirapina. Los denunciantes habían basado su posición jurídica, entre otras cosas, en el hecho de que las empresas contra las cuales se dirigía el proceso habían cobrado precios excesivos por los antirretrovirales (ARV) en perjuicio de los consumidores, violando así el artículo 8 (a) de la Ley de Competencia 89 de 1998: «Los precios inflados de los ARV son directamente responsables de la muerte prematura, previsible y evitable de personas que padecen VIH / SIDA; esto afecta tanto a niños como a adultos».[17] Incluso si se concediera a las empresas la amortización de los costos de desarrollo, la Comisión de Competencia de Sudáfrica siguió a los denunciantes y afirmó que las empresas se habían negado ilegalmente a conceder licencias para otorgar patentes a los fabricantes de medicamentos genéricos por una tarifa razonable: «Creemos que esto es factible y que los consumidores se beneficiarán de versiones genéricas más baratas de los medicamentos en cuestión».[18]

De manera similar, y en la forma en que se respondió el caso de Sudáfrica como una cuestión de derecho sudafricano, esta la lectura del caso de Brasil v. EE.UU., en el que se trata de determinar el contenido y los límites del sistema legal en el que se presentó la constelación del caso. Es decir, las analogías estructurales aleatorias en esta lucha por el derecho de acceso a la medicación, sólo juegan un papel subordinado en esta mirada, ya que se trata de cuestiones que en los textos jurídicos son concretas y que hay que resolver desde el punto de vista leag. En el caso de Brasil vs. Estados Unidos se trata de determinar el contenido y los límites de la protección internacional de patentes en el sistema de la OMC. Uno se encuentra rápidamente con el artículo 30 del Acuerdo sobre los ADPIC, que permite a los Estados miembros introducir excepciones a los derechos exclusivos de patente si tales excepciones no entran en conflicto de manera desproporcionada con el uso normal de la patente. Y el artículo 31 del Acuerdo sobre los ADPIC permite a los miembros utilizar la patente sin la autorización necesaria del titular del derecho, entre

---

17 South Africa Competition Commission, Hazel Tau et al. v. GlaxoSmithKline, Boehringer Ingelheim et al., Competition Commission, Statement of Complaint in Terms of Section 49B(2)(b) of the Competition Act 89 of 1998, Ziss. 17.

18 South Africa Competition Commission, Presseerklärung 33, 16. Oktober 2003, www.compcom.co.za; zu diesem Fall: Law and Treatment Access Unit of the AIDS Law Project y Treatment Action Campaign (Juli 2003) *The Price of Life*, abrufbar unter: http://www.alp.org.za/view.php?file=/resctr/pubs/20030813_PriceCover.xml; Love (2003). *Expert Declaration. Center for the Study of Responsive Law*, disponible en: http://www.cptech.org/ip/health/cl/cl-cases/rsa-tac/love02032003 .doc; ver también: Hestermeyer (2004a), 103 ss.; Yamin (2003), p. 101 ss.

otras cosas, si hay una emergencia nacional y se observan determinadas normas de procedimiento.[19]

La pregunta sería entonces, si los artículos 68 y siguientes de la ley de patentes brasileña violan el Acuerdo sobre los ADPIC, a pesar de que dichas regulaciones hablan expresamente de «abuso económico», más aún, cuando el conflicto estalló en el momento en el que el gobierno brasileño aprobó la política nacional sobre el SIDA como un programa obligatorio. Sin embargo, los involucrados coinciden en sus críticas a la porosidad de las normas del Acuerdo sobre los ADPIC, por un lado, porque el Acuerdo sobre los ADPIC no implementa estándares de protección adecuados para la propiedad intelectual y no refleja adecuadamente los intereses económicos de los titulares de derechos,[20] por el otro, porque no tiene suficientemente en cuenta los intereses económicos de los países del sur.[21] En cualquier caso, los derechos de patente comparten el destino de los derechos de autor: el proceso legislativo internacional para ambas figuras legales es «ajeno a la modernidad y las normas cambiantes de una comunidad innovadora».[22]

La posición que habría elegido el panel en un caso específico es hipotética, ya que los EE.UU. y Brasil informaron al presidente del Órgano de Solución de Diferencias (OSD) con notificación del 5 de julio de 2001, conforme con el párrafo 6 del artículo 3 del Entendimiento sobre Solución de Diferencias (ESD) de que habían encontrado una solución mutuamente satisfactoria al problema.[23] ¿Qué sucedió?

Aquí llegamos a la segunda lectura posible del conflicto: La disputa entre Brasil y EE. UU. Es una disputa entre la OMC y la OMS,

---

[19] La letra b pertinente del artículo 31 del Acuerdo sobre los ADPIC permite el uso del objeto de una patente »si, antes de su uso, la persona que tiene la intención de usarlo se ha esforzado por obtener el consentimiento del titular del derecho en términos razonables y habituales. y si estos esfuerzos no han tenido éxito dentro de un período de tiempo razonable. Un miembro puede renunciar a este requisito si hay una emergencia nacional u otras circunstancias de extrema urgencia o si se trata de una cuestión de uso público y no comercial. En el caso de una emergencia nacional u otras circunstancias de extrema urgencia, el titular del derecho debe ser informado tan pronto como sea razonablemente posible. Si, en el caso de uso público, no comercial, el gobierno o el empresario conoce o tiene pruebas de esto sin realizar una búsqueda de patentes - Baren Gry tiene que saber que una patente válida es o será utilizada por o para el gobierno, el titular del derecho debe ser informado de inmediato. « para detalles, ver: Heinen (2004).

[20] Lewis (1996), 835 ss., p. 841-42.

[21] Bass (2002), p. 191 ss.

[22] Romano (1998), p. 536 ss., p. 559.

[23] WT/DS199/4.

un conflicto institucional entre las políticas de dos organismos internacionales,[24] la Organización Mundial del Comercio por un lado y la de la ONU, pertenecientes a la Organización Mundial de la Salud[25] por otro lado. Esa no sería una constelación inusual[26] y en la polémica Alston-Petersmann se pueden conocer los respectivos puntos de vista en los que solo la ONU (Alston) o principalmente la OMC (Petersmann) pueden confiar para lograr un equilibrio adecuado en la colisión de los derechos de libertad.[27] En este sentido, no fue la colisión institucional como tal lo inusual, sino más bien el hecho de que EE. UU. no había anticipado su posible presencia: no podría haber sido un momento menos favorable para los procedimientos ante la OMC para la protección de patentes de medicamentos contra el SIDA. Unos meses más tarde, se programó la asamblea especial de la Asamblea General sobre el VIH / SIDA.[28] Las reuniones especiales de la Asamblea General no son un lugar común, están dedicadas a temas urgentes, se preparan a lo largo de los años e involucran tanto a la sociedad civil como a los actores estatales. La máquina de atención de la sociedad civil se puso en marcha de inmediato y escandalizó el trato que la política económica proteccionista de Estados Unidos les negaba a los enfermos de SIDA.[29] Brasil supo utilizar este estado de ánimo básico y llegó a la próxima reunión de la comisión de derechos humanos de la ONU para la adopción de una resolución,[30] la resolución 2001/33, que fue adoptada con 53 votos contra 52 (en contra de la voluntad de los EE. UU.), allí se pide a los estados nacionales, entre otras cosas, «(1) Acceso a medicamentos o tecnologías médicas preventivas, curativas o cal-

---

[24] Comparar. Fox (2001), p. 183 ss., p. 186; instructivo sobre la instrumentalización nacional de los regímenes: Helfer (2004a), p. 1 ss.

[25] Para la lucha en contra del SIDA: WHO (2003), *WC 503.2*; sin embargo, en el marco de las instituciones de la ONU, la lucha contra el sida se confió principalmente a ONU-SIDA, que actúa como nodo de red para varias organizaciones sub-especiales de la ONU.

[26] Sobre casos actuales de la OMS y la OMC igualmente relevantes: Fidler (2004a) y Fidler (2003), ambos disponibles en: www.asil.org/insights; ver también: Philippines, Notification of Emergency Measures, WTO Doc. G/SPS/N/PHL/ 50, 13. Januar 2004.

[27] Petersmann (2002a), p. 621 ss.; Alston (2002), p. 815 ss.; Petersmann (2002b), p. 845 ss.; también en: Petersmann (2004b), p. 605 ss.; también con énfasis en la dimensión constitucional de los procesos: Fidler (2004), p. 247 ss.; aquí también una crítica de: Helfer (2004c), p. 291 ss.

[28] UNGASS on HIV/AIDS, 25. bis 27.6.2001, http://www.un.org/ga/aids/coverage; die Abschlusserklärung der UNGASS, Declaration of Commitment on HIV/AIDS (A/RES/S-26/2), ist abrufbar über die Internetseite des UN-Programms UNAIDS: www.unaids.org; zu diesbzgl. Positionen europäischer y deutscher Politik Ver Guder (2004), 795 ss., 845 f.

[29] Revisar todo en: http://www.globaltreatmentaccess.org; www.ealliance.ch; zu den Anfängen der Kampagne: Sell (2002), p. 481 ss., p. 498-509.

[30] Res. 2001/33, E/CN.4/2001/80, p. 169 ss.

[31] WT/DS199/4, aquí también la documentación escrita por: Peter Allgeier, Executive Office

mantes que se utilizan para tratar epidemias cómo facilitar el VIH / SIDA o las infecciones más comunes que los acompañan en otros países siempre que sea posible, así como ampliar la cooperación necesaria siempre que sea posible, especialmente en emergencias; (2) asegurar que sus acciones como miembros de organizaciones internacionales tengan debidamente en cuenta el derecho de todos a participar en el más alto nivel posible de salud física y mental». La resolución estaba claramente dirigida al conflicto latente sobre el programa brasileño de ayuda contra el SIDA y fue un indicador diplomático del sentimiento de que la presión sobre el gobierno de Estados Unidos estaba aumentando. No es de extrañar que, en el primer día de la sesión especial de la Asamblea General de la ONU, el gobierno de los Estados Unidos obtuviera el consentimiento por escrito de Brasil para resolver la disputa sobre la protección por patente del cóctel del SIDA.[31]

Finalmente, la tercera lectura del conflicto no es subjetiva ni institucional, sino que entiende el conflicto subyacente como un conflicto de racionalidades. La solución de negociación política entre Brasil y EE. UU., en la que se indujo a los titulares de patentes a ofrecer licencias asequibles a los estados interesados,[32] se complementó con la llamada Declaración de Doha en el marco de la OMC: «Destacamos la importancia que adjuntamos a la implementación e interpretación del Acuerdo sobre los Aspectos de los Derechos de Propiedad Intelectual relacionados con el Comercio (Acuerdo sobre los ADPIC) de una manera que respalde la salud pública mediante el acceso a los medicamentos existentes y a la investigación y el desarrollo que promueven nuevos medicamentos, y en este contexto se adopta una declaración separada.»[33] Esta declaración separada a la que se hace referencia en la Declaración de Doha, es la «Declaración sobre el Acuerdo sobre los Aspectos de los Derechos de Propiedad Intelectual relacionados con el Comercio (ADPIC) y la Salud Pública»,[34] que describe el problema en su agudeza[35] y se refiere a un conflicto que es mucho más profundo que un mero conflicto político entre dos organizaciones internacionales. Cuando se trata de

of the President, Deputy United States Trade Representative, 25.6.2001.

32 Sobre la conexión entre los casos brasileño y sudafricano: Bass (2002), p. 206 ss.

33 Ministerialkonferenz der WTO vom 14.11.2001, Ziss. 17. Comparar WT/MIN(01)/DEC/1.

34 WT/MIN(01)/DEC/2; para implementar la declaración, ver: WT/GC/M/82; también: Shanker (2002), 721 ss.

35 Aunque las soluciones de compromiso que se han congelado son individualmente dignas de crítica.

36 La explicación carece de contenido legal, dice, por ejemplo: Sykes (2002), p. 1 ss.; la

la protección de patentes para medicamentos contra el VIH, los principios fundamentales de dos esferas sociales de actividad mundial chocan: la economía y la salud. Todas las constelaciones de conflicto (Brasil./. EE. UU.; OMC./. OMS; EE. UU../. NACIONES UNIDAS; PMASA./. Sudáfrica; Hazel Tau et. al./. GlaxoSmithKline y Boehringer Ingelheim) se deben a esto. Los requisitos contradictorios de ambos ámbitos regulatorios (protección de patentes versus atención de salud eficaz) deben coordinarse ante los respectivos foros de derecho. En una posible decisión de un panel en el marco del OSD (órgano de solución de diferencias) de la OMC, sobre la cuestión de la protección por patente de los medicamentos, tres cosas serían importantes:

1. No se trata simplemente de tomar una decisión de conflicto de leyes entre diferentes soluciones territoriales estatales o institucionales de derecho de patentes. Más bien, el argumento esbozado en el primer caso puede entenderse que los estándares fácticos del derecho mundial de patentes se desarrollan cuasijudicialmente.
2. No basta con orientarse a las políticas vigentes de los organismos internacionales, como la OMC y la OMS, sino que la autoridad de resolución de conflictos debe en última instancia referirse a los conflictos de racionalidad en los que se basan y tratar de compatibilizarlos.
3. Dado que no existe una autoridad superior para el conflicto, solo se puede resolver desde la perspectiva de uno de los regímenes en conflicto, aquí la OMC. Sin embargo, la lógica de actuación en competencia, en este caso los principios del sistema de salud, deben introducirse como una limitación en el contexto del derecho comercial.

En contraste con la vaga redacción del artículo 31 del Acuerdo sobre los ADPIC, la solución negociada, que no deja de ser controvertida en su calidad jurídica,[36] dio lugar a formulaciones mucho

calidad jurídica de la declaración está ampliamente reconocida, ver en: Charnovitz (2004), p. 207- 208; Abbott (2002), p. 469 ss., p. 492; Hestermeyer (2004b), p. 194 ss.; la declaración no puede clasificarse directamente como una interpretación auténtica en el sentido del párrafo 2 del artículo IX del Acuerdo sobre la OMC, y también se descarta una decisión basada en el párrafo 1 del artículo IX. Sin embargo, la relevancia jurídica de la decisión puede derivarse del artículo 31, párrafo 3, letra a) de la Convención de Viena sobre el Derecho de los Tratados (IDS ver también: Correa [2002], OMS, EDM Series 12/2002, OMS / EDM / PAR / 2002.3, p. 44 y sig.).

37 Ver párrafo 5 (c) la Declaración de Doha sobre el Acuerdo sobre los ADPIC.

más precisas. La declaración adoptada por unanimidad en la conferencia ministerial de Doha el 14 de noviembre de 2001, tiene un plazo de implementación para los países menos desarrollados, además de otorgar prerrogativas nacionales para la determinación de emergencias[37] y el tratamiento de cuestiones de interpretación controvertidas, por ejemplo, en el área de importaciones paralelas y regulaciones pertinentes del acuerdo ADPIC establecido para 2016.[38]

La parte más importante de la Declaración de Doha sobre el Acuerdo sobre los ADPIC para los países en desarrollo se da con respecto al acceso a los medicamentos en su párrafo 6.[39] El Consejo de Ministros identificó como un problema, el hecho que los miembros de la OMC con una capacidad de producción de medicamentos insuficiente o incluso nula, no puedan hacer un uso efectivo de la posibilidad de la concesión de licencias obligatorias. Esta restricción de la posibilidad de utilizar opciones legales es consecuencia del modelo de diferenciación territorial estatal del acuerdo ADPIC, que fue criticado como inadecuado anteriormente ya que los derechos de patente como las licencias obligatorias inicialmente solo son efectivos en el país en el que se otorgaron, debido al principio de territorialidad en el área de la propiedad intelectual

La OMPI y la OMC, y en particular el Acuerdo sobre los ADPIC, son entonces los mecanismos con los que se intenta garantizar los derechos protegidos en un estado nacional miembro, y a través de esfuerzos de coordinación estatal, también en los otros estados miembros. Para el derecho a la concesión de licencias obligatorias, surge el problema de que los países sin capacidad de producción no pueden utilizar ninguna licencia obligatoria a nivel local. Por lo tanto, dependen de las importaciones, que inicialmente solo son posibles a bajo costo, siempre que el medicamento no goce de protección de patente en el estado nación exportador. Tan pronto como este sea el caso, el titular de la patente puede impedir la producción de medicamentos genéricos destinados exclusivamente a la exportación, por-

---

38 Ver la ejecución de esta decisión por parte del Consejo de los ADPIC, Prórroga del Período de Transición y el Artículo 66.1 del Acuerdo sobre los ADPIC para los países menos adelantados Miembros respecto de determinadas obligaciones con respecto a los productos farmacéuticos, IP / C / 25 de 1 de julio de 2002; ver también la adopción del proyecto por el Consejo General de la OMC: Consejo General, WT / GC / M / 75 de 27 de septiembre de 2002; Consejo General, países menos adelantados miembros - Obligaciones según el artículo 70.9 del Acuerdo sobre los ADPIC con respecto a los productos farmacéuticos, decisión del 8 de julio de 2002, WT / L / 478.

39 Ver aquí también: Comisión Mundial sobre la Dimensión Social de la Globalización (2004), p. 93 s.

40 Detalles en: García-Castrillón Otero (2002), p. 212 ss., p. 217.

que la emisión de una licencia obligatoria extranjera es inicialmente irrelevante en el país cuyo sistema legal protege el medicamento.[40] En resumen: el patentamiento de medicamentos en un estado impide que los países en desarrollo que no tienen sus propias instalaciones de producción puedan hacer uso de la posibilidad de licencias obligatorias. Debido al principio de territorialidad, la concesión de licencias obligatorias no es directamente efectiva en el país en el que se produce el medicamento, y el titular de los derechos puede impedir la producción de medicamentos genéricos a pesar de que un país en desarrollo haya expedido una licencia obligatoria, si no hay ninguna en el país que expide la licencia obligatoria, así se puedan encontrar fabricantes de genéricos. También es legalmente problemático si el país productor otorga una licencia obligatoria y, por lo tanto, tiene la intención de exportar las drogas. Dado que el Artículo 31, letra f del Acuerdo sobre los ADPIC permite el uso de la licencia solo si esta «Predominantemente para equipar el mercado interno del miembro que autoriza dicho uso». En la Declaración de Doha sobre el Acuerdo sobre los ADPIC, el párrafo 6 del Consejo de Ministros resumió el problema en el sentido de que «los miembros de la OMC con capacidad empresarial insuficiente o nula en el sector farmacéutico podrían enfrentar dificultades para obtener un beneficio efectivo de un imperativo para obtener las licencias necesarias en virtud del acuerdo ADPIC. Estamos dando instrucciones al Consejo para que encuentre una solución rápida a este problema e informaremos al Consejo General a finales de 2002».

De hecho, dentro del plazo fijado en Doha, se llegó a un compromiso para resolver este problema, que se denomina «Texto Motta» en honor al entonces presidente del Consejo de los Aspectos de la Propiedad Intelectual relacionados con el Comercio (Consejo de los ADPIC).[41] La OMS, en particular, intervino en las negociaciones, solicitando al Consejo de los ADPIC un concepto global que incluyera un marco legal permanente, transparencia y previsibilidad de las reglas a ser aplicadas en los países exportadores e importadores y oportunidades que debe incluir la igualdad para los países donde se necesitan medicamentos.[42] Por ello, era necesario mejorar el Texto Motta con respecto a la exigencia expresada en la declaración de la OMS de que los países menos adelantados y otros países en desa-

---

[41] Ver el borrador en: IP/C/W/405 28. August 2003 (03-4498).

[42] Declaración del representante de la Organización Mundial de la Salud, Consejo de los ADPIC de la OMC, 17 de septiembre de 2002, unter Hinweis auf den OMC-Report WHO / EDM / PAR / 2002.3.

[43] Sobre todo esto ver: Consumer Project on Technology, Memo to WTO TRIPS Negotiators,

rrollo sin sus propias instalaciones de producción deberían tener un amplio acceso a los genéricos, y el borrador fue elaborado, pero, ha sido muy criticado por numerosas ONG.[43] Sin embargo, el borrador de Motta no fracasó debido a la resistencia de los países en desarrollo. Brasil en particular estaba bastante satisfecho con el compromiso, especialmente porque el país no es uno de esos países en desarrollo que no tienen instalaciones de producción de genéricos. Sin embargo, la adopción del Texto de Motta se retrasó por la oposición de Estados Unidos, que finalmente rechazó el texto, lo que a su vez condujo a nuevas negociaciones en un grupo exclusivo de Estados miembros y, en última instancia, a la «declaración del presidente» del Consejo de los ADPIC, que, junto con el Texto Motta, fue presentado al Consejo General el 30 de agosto de 2003 y posteriormente adoptado.[44]

Incluso si la vinculación de la decisión del Consejo General sobre la «aplicación del párrafo 6 de la Declaración de Doha sobre el Acuerdo de los ADPIC y la salud pública»[45] con la «Declaración del Representante (Chairman)»[46] suscita un debate sobre la naturaleza jurídica de esta declaración, habrá que decir que este nexo es jurídicamente vinculante, al menos por el hecho de que la instrucción asociada al mismo y documentada en el acta de la reunión, la decisión del Consejo General leida «a la luz de la declaración del presidente», ha permanecido indiscutible.[47] Sin embargo, es sorprendente la inadecuada preparación procesal del sistema de la OMC para reaccionar de manera adecuada y con un derecho procesal estabilizado a los conflictos sociales. La naturaleza jurídica de la Declaración de Doha en sí era dudosa porque no se habían cumplido las normas de procedimiento de la OMC. En el proceso también se puede observar una toma de decisiones informal y, en última instancia, no transparente. La decisión del Consejo de los ADPIC se declara como una exención en el sentido del párrafo 3 del artículo IX del

CPTech - Reject 16 December Chairman's text on paragraph 6 - Nine reasons, disponible en: www.cptech.org/ip/wto/p6/cptech12162002.html).

44 WT/GC/M/82 párrafo 30.

45 Declaración del 30 de agosto de 2003 sobre la implementación del párrafo 6 de la Declaración de Doha sobre el Acuerdo sobre los ADPIC y la Salud Pública, WT / L / 540, 1 de septiembre de 2003.

46 «La presente Decisión fue adoptada por el Consejo General a la luz de una declaración leída por el representante (Chairman), que puede encontrarse en el documento JOB (03) / 177. Esta declaración se reproducirá en el acta del Consejo General que se publicará como WT / GC / M / 82».

47 I.d.S. auch Hestermeyer (2004b), 194 ss., aquí también sobre las dudas sobre la naturaleza jurídica de la decisión del Consejo General.

48 Matthews (2004), p. 73 ss.

Acuerdo sobre la OMC. En principio, sin embargo, esta norma está destinada a regulaciones individuales con una definición precisa de los estados miembros involucrados y no a una nueva regulación general de ciertas áreas y procedimientos. Por lo tanto, la decisión corresponde esencialmente a un disimulado cambio del tratado.

En resumen, la situación jurídica material que surge después del 30 de agosto de 2003 para las licencias obligatorias de productos farmacéuticos en el sistema de la OMC puede verse como un procedimiento sui generis para aliviar la obligación bajo el Artículo 31 letra f del Acuerdo sobre los ADPIC.[48] Se libera a los países exportadores de genéricos de su obligación de utilizar la licencia obligatoria principalmente para abastecer su propio mercado interno (según lo dispuesto en el Artículo 31 letra f del Acuerdo sobre los ADPIC) si el país importador cumple con lo estipulado por el Consejo de la ADPIC, sobre mostrar previamente el nombre y la cantidad requerida del medicamento y si se confirma que no tiene sus propias capacidades de producción para el producto en cuestión. Estas obligaciones de información, que también se aplican al país exportador, se complementan con regulaciones relacionadas con el etiquetado especial de medicamentos genéricos y el requisito de prevenir la exportación de medicamentos de imitación. La «Declaración del Presidente», cuyo contenido se luchó durante mucho tiempo en negociaciones intransparentes o exclusivas,[49] en su última versión solo enfatiza el deber de los Estados miembros, la regla de excepción no es para fines industriales o comerciales y da algunas pautas sobre el etiquetado exacto de los medicamentos que se exportarán. Posteriormente, los Estados miembros y el Consejo de los ADPIC implementaron el nuevo conjunto de reglas sobre la emisión de licencias obligatorias en numerosas decisiones de implementación.[50] La Unión Europea ha creado un sitio web[51] en el que

---

49 Para criticar las ideas preconcebidas, en lugar de todo: Medicins sans Frontiers (2003), *Open Letter to the Members of the WTO*. 8. Februar 2003, dispobible en: http:// www.msf.or.jp/ access/pdf/a_030214-2.pdf.

50 Ver solo: TRIPS-Rat, Moratorium to Address Needs of Developing and Least- Developed Members with no or Insufficient Manufacturing Capacities in the Pharmaceutical Sector. Communication from the United States, IP/C/W/396 (14. Januar 2003), que declara una moratoria sobre los procedimientos de solución de controversias de conformidad con el artículo 31 letra f del Acuerdo sobre los ADPIC; también: Acuerdo entre Canadá y Estados Unidos sobre la implementación de la decisión del Consejo General del 30 de agosto de 2003, en: www.ustr.gov/regions/whemisphere/canada/ 2004-07-16-canadatrips-mou.pdf; sobre la situación jurídica en Canadá antes del consenso sobre los ADPIC: Howse (2000), p. 496 ss.

51 Ver en: http://trade-info.cec.eu.int/cgi-bin/antitradediversion/index.pl.

52 KOM (2004/737.

la información pertinente se comunica de forma centralizada. Y en octubre de 2004 la Comisión presentó el borrador de una «Ordenanza sobre licencias obligatorias de patentes en la fabricación de medicamentos destinados a la exportación a países con problemas de salud pública» basada en los artículos 95 y 133 del Tratado CE.[52] El reglamento tiene como objetivo garantizar que las licencias obligatorias se emitan en los estados miembros de la UE en las mismas condiciones para evitar distorsiones de la competencia en el mercado interno de la UE y reimportaciones no controladas de medicamentos con licencia obligatoria.[53] También en otros países las medidas de implementación legal están en pleno apogeo, por ejemplo en Canadá y Brasil, y también en la India, cuya industria de genéricos probablemente se beneficie significativamente de la regulación de la ADPIC.[54]

En general, las medidas muestran que el régimen económico de la OMC está comenzando a reformular internamente una limitación de su propia lógica mediante la integración de un principio de política de salud. Esto representa un modo de compatibilización que permite al sistema de toma de decisiones construir una relación externa receptiva dentro de su propia perspectiva económicamente racional y reconstruir las racionalidades externas como el marco de su propia lógica. Tal reingreso de la ley en conflicto en la propia legislación puede traducir las colisiones del sistema en la *quaestio iuris* sin que estos procesos circunstancialmente abiertos tengan que comenzar solo en caso de falla del régimen.[55] Para la legislación de la OMC, esto significa que un adecuado reingreso de las racionalidades en torno a los procesos de autoorganización de este régimen es ne-

53 Para apoyo financiero de otras medidas Ver el Memorando de la UE: Acción de la UE contra el VIH / SIDA, la Tuberculosis y la Malaria 2000-2005, MEMO / 04/250, 29 de octubre de 2004.

54 Sobre Canadá: Una ley para enmendar la Ley de Patentes y la Ley de Alimentos y Medicamentos, Estatutos de Canadá 2004, Capítulo 23, Proyecto de Ley C-9, § 49. Proyecto de Ley de Patentes (Enmienda), 2003 (Proyecto de Ley No. 92 de 2003); sobre la situación en India y la indutría farmaceútica de los países: Mukherjee (2004), p. 125 ss., p. 148; sobre la situación del derecho de patentes en la India antes del nuevo reglamento ADPIC, ver también: India. Protección mediante patente de productos farmacéuticos y químicos agrícolas, solicitud de las Comunidades Europeas y sus Estados miembros en relación con las consultas de los Estados Unidos, WT / DS50 / 12 y el informe de apelación Body, AB-1997-5, 19. Dezember 1997; Ver la presentación de: Hestermeyer (2004a), p. 103 ss.; por mencionar, hay un total de tres propuestas legislativas para Brasil, PL (*projeto de lei*) 230/2003, PL 33/2003 y PL 139/1999.

55 Se entiende, por ejemplo: Marschik, la importancia del entorno fuera del régimen en el hecho de que, en caso de falla de un régimen internacional, se debe aplicar el derecho internacional general, Ver: Marschik (1997), p. 162 s.

56 Ver Lauterpacht (1949), p. 48 ss., p. 76.

cesario más allá de la redacción restrictiva de los artículos 7, 11 y 3.2 del ESD (Entendimiento sobre Solución de Diferencias). El reingreso de leyes no pertenecientes a la OMC en el derecho de la OMC, significa un logro del sistema de la OMC y refleja su constitución mutua.[56] En la literatura sobre derecho internacional, se plantea la cuestión sobre el rango y el papel del derecho internacional general dentro del régimen de la OMC, que está directa o indirectamente relacionado con los términos desarrollados en el contexto de la relación entre el derecho internacional y el derecho nacional o el derecho de la UE y el derecho nacional. Validez, prioridad o aplicación e interpretación subordinada de conformidad con el derecho internacional, orientada, controvertida.[57] Sin embargo, esta controversia es todavía demasiado estrecha en su fijación al derecho internacional general y elige el punto de partida equivocado con normas estáticas en conflicto.[58] Más bien, el reingreso de leyes que no son de la OMC en la legislación de la OMC significa proceder con los siguientes pasos: (1) Identificación de las racionalidades sociales en conflicto, (2) Reingreso de los regímenes sectoriales extranjeros en un régimen legal, (3) Reformulación del conflicto en la *quaestio iuris;* y, (4) compatibilización del régimen interno del sistema legalmente reformulado ratio nalidades. Esto en realidad significa una «repolitización» de la tecnocracia técnico-económica de la OMC,[59] paradójicamente a través del activismo de las instituciones judiciales, que reingresan las colisiones entre las racionalidades sociales dentro del sistema especializado de la OMC. Lo que sucede en las organizaciones, no es simplemente la aplicación de la competencia técnica en ciertos asuntos en un marco político predeterminado, sino que el proceso implica equilibrar los valores e intereses en competencia sin el liderazgo autorizado de la ciencia económica y / o la ideología.[60]

Por supuesto, los conflictos sociales no pueden resolverse mediante la interpretación autorizada y el equilibrio de un orden de

---

57 Para validez indirecta / directa: Böckenförde (2003), p. 971 ss.; sobre la prioridad/ subordinación: Pauwelyn (2001a), p. 566: «prevails», «overrides», etc.; zur völkerrechtskonformen Auslegung: Betlem y Nollkaemper (2003), 569 ss.; ver además: Hu (2004), p. 143 ss.; Pauwelyn (2004), 903 ss.; Pauwelyn (2001b), 535 ss.; ver también: Bogdandy (2001), p. 609 ss.

58 Ver también OMC-Panel en: Corea. Medidas que afectan la contratación pública, WTO Doc. WT/DS163/R, Ziss. 7.96 (19.6.2000).

59 Sobre este concepto descentralizado de lo político, véase Fischer-Lescano y Christensen (2005), p. 213 ss.

60 Howse (2001), 94 ss., p. 114.

61 Irónicamente, esta acusación de decisionismo surge de la Escuela Schmitt: Böckenförde

valores supuestamente superior y objetivo. Al tratar con las colisiones de racionalidades, significa que en las situaciones de colisión entre los negocios, la política y la religión, no existe una «fórmula para ocultar el decisionismo judicial o interpretativo»,[61] eso es concordancia práctica; incluso el uso de esquemas de equilibrio para valores y principios supuestamente universales no es una solución adecuada al problema, especialmente porque los valores en las situaciones de conflicto tienen un grado demasiado alto de abstracción, lo que significa que existe el riesgo de que los conflictos sean más alimentados y fundamentalizados que eso, las racionalidades opuestas podrían hacerse compatibles. Más bien, se trata de identificar las racionalidades sociales en conflicto que utilizan la ley para universalizar sus lógicas parciales.[62]

Tomar en serio el pluralismo jurídico significa entonces observar de cerca los diferentes procesos de generación de normas en los diferentes regímenes.[63] Esto abre un enfoque extremadamente formalista para abordar estos conflictos, que se han traducido en la *questio iuris*, en las respectivas situaciones de toma de decisiones. El trabajo jurídico se convierte entonces en el mantenimiento de las paradojas de la forma jurídica,[64] el trabajo de justificación con normas jurídicas de diferentes orígenes, la lucha constante del derecho contra su instrumentalización unilateral, por ejemplo, a través de los sistemas políticos, económicos o religiosos.[65] Aquí, esto significa: que las medidas de salud son para mantenerlos libres de presiones económicas en determinadas situaciones. Respetar la lógica de la salud requiere una interpretación amplia de la disposición de excepción del artículo 31 del Acuerdo sobre los ADPIC en situaciones en las que se requieren tales medidas sanitarias brinden un amplio acceso a farmacéuticos preventivos o curativos seguros, eficientes y asequibles y a TICS y tecnologías médicas que lo permitan.[66] La ra-

---

(1974), p. 1529 ss., p. 1534; Schmitt, a quien Böckenförde se refiere en su crítica de la jurisprudencia del Tribunal Constitucional de Byes, criticó la operacionalización de los programas de valores abstractos a través de la práctica legal siguiendo a Nicolai Hartmann como una «tiranía de los valores», Ver: Schmitt (1967), p. 37 ss.; El texto de Schmitt surgió de una contribución a la discusión publicada en forma privada en 1959, ver la documentación de este texto en: Schmitt, ibid., p. 51 ss.

62 Sobre esto: Karl-Heinz Ladeur an, Ver también: (2004), p. 12 ss.; ver: Maus (2004), p. 835 ss.

63 Ver como através de Rudolf Wiethölter se influenció Lesart sobre los conflictos de norma de: Becker (2005), p. 13 ss.

64 Teubner (2003b), p. 25 ss.

65 Wiethölter (2003), p. 1 ss., p. 13.

66 Res. 2001/33, E/CN.4/2001/80.

67 En cuanto al término de derecho social global utilizado aquí: Teubner (1996a), 255 ss.;

zón es que las normas de protección de patentes, incluso si corresponden a los requisitos de la racionalidad económica, contradicen las normas sociales,[67] ya que se producen en el contexto del sistema de salud y el régimen de derechos humanos. Esta solución de conflicto se describe en la Resolución 2001/33 de la Comisión de Derechos Humanos de la ONU.

Numerosos son otros textos legales que apoyan este punto de vista. Se han generado normas legales comparables en los más variados contextos de régimen. Los tribunales nacionales han establecido el derecho a la medicación bajo el «derecho a la vida» y han generado obligaciones de protección estatal, incluido el derecho a tener acceso a la medicación si alguien está infectado con el VIH / SIDA.[68] Toda una serie de otras decisiones de la Comisión de Derechos Humanos de la ONU, la OMS y la Asamblea General de la ONU[69] deben ser nombrados en este contexto, como son las normas del Pacto de Derechos Económicos, Sociales y Culturales.[70] Este último obliga a los Estados contratantes en el Artículo 2, Párrafo 1, «individualmente y mediante la ayuda y cooperación internacionales, especialmente de carácter económico y técnico, tomando todas las medidas posibles para lograr la plena realización de los derechos reconocidos en este Pacto paso a paso por todos los medios apropiados, sobre todo a través de medidas legislativas». La norma es com-

---

Fischer-Lescano (2003a), p. 750 ss.

68 Ver: die instruktive Zusammenfassung de Hestermeyer (2004a), 125 ss.

69 Ver: *World Health Organisation* u.a.: Intellectual Property Rights, Innovation and Public Health, WHA Res. 56.27 (28. Mai 2003); Ensuring Accessibility of Essential Medicines, WHA Res. 55.14 (18. Mai 2002); zur *UN Generalversammlung*: Access to Medication in the Context of Pandemics such as HIV/AIDS, Tuberculosis and Malaria, A/RES/58/179 vom 22. Dezember 2003; The Right of Everyone to the Enjoyment of the Highest Attainable Standard of Physical and Mental Health, A/RES/58/173 vom 22. Dezember 2003; zur *UN-Menschenrechtskommission*: Access to Medication in the Context of Pandemics such as HIV/AIDS, Commission on Human Rights Res. 2002/32, Ziss. 7 (22. April 2002); ver también den Bericht des Generalsekretärs für die Sesión im Jahr 2002 y das diesbzgl. Addendum (E/CN.4/2002/52, 21. Januar 2002; E/CN.4/2002/52/Add.1, 26. Januar 2002) y die Folgeberichte Access to medication in the context of pandemics such as HIV/AIDS: E/CN.4/2004/39, E/CN.4/2003/48; además: Access to Medication in the Context of Pandemics such as HIV/AIDS, Tuberculosis and Malaria, Commission on Human Rights Res. 2004/26, (16. April 2004), Ziss. 1: «Reconoce que el acceso a los medicamentos en el contexto de pandemias como el VIH / SIDA, la tuberculosis y la malaria es un elemento fundamental para lograr progresivamente la plena realización del derecho de toda persona al disfrute del más alto nivel posible de salud física y mental»; ver también: ILO (2001).

70 Pacto Internacional de Derechos Económicos, Sociales y Culturales, A.G. Res. 2200A (XXI), 21 U.N. GAOR Supp. (No. 16), 49, U.N. Doc. A/6316 (1966), 993 U.N.T.S. 3, entrada en vigor desde 3. Januar 1976; al 2004 el Pacto tuvo 149 Estados miembros.

71 Sobre la calidad del derecho: Riedel (1991), 58 ss.; die General Comments liegen nun-mehr

plementada por el Art. 12 del mencionado Pacto: «(1) Los Estados contratantes reconocen el derecho de cada persona al más alto nivel alcanzable de salud física y mental. 2. Las gestiones de los Estados partes para la plena realización de este derecho incluirán las medidas necesarias: [...] (c) la prevención, el tratamiento y el control de enfermedades epidémicas, endémicas, ocupacionales y otras; (d) Crear los requisitos previos para que todos puedan disfrutar de las instalaciones médicas y la atención médica en caso de enfermedad.

«En sus «Comentarios Generales»[71], el Comité de Derechos Económicos, Sociales y Culturales se especificaron estas normas. Entre otras cosas, se pide la disponibilidad de «agua potable y segura e instalaciones adecuadas, hospitales, clínicas y otros edificios relacionados con la salud, así como de personal médico y especialista capacitado con un salario competitivo en el país, y de medicamentos básicos como los definidos en el programa de acción de la OMS.»[72] Dado que los medicamentos utilizados en el tratamiento del SIDA forman parte de este programa de la OMS, existe la obligación legal de mantener estos medicamentos disponibles. Se requiere que los terceros países apoyen a los Estados involucrados en la implementación de estas obligaciones de derechos humanos: «Para cumplir con sus obligaciones internacionales con respecto al artículo 12, los Estados deben respetar la participación en el derecho a la salud en otros países, y detener a terceros por la violación de la norma, dado que tratados celebrados en otros países si pueden influir en estos terceros por medios legales o políticos, de conformidad con la Carta de las Naciones Unidas y el derecho internacional aplicable. [...] Los Estados deben garantizar que el derecho a la salud se tenga debidamente en cuenta en los acuerdos internacionales y deben considerar el desarrollo de nuevos instrumentos jurídicos para este fin. Al celebrar otros acuerdos internacionales, los Estados deben tomar medidas para garantizar que estos instrumentos no afecten negativamente el derecho a la salud. De la misma forma, los Estados están llamados a asegurar que sus medidas como miembros de organismos internacionales respeten debidamente el derecho a la salud.[73]

---

in deutscher Übersetzung vor, Ver: Deutsches Institut für Menschenrechte (2005).

72 General Comment No. 14, Committee on Economic, Social and Cultural Rights, General Comment No. 14 (2000), Ziss. 12; ver también: Hestermeyer (2004a), 103 ss., y Yamin (2003), 101 ss.; Alexander (2001), 12 ss. En el contexto del programa de acción de la OMS y la lista de preparados farmacéuticos incluidos Ver la base de datos de la OMS, unter: http://www.who.int/medicines

73 General Comment No. 14, Committee on Economic, Social and Cultural Rights, General Comment No. 14 (E/C.12/2000/4, CESCR), Ziss. 39.

74 Ver, por ejemplo, la presentación de: Cameron/Berger (2004), disponible en: http://

Definitivamente es cuestionable si el estándar actual de protección de patentes del régimen de la OMC, refleja adecuadamente estos requisitos normativos.El acuerdo presentado, especialmente el reglamento con respecto al sistema de licencias obligatorias, ha sido en algunos casos duramente criticado por las organizaciones de ayuda en particular. Cabe señalar que la experiencia ha demostrado que la emisión de licencias obligatorias es muy poco probable. Incluso en los sistemas legales en los que ya existía esa opción, como Brasil y Sudáfrica, nunca ha habido licencias obligatorias. Todos los procedimientos de concesión de licencias que se iniciaron, terminaron mediante negociaciones para evitar una escalada del conflicto.[74] Por lo tanto, organizaciones privadas como Médicos sin Fronteras o el grupo del tercer mundo Oxfam Internacional describieron la solución actual como poca práctica, ya que sirve a los intereses de las empresas farmacéuticas más que a los de los pacientes. El procedimiento es sumamente complejo, burocrático, inflexible y prolongado y hará que sea más difícil, en lugar de facilitar el suministro de medicamentos de urgencia a las personas necesitadas en los países pobres del sur.[75] El objetivo principal del compromiso ADPIC no es garantizar el suministro de medicamentos a los necesitados, sino controlar y limitar en gran medida el comercio de genéricos. Las ONG temen que la situación empeore si, a partir de 2005, de acuerdo con las normas ADPIC de la OMC, todos los medicamentos nuevos en todos los países del mundo, con la excepción de los 48 países menos desarrollados, deben fabricarse bajo protección de patente durante 20 años.[76]

No solo hay escepticismo por parte de los activistas de la sociedad civil. La Comisión de Derechos de Propiedad Intelectual y Política de Desarrollo (CIPRDP) creada por el Departamento de Estado británico para el Desarrollo también considera improbable el uso extensivo del sistema de licencias obligatorias en los países en desarrollo.[77] Esto se

---

www.law.ed.ac.uk/ahrb/script-ed/issue4.asp, con referencias a los procedimientos de concesión de licencias obligatorias que han sido descontinuados: Sanachem (Pty) Ltd v. British Technology Group plc 1992 BP 276 y Afitra (Pty) Ltd and Another v Carlton Paper of SA (Pty) Ltd 1992 BP 331.

75 FAZ, WTO permite exepciones de patentes, 31. August 2003, 11.

76 Zumach (2003), 13.

77 UK Commission on Intellectual Property Rights and Development Policy (CIPRDP) (2002), *Report: Integrating Intellectual Property Rights and Development Policy*. London, disponible en: http://www.iprcommission.org; die Kommission wurde von der britischen Staatsministerin für Entwicklung, Clare Short, eingesetzt y gebildet von John Barton, Daniel Alexander, Carlos Correa, Ramesh Mashelkar, Gill Samuels y Sandy Thomas.

78 World Bank (2002), p. 136 ss.

justifica en particular por el hecho de que los países menos desarrollados, así como los otros países en desarrollo no podrán cubrir los costos de introducir los requisitos de la ley de patentes para participar en el sistema de licencias obligatorias. Con referencia a la Conferencia de las Naciones Unidas sobre Comercio y Desarrollo (UNCTAD), el Banco Mundial estima que el costo de introducir una ley de patentes compatible con los ADPIC en los países en desarrollo es de alrededor de 1,5 a 2 millones de dólares por país. El informe pertinente del Banco Mundial también señala las dificultades financieras a las que se enfrentan los países en desarrollo con la solución de los ADPIC: «en vista de las necesidades urgentes en las áreas de educación, salud y reforma política, es cuestionable si los países menos adelantados [HIPC-Heavily Indebted Poor Countries-los autores] estarán dispuestos a asumir estos costos y si obtendrán grandes beneficios sociales al invertir en ellos. Además, existe una escasez extrema de administradores y jueces capacitados en los países pobres; parte del costo sería, por tanto, desviar los escasos recursos profesionales y técnicos de actividades potencialmente más productivas».[78]

Además de estos problemas financieros en los países en desarrollo, numerosos informes cuestionan si, en vista de los problemas específicos de los países en desarrollo en particular, la función del derecho de patentes de proporcionar un incentivo económico para la investigación y el desarrollo de nuevos productos mediante la protección jurídica, se puede garantizar en absoluto.[79] Por ejemplo, el informe de la Comisión de Macroeconomía y Salud designada por la OMS afirma que «los mecanismos de incentivos fallan»[80] se cuestiona el efecto incentivador económico de la legislación sobre patentes en los países en desarrollo[81] «¿Qué papel juega la protección de la propiedad intelectual en la promoción de la investigación y el desarrollo en relación con las enfermedades que prevalecen en los países en desarrollo? Toda la evidencia que hemos examinado sugiere que esta protección es de poca importancia, a excepción de las enfermedades, que tienen un gran mercado en el mundo desarrollado. [...] El meollo del problema es la falta de demanda del mercado que sea suficiente para inducir al sector privado a poner recursos disponibles para investigación y desarrollo. Por lo tanto, creemos que la cuestión de la protección de la propiedad intelectual en los

[79] Branstetter (2004), p. 359 ss.
[80] WHO (2001), p. 77.
[81] UK Commission on Intellectual Property Rights and Development Policy (2002), p. 32.
[82] Ibídem., p. 33; ver también: Christopher May, qien afirma, que «[o]nly by conceiving of the

países en desarrollo tiene, en el mejor de los casos, una importancia secundaria para iniciar la investigación y el desarrollo de las enfermedades prevalentes en los países en desarrollo».[82]

Por lo tanto, se duda cada vez más de que el sistema de licencias obligatorias, que se adoptó a raíz de la Declaración de Doha, represente una solución convincente para compatibilizar las inconmensurables normas económicas y sanitarias. Las propuestas alternativas van básicamente en dos direcciones. Por un lado, se puede reaccionar a las asimetrías económicas introduciendo un sistema de tasas de licencia escalonadas según la fortaleza económica o una mayor flexibilidad para los sistemas legales individuales dentro de una legislación de patentes global.[83] Por otro lado, se propone que la legislación transnacional de patentes, podría regular las innovaciones farmacéuticas del área protegida por patente;[84] esto sería, en otras palabras, «una desviación de ciertas formas de protección de la propiedad intelectual con respecto a ciertas innovaciones, como las patentes de productos farmacéuticos»[85] Al elegir la respuesta jurídica adecuada, es importante no solo reflejar el carácter contingente de la patente,[86] sino también las contingencias respecto al foro en el que surge el respectivo conflicto de racionalidades. Todas las formas alternativas de realización podrían aplicarse en el marco del actual Acuerdo sobre los ADPIC, en particular las opciones para circunstancias excepcionales en virtud del artículo 27, los párrafos 2 y 3 del Acuerdo sobre los ADPIC no se han utilizado hasta ahora.[87]

---

public benefit as exclusively the promotion of innovation can pharmaceutical patents appeal to an instrumental justification. To conceive of the public interest as the right to health yermines the[se] arguments» (May [2000], p. 101).

83 UK Commission on Intellectual Property Rights and Development Policy (2002), p. 33 ss.

84 Ver la presentación de: Correa y Musungu (2002), disponible en: http://www.southcentre.org/publications/wipopatent/toc.htm.

85 Cameron/Berger (2004), disponible en: http://www.law.ed.ac.uk/ahrb/scripted/issue4.asp.

86 Weissman (1996), p. 1069 ss., p. 1087.

87 Los párrafos pertinentes del artículo 27 del Acuerdo sobre los ADPIC dicen lo siguiente: «(2) Los Miembros pueden excluir invenciones de la patentabilidad si la prevención de su explotación comercial dentro de su territorio tiene como finalidad la protección del orden público o la moralidad, incluida la protección de la vida o la salud de las personas, animales o plantas, o para evitar daños graves al medio ambiente, siempre que dicha exclusión no se haga simplemente porque la explotación esté prohibida por su legislación. (3) Los miembros también pueden excluir de la patentabilidad a) los procedimientos de diagnóstico, terapéuticos y quirúrgicos para el tratamiento de seres humanos o animales; b) Plantas y animales, con excepción de microorganismos, y procesos esencialmente biológicos para la cría de plantas o animales con excepción de procesos no biológicos y microbiológicos. Sin embargo, los miembros prevén la protección de las obtenciones vegetales mediante patentes, un sistema sui generis eficaz o una combinación de ambos [...]».

88 Ver también Helfer (2004a), p. 1 ss.

Sin embargo, es cuestionable que esto suceda alguna vez, porque la tendencia al cambio de régimen se puede observar en la disputa sobre la legislación transnacional de patentes y sus formas funcionales de diferenciación y flexibilización[88]: Desde entonces, el Director General de la OMPI en octubre de 2001 había presentado su agenda de patentes de la OMPI, un «plan para un cambio en el sistema internacional de patentes», en un memorando[89] a la Asamblea General de los Estados miembros,[90] se puede observar que el sistema de la OMPI ha adquirido una nueva dinámica. En esencia, se negocia un complejo de tres contratos: (1) El Tratado sobre el Derecho de Patentes (PLT-Paten Law Treaty),[91] que fue adoptado en Ginebra en junio de 2000 y que se centra en la armonización de las normas procesales nacionales, en particular el procedimiento administrativo formal que conduce a la concesión de patentes; (2) El Tratado de Cooperación en materia de Patentes (PCT-Patent Cooperation Treaty), que fue adoptado en Washington en 1970 y que introdujo principalmente un sistema central de listas de patentes; (3) El borrador de un Tratado Sustantivo sobre el Derecho de Patentes (SPLT-Substantive Patent Law Treaty), que debería conducir a una legislación mundial de patentes uniforme, cuyo primer borrador fue discutido por el Comité Permanente de la OMPI sobre el Derecho de Patentes (SCP-Standing Committe on the Law of Patents) en mayo de 2002.[92]

Este proceso de la OMPI podría dar un giro completamente nuevo a toda la controversia sobre patentes y medicamentos. En el caso más extremo, deja obsoleto el acuerdo ADPIC. En el acuerdo ADPIC, solo se formulan los componentes básicos y mínimos requeridos de las leyes nacionales de patentes. El SPLT, por otro lado, determinará los límites superiores e inferiores globales y contendrá un conjunto de reglas claramente definidas sobre qué se puede patentar y bajo qué condiciones: la sustancia política de un posible sistema mundial de patentes.[93] Colisiones de régimen con normas de derechos humanos, y el sistema de la OMC, pero también el propio Comité Intergubernamental de la OMPI sobre Recursos Genéticos,

---

89 OMPI Doc. A/36/14.

90 Ver la autodescripción y los textos legales pertinentes de la OMPI: http://www.wipo.int/patent/agenda/en.

91 WIPO Doc. PT/DC/47.

92 Ver el resumen del sumario en OMPI el complejo derecho de patentes OMPI con: Correa y Musungu (2002), disponible en: http://www.southcentre.org/publications/wipopatent/toc.htm.

93 GRAIN (2002), disponible en: www.grain.org/briefings/?id=26; Barton (2004), p. 341 ss.

94 Quién también es responsable del informe de la OMS sobre cuestiones relacionadas con la

Conocimientos Tradicionales y Folclore y el Convenio de Jurisdicción de La Haya no están excluidos. Parece previsible que las disputas se intensifiquen. Las primeras líneas de conflicto surgieron cuando los funcionarios de la OMPI sugirieron que se incluyeran en el borrador del SPLT posibles exenciones, como las que podrían utilizarse para flexibilizar las patentes de productos farmacéuticos en virtud del artículo 27 del Acuerdo sobre los ADPIC. Carlos Correa[94] formula las diferencias entre los Estados Unidos por un lado y los Estados sudamericanos y Rusia o la Oficina de Patentes de Eurasia (EAPO)[95] por otro lado: «Otro tema importante que es planteado por algunos países en desarrollo (Brasil, Argentina y Guatemala, apoyado por la Federación de Rusia y los representantes de la EAPO), era necesario incluir el artículo 27.2 y 27.3 del Acuerdo sobre los ADPIC e incluir una disposición general que permita excepciones a la patentabilidad que se requieren para la protección de la salud pública y el medio ambiente. Estados Unidos y la industria de la biotecnología se opusieron a esta propuesta, particularmente en relación con plantas y animales, argumentando que el Acuerdo sobre los ADPIC toma en cuenta los requisitos mínimos de la OMC y que el SPLT, por otro lado, tiene como objetivo establecer un óptimo procedimiento a nivel internacional».[96]

En resumen: la forma específica de la legislación transnacional de patentes es contingente, al igual que el foro para la resolución de las respectivas colisiones de regímenes. En todas las constelaciones es importante ubicar el conflicto en su contexto social y reflexionar sobre las colisiones de racionalidad subyacentes. El área crítica de conflicto en el área de la cuestión de los derechos de patente de los medicamentos debe ser identificada por la contradicción entre las normas de racionalidad económica y las normas formadas en el contexto de la salud.[97] En este caso, se trata de adoptar normas abstractas y generales de incompatibilidad en la relación entre el sector empresarial y el sector salud y preparar las leyes de la OMPI, la OMC y las Naciones Unidas como parte de una legislación

---

Declaración de Doha; Ver: Correa (2000a); Correa (2000b), disponible en: www.southcentre.org/publications/publichealth/publichealth.pdf.

95 Erigido de acuerdo con el Convenio de Patentes de Eurasia (EAPC), que fue firmado el 9 de septiembre de 1994 por los primeros ministros de diez estados de la antigua CEI y entró en vigor el 12 de agosto de 1995.

96 Correa y Musungu (2002), disponible en: http://www.southcentre.org/publications/wipopatent/toc.htm; ver también Helfer (2004a), p.1 ss.; generell zur Regulierung im Bereich der Biotechnologie Ver: Stoll (2004), p. 261 ss.

97 Comparar: Teubner (2000c), p. 388 ss.; ver también Fischer-Lescano (2003b), p. 223 ss.

transnacional de patentes para responder a los conflictos destructivos entre lógicas de acción incompatibles. Este proceso de respuesta mutua se ha implementado en las decisiones de la OMC de 30 agosto de 2003, los archivos de implementación nacional pertinentes y las discusiones actuales dentro de la OMPI encontraron su última expresión por el momento.

No se tienen en cuenta las iniciativas desiderata normativas. En otras palabras: si la posibilidad de acceso a los medicamentos no mejora de manera sostenible como resultado de las medidas ahora decididas y los tratados de la OMPI previstos, el desarrollo de la legislación transnacional de patentes tendrá que reajustarse en lo que respecta a los productos farmacéuticos, ya sea a través de un otorgamiento transparente, procedimentalmente desagregado y económico del derecho a la concesión de licencias obligatorias, ya sea a través de un sistema de concesión de licencias o de exención de patentes graduado según la respectiva fortaleza económica, o ya sea a través de una regulación general, en la que se permita sacar a los medicamentos del área de protección de la legislación transnacional.

11

IUS COGENS VERSUS ORDEN PÚBLICO TRANSNACIONAL

Dado que no existe una autoridad jerárquica superior en el conflicto de normas entre regímenes, surge la pregunta de si los principios legales abstractos generales todavía pueden reclamar validez en un orden básicamente heterárquico de regímenes autónomos. La vigencia de un *ius cogens* en el derecho transnacional no es solo un problema para los regímenes políticos y regulatorios establecidos sobre la base del derecho internacional, sino especialmente para los regímenes privados autónomos. Hay dos posiciones extremas que hay que combatir aquí. Por un lado, las normas obligatorias a priori no tienen validez, y la estructura de lo que «no está disponible» no puede simplemente reflejar la superioridad del derecho internacional, ni un *ius cogens* jerárquicamente primordial,[1] ni la Carta de la ONU como constitución mundial, que tiene 103 artículos que penetran en todos los ámbitos de la sociedad[2]. Por otro lado, no es adecuado el «Hijacking» y el «Hayeking» de los derechos humanos y ambientales,[3] como se temía en el debate sobre la constitucionalización de la OMC, por parte de un régimen con una orientación particular. Ambas interpretaciones no sondean la profundidad del problema de un orden heterárquico.

Para el derecho mundial policéntrico, una subordinación jerárquica de los sistemas legales es tan inaceptable como la suposición de que los regímenes funcionales emergentes están tratando con sistemas autárquicos que operan en un vacío social global. En lugar de la coordinación por una instancia central, y en lugar de la autosuficiencia en regímenes cerrados, todo se reduce a una lógica de red

---

1 En este manifiesto sentido:Tomuschat (1997), p. 37 ss.

2 Al igual que: Fassbender (1998), p. 529 ss.

3 Ambas formuladas por: Philip Alston, in: Alston/Petersmann-Kontroverse: Alston (2002), p. 815 ss.

que combina dos requisitos opuestos. Por un lado, se debe tener en cuenta el reflejo autónomo y descentralizado de los nodos de la red y su compatibilización formulada de forma independiente con sus entornos humanos y naturales. Por otro lado, estas reflexiones deben estar interconectadas entre sí de tal manera que todos los regímenes puedan contrarrestar la posibilidad de asumir puntos de referencia comunes y un horizonte de significado abstracto necesario al que se refieren en su producción de normas. Hay que subrayar expresamente que este horizonte común de sentido no «existe», sino que es una ficción de todo régimen jurídico. Este horizonte ficticio de sentido del no dispositivo no se basa en una base textual común, no se ha encontrado una regulación del lenguaje común. Lo único que parece seguro es que el ius cogens en el sentido del artículo 53 de la Convención de Viena sobre el Derecho de los Tratados no puede expresar la *unitas multiplex* de regímenes autónomos porque sus prerrequisitos y consecuencias legales ya son controvertidos en el derecho internacional.[4] Lo que es aún más importante es que el artículo 53 de la Convención de Viena sobre el Derecho de los Tratados creó el acoplamiento estructural del derecho a la política y, por lo tanto, las especificidades de la protección de la diferenciación del sistema político global en los estados están conectadas con esta semántica, que en otros contextos sociales en los que ofertas como «orden público internacional», «están circulando normas obligatorias 'y' de orden público transnacional «que no tendrían ninguna función.[5]

Todos estos términos se refieren a diferentes formulaciones específicas de régimen de un bien común legalmente estandarizado. Aparentemente la unidad de estas fórmulas radica precisamente en el hecho de que el *ius non dispositivum* global no tiene un horizonte textual común de significado, pero la diversidad lingüística produce un esperanto global de derecho no dispositivo, que, en un proceso, el filósofo francés Deleuze describiría a Guattari como rizomórfico,[6] y que hace posible el supuesto contrafáctico de un núcleo común. Entonces, si se mantiene una referencia a diferentes fórmulas para el bien común en diferentes contextos de régimen, el problema decisivo no sería que los puntos de referencia tengan que armonizarse, sino que se estimulen los procesos de auto organización de los regímenes, cada uno con sus propias estandarizaciones. Desarrollar el

4 Zum Streit um enge y weite, sinnvolle y nicht-sinnvolle Auslegung: Paulus (2001), p. 352 ss.

5 Zum «internationalen ordre public»: Kälin (1994), p. 9 ss.; sobre «mandatory rules»: Voser (1996), p. 319 ss.; sobre «ordre public transnational»: Grigera Naon (1992), p. 65.

6 Deleuze y Guattari (1992), p. 5 ss.

ius non dispositivum global que haga justicia a las peculiaridades del respectivo contexto social. Esto se realiza mediante procesos muy diferentes: escándalo por parte de públicos parciales,[7] impulsos de la política internacional[8] y cooperación entre regímenes jurídicos autónomos.[9] Los conceptos de unidad de una fórmula de un bien común político global uniforme deben dar paso a conceptos múltiples de fórmulas de bien común relativo régimen.

Tercer ejemplo: Lex Constructionis

La *lex constructionis* y sus contratos estándar para proyectos de construcción transnacionales está dominada por un pequeño número de asociaciones de ingenieros bien organizadas:[10] La Federación Internacional de Ingenieros Consultores (FIDIC), la Federación Internacional Europea de la Construcción (FIEC), la Institución Británica de Ingenieros (ICE), la Asociación de Avance de Ingeniería de Japón (ENAA), el Instituto Americano de Arquitectos (AIA) y el Banco Mundial. La Comisión de las Naciones Unidas para el Derecho Mercantil Internacional (CNUDMI) y el Instituto Internacional para la Unificación del Derecho Privado (UNIDROIT) y varios bufetes de abogados internacionales también contribuyen al desarrollo de las normas jurídicas de la *lex constructionis*. Una forma típica en la que estos contratos, si es que asumen[11] aspectos ambientales, se encuentra en el artículo 4.18 del modelo de contrato FIDIC, que es básicamente común a los modelos de contrato de construcción y planta: «La parte contratante debe tomar todas las medidas razonables con el fin de proteger el medio ambiente (tanto a nivel local como nacional) y limitar los daños y perjuicios a las personas y la propiedad causados por la contaminación, el ruido y otras emisiones de sus actividades. El contratante deberá asegurarse de que las emisiones, desprendimientos superficiales y escorrentías de las actividades del contratante no excedan los valores indicados por los requisitos del empleador y no excedan los valores prescritos por las leyes aplicables».

---

7 Brunkhorst (2002), p. 212 ss. Fischer-Lescano (2005b), p. 67 ss. y p. 254 ss.

8 Ver, por ejemplo: Subcomisión de promoción y protección de los derechos humanos, Resolution v. 13.8.2003, UN Norms on the Responsibilities of Transnational Corporations and Other Business Enterprises with Regard to Human Rights, E/CN.4/Sub.2/2003/12/Rev.2; además: Campagna (2004), p. 1205 ss.

9 Sobre esto: El secretario general de la ONU, Kofi Annan, inició el Pacto Mundial: www.unglobalcompact.org; un inventario preliminar en: Rieth (2003), disponible en: www.uni-tuebingen.de/gk.globale-herausforderungen/papers.

10 Ver: Vec (2004), p. 93 ss.

11 El formulario modelo de la ENAA y el Contrato de Nueva Ingeniería de Ingenieros Civiles ni siquiera incluye una cláusula al respecto.

Incluso una mirada superficial muestra que el acuerdo contractual tiene como objetivo externalizar los costes medioambientales del proyecto global y la obligación contractual sólo se refiere a las medidas concretas de las partes contratantes cuyas propias emisiones deben ser «limitadas». Por regla general, los tratados no estipulan derechos humanos ni obligaciones ambientales adicionales. La respuesta de *lex constructionis* al dilema edificación-medioambiental se basa en una estrategia que intenta externalizar la responsabilidad de la regulación de los aspectos medioa mbientales de las actividades de construcción al ámbito no contractual de la ley del país anfitrión. Oren Pérez lo expresa de la siguiente manera: «El término 'asignación eficiente del riesgo' ilustra aún más cómo funciona esta lógica de externalización. Para maximizar su valor económico, se espera que el contrato proporcione a las partes un modelo de asignación de riesgos eficiente. Esto debe lograrse asignando ciertos riesgos a la parte que mejor pueda manejarlos».[12]

De las numerosas cuestiones jurídicas que plantea este ejemplo de régimen autónomo, cabe destacar aquí la cuestión de un *ius non dispositivum* global. Incluso si, en una decisión notable en el caso Furundzija, el Tribunal Penal Internacional para la ex Yugoslavia amplió el efecto jurídico del derecho internacional obligatorio en el sentido del artículo 53 de la Convención de Viena sobre el Derecho de los Tratados, al efecto de que contradecir el derecho nacional es inválido[13] y es obvio que esto también debería hacerse en el contexto de las normas formadas por la ONU[14] y la OMC[15], la eficacia del principio se desborda si se desea otorgarle efectos jurídicos directos dentro de regímenes de derecho privado como la *lex constructionis,* la *lex mercatoria,* la *lex digitalis* o la *lex sportiva.* Las posibilidades de expansión sustancial de los intereses legales protegidos por el artículo 53 de la Convención de Viena sobre el Derecho de los Tratados también están limitadas en el marco del proceso de elaboración del derecho internacional. Solo algunas partes de la Carta Internacional de Derechos, en las que se incluyen comúnmente los dos Pactos Internacionales de Derechos Humanos y la Declaración Universal de Derechos Humanos de la ONU,[16] han conservado la calidad del *ius*

[12] Perez (2004), p. 176 ss., aquí también a los detalles de la tecnología del contrato en la lex constructionis.

[13] ICTY, Prosecutor v. Furyzija, IT-95-17/1-T, Urteil vom 10. Dezember 1998, I.L.M. 38 (1999), 317 ss., 349 f., Ziss. 153 ss.

[14] Entre otros: Herdegen (1994), p. 135 ss., p. 156; Scott, Qureshi y Michell (1994), p. 1 ss., 59.

[15] Ver: Pauwelyn (2001a), p. 565.

[16] Aquí, además: Fischer-Lescano (2005b), p. 48 ss.; Dicke (2000), p. 13 ss., p. 36. Los tres textos internacionales que en conjunto componen la Carta Internacional de Derechos son:

cogens según el derecho internacional, y el artículo 30 de la la Convención de Viena sobre el Derecho de los Tratados, al abordar el problema de la generalidad y la especialidad en el derecho internacional de los tratados, difícilmente se puede esperar una aclaración en las relaciones interregionales.[17] Los procesos de jerarquización en el derecho global están claramente vinculados al régimen[18] y, como el TPIY (Tribunal Penal Internacional para la ex Yugoslavia), para sí mismos y por lo tanto también para otros, ha afirmado: «En el derecho internacional, todo tribunal es un sistema autónomo (a menos que se disponga lo contrario)».[19]

En lugar de una jerarquización poco realista de la ley global fragmentada, el establecimiento de una capacidad de respuesta intrarregional a sus entornos humanos y naturales debería por lo tanto ser forzado en general, eso significa que cada uno de los regímenes funcionales tendrá que elaborar su propio *ius non dispositivum*. Cabe esperar una mera interconexión con el artículo 53 de la Convención de Viena sobre el Derechos de los Tratados, especialmente si el régimen no ha creado su propio equivalente funcional. No debe olvidarse que el régimen organizativo de la ONU hasta ahora ha tenido dificultades para desarrollar su propio *ius cogen*.[20] El control legal de las resoluciones del Consejo de Seguridad por parte de la CIJ como principal órgano judicial del sistema de la ONU es muy limitado.[21] Esta división disfuncional de poderes dentro del régimen de la ONU, que interfiere con la autoorganización del derecho de la ONU, obstaculiza el desarrollo de un *ius non dispositivum* autónomo y, en algunos casos, incluso

Declaración Universal de Derechos Humanos, G.A. Res. 217A (III), ONU GAOR, 3d Sess., U.N. Doc. A / 810 (1948); el Pacto de Derechos Económicos, Sociales y Culturales, 993 U.N.T.S. 3 (vigente desde el 3 de enero de 1976); y el Pacto Internacional de Derechos Civiles y Políticos, 999 U.N.T.S. 171 (vigente desde el 23 de marzo de 1976).

17 Sinclair (1994), p. 94-96; sobre la OMC: Böckenförde (2003), p. 971 ss.; sobre el problema de la Convención de La Haya: Schulz (2003), disponible en: http://www.hcch.net/doc/jdgm_pd24e.pdf.

18 Ruffert (2000), 129 ss., 164: «dentro de una y de la misma organización internacional»; instructivo sobre esto: Helfer (2004b), p. 193 ss., p. 213 ss.

19 ICTY, Prosecutor v. Tadic, Decision on the Defense Motion for Interlocutory Appeal on Jurisdiction, IT-94-1-AR72, Ziss. 11, Entscheidung vom 2. Oktober 1995, I.L.M. 35 (1996), p. 32 ss.

20 Por ultimo: CIJ, Interpretation and Application of the 1971 Montreal Convention Arising from the Aerial Incident at Lockerbie (Libyan Arab Jamahiriya v. United States), Provisional Measures, ICJ Rep. 1992, p. 114 ss., y ICJ Rep. 1993, p. 3 ss.

21 Adicionamente: «Marbury-Moment» im Rahmen des UN-Regimes: Watson (1993), p. 1 ss., p. 45; Franck (1992), p. 519 ss., p. 638 ss.; Ver también: ICTY, Prosecutor v. Tadic, Decision on the Defense Motion for Interlocutory Appeal on Jurisdiction, IT-94- 1-AR72, Entscheidung vom 2. Oktober 1995, I.L.M. 35 (1996), p. 32 ss.

conduce a la doble falacia de que el diseño y el margen de maniobra del Consejo de Seguridad es tan grande que está sujeto al «control de la opinión pública, pero no de la ley».[22] Esto no solo no reconoce la dimensión legal en los procesos de escándalo global, sino que también aísla al régimen de la ONU del derecho internacional de paz general y deja sin reflejar las relaciones interdependientes entre el régimen y su entorno. Sus expectativas normativas no dispositivas entran en juego en particular «cuando el régimen especial demuestra ser disfuncional».[23] Si falta un *ius non dispositivum* separado y un acoplamiento estructural interno efectivo entre el derecho y la política, se puede asumir el efecto directo del *ius cogens* del artículo 53 de la Convención de Viena sobre el Derechos de los Tratados en el régimen de la ONU,[24] en palabras del juez de la CIJ Lauterpacht: «El concepto de *ius cogens* funciona como un concepto de mayor prioridad con respecto al derecho internacional consuetudinario y al derecho internacional de los tratados. El artículo 103 de la Carta de la ONU, que está a disposición del Consejo de Seguridad en caso de conflicto entre cualquiera de sus decisiones y un tratado efectivo, no puede aplicarse en el conflicto entre la resolución del Consejo de Seguridad y el *ius cogens* debido a la jerarquía de normas. De hecho, sólo hay que hacer la afirmación contraria, a saber, que una resolución del Consejo de Seguridad puede incluso requerir la participación en un genocidio para demostrar su inaceptabilidad».[25] El Tribunal de Justicia, en consecuencia, dictaminó en un fallo del 21 de septiembre de 2005 que con motivo de la cuestión de la legalidad de las medidas contra el financiamiento de grupos terroristas y que versaron sobre actos jurídicos de los órganos comunitarios con los que se implementaron las resoluciones pertinentes del Consejo de Seguridad de la ONU, decidió: «El derecho internacional permite, por tanto, suponer que existe un límite al principio del efecto vinculante de las resoluciones del Consejo de Seguridad: Debe observar las disposiciones fundamentales obligatorias del *ius cogens*. En el caso contrario, por improbable que sea, no vinculan a los Estados miembros de la ONU y, por tanto, tampoco a la Comunidad».[26]

22 Martenczuk (1996), p. 275.

23 Koskenniemi (2003), 10; Marschik (1997), p. 162 f.

24 Im Ergebnis ebenso unter anderem: Herdegen (1994), p. 156; Scott, Qureshi y Michell (1994), p. 59; Watson (1993), p. 1 ss.

25 CIJ, Juez Lauterpacht, voto disidente, Application of the Convention on the Prevention and Punishment of the Crime of Genocide, Provisional Measures II (ICJ Rep. [1993], p. 4 ss. (440).

26 EuGH, Rechtssache T-306/01, Juicio v. 21.9.2005, Ziss. 281.

A diferencia del régimen de la ONU, los regímenes económico, científico, técnico, médico, cultural y religioso tendrán que desarrollar cada uno sus propios puntos de referencia para los no disponibles. Este proceso también debe acelerarse en el marco de la *lex mercatoria*, de la que, la *lex constructionis* se ha independizado. Independientemente de la ley que los respectivos contratos de la *lex constructionis* declaren aplicables, e independiente de intereses nacionales especiales, que los representantes de la llamada teoría de la conexión especial también exigen fuera del estatuto contractual,[27] el surgimiento de uno es específico en el ámbito de la ley aplicable de la *lex mercatoria, erga omnes*, que ya no se basa en proyectos de política vinculados territorialmente. Esto significa que con referencia a la jurisprudencia Furundzija del TPIY, aplicando la teoría de la conexión especial y una reconstrucción del derecho internacional del Estado, el *ius cogens* siguiendo el artículo 53 de la Convención de Viena sobre el Derechos de los Tratados, se podría llegar a la conclusión de que los tribunales arbitrales tienen consecuencias ambientales y de derechos humanos sobre el diseño específico del contrato, también debe observarse como un *ius non dispositivum* específico. La *lex mercatoria*, sin embargo, ha producido su propia indisponibilidad y los tribunales arbitrales,los cuales deberán aplicar su propio orden público:[28] «Se reconoce generalmente que el árbitro puede negarse a aplicar ciertas convenciones de las partes en nombre de un bien común genuinamente internacional. Asimismo, para asegurar los principios que el tribunal arbitral considera como parte de un bien común transnacional o internacional, el tribunal arbitral debe decidir que tal norma está por encima de la voluntad de las partes. Debido al carácter transnacional de estas normas, no es necesaria una conexión entre el Estado que emitió las reglas vinculantes y el litigio».[29]

También debe tenerse en cuenta que el incumplimiento de la ley imperativa puede dar lugar a que la decisión no sea ejecutable.[30] Sin embargo, más importante y, en última instancia, más eficaz que tal impulso externo, es la jurisdicción inmanente al régimen del deber de los tribunales arbitrales, la obligación de los tribunales arbitrales. Reglas a observar.[31] Las posibilidades de este arbitraje le-

---

27 Voser (1996), p. 323 ss.

28 Ver solo: Mayer (1986), p. 274 ss., p. 287; Bucher y Tschanz (1989), p. 102 ss., p. 105.

29 Voser (1996), p. 323 ss.

30 Ver: United Nations Convention on the Recognition and Enforcement of Foreign Arbitral Awards, 10.6.1958, U.N.T.S. 38, Art. V(1)(c); ferner Posner (1999), p. 647 ss., p. 651.

31 Ver: Guzman (2000), p. 1279 ss., p. 1316 s.: «El uso del arbitraje puede conciliarse con la presencia de reglas obligatorias reconociendo que el árbitro y las partes de la transacción

gal vinculante para la generación del *ius non dispositivum* no están ni mucho menos agotadas dentro de la *lex mercatoria*, y debe recordarse en particular que desde el arbitraje el desconocimiento de las normas des *ius non dispositivum*,eso significa, por ejemplo, el principio de derecho ambiental del desarrollo sostenible o el estándar mínimo de derechos humanos, un reclamo del tercero afectado contra el tribunal arbitral, que consiste en replicar los reclamos de responsabilidad de los funcionarios nacionales y de terceros.

Sin embargo, una cuestión completamente diferente a la de la operacionalización jurídica apropiada del *ius non dispositivum* es la de la función de las referencias de valor en las operaciones del derecho. Existen innumerables referencias, por ejemplo, de la CIJ, a valores globales.[32] En primer lugar, esto manifiesta que el derecho no se limita a la validez jurídica, sino que, al referirse a valores «por encima de todas las valideces fluctuantes, puede reclamar un nivel de significado sobre la base necesaria - modernamente hablado- se formula: la libre convivencia».[33] La afirmación dentro de la doctrina de la comunidad internacional[34] de que se ha formado una referencia común a los valores es, por tanto, correcta, por un lado, ya que la existencia de la Carta Internacional de Derechos en particular muestra que la discusión sobre el universalismo de valores y el relativismo de valores está mal ligada. Porque uno solo tiene que mirar los catálogos para ver que un número abrumador de sujetos de derecho internacional se refieren a un número impresionante de esos valores positivos bajo tratados internacionales.[35]

Sin embargo, el trabajo del sistema legal comienza aquí y la cuestión de los valores universales y las personas - los catálogos de derechos humanos deben presentarse de manera diferente: ¿A qué (además de ellos mismos) se refieren estos valores?[36] Los valores no tienen ninguna implicación para decidir sus conflictos. Sólo es cierto que los valores positivos (libertad, paz, igualdad) deben ser preferi-

son muchachos por contrato e imponiendo al árbitro el deber de aplicar las leyes obligatorias en el cumplimiento de sus obligaciones contractuales. En su responsabilidad de árbitro, el árbitro está obligado a cumplir con sus responsabilidades, sujeto al requisito de que respete las normas imperativas, así como debe estar sujeto a cumplir un deber de buena fe. Al igual que el deber de buena fe, el deber de hacer cumplir las normas obligatorias no se puede renunciar contractualmente».

32 Verificación de la jurisprudencia de la CIJ: Tomuschat (1999), p. 23 ss., p. 46 ss.

33 Luhmann (1993), p. 527.

34 En detalle: Paulus (2001), p. 250 ss.

35 Zum Wertekonsens: Verdross (1964), p. 12; Verdross (1953/54), p. 129 ss., p. 139 ss.; ver también: Kadelbach (2004), 1 ss.

36 Luhmann (1995a), p. 229 ss.; Luhmann (1993b), p. 18.

dos a sus negaciones (falta de libertad, guerra, desigualdad).[37] Hay tan poca jerarquía consensuada de valores diferentes como exclusión mutua. Por eso, la referencia a la comunidad universal de valores sirve de poco, sobre todo porque la paradoja de la construcción del contrato social se repite en los catálogos: la fórmula difusa «los derechos de uno son deberes del otro» ahora encuentra una forma positiva en cláusulas como «todos tienen deberes» hacia la comunidad en la que sólo es posible el libre y pleno desarrollo de la propia personalidad. En el ejercicio de sus derechos y libertades, toda persona está sujeta únicamente a las restricciones que la ley establece con el único fin de asegurar el reconocimiento y respeto de los derechos y libertades de los demás y las justas exigencias de la moral, el orden público y la para satisfacer el bienestar general en una sociedad democrática. En ningún caso estos derechos y libertades podrán ejercerse en contra de los propósitos y principios de las Naciones Unidas.[38]

De esta forma, los catálogos apenas pueden proporcionar información en casos de colisiones de valores, es decir, precisamente en aquellos casos en los que los valores tienen que demostrar su relevancia práctica, sobre esto hay poco que decir, ya que pierden su valor directivo exactamente cuando es necesario, y viceversa: dado que las decisiones siempre se deben tomar cuando los valores imponen requisitos contradictorios, las decisiones permanecen sin regular.[39] A los abogados les gusta hablar de «ponderación de valores»[40] y «concordancia práctica».[41] Pero estas son fórmulas que solo tienen su unidad en que no revelan los resultados a los que conducen, que no dicen lo que no dicen,[42] y su efecto de ocultación en el contexto internacional se refuerza con conceptos como «margen de apreciación».[43] Esta fórmula tiene por objeto reflejar la autonomía cultural al ampliar el alcance de la discreción con respecto a la evaluación de las vulneraciones de los derechos fundamentales y las decisiones de conflicto.[44] Para ponderar las fórmulas de valor, practicar con-

---

37 El problema es que diferentes observadores dan al mismo valor a contenido diferente, ver solo: Chaumont (1970), p. 335 ss., p. 344.

38 Artículo 29 de la Declaración Universal de Derechos Humanos; ver también, artículo 19 numeral 3 del Pacto Internacional del Derechos Civiles y Políticos.

39 Luhmann (1993b), p. 20.

40 Pawlowski (1991), p. 378 ss.

41 Hesse (1999), Rdn. 72; sobre la reformulación de esta idea bajo el derecho internacional, ver: Blumenwitz (1999), 19 ss., 30.

42 Luhmann (1981b), p. 293 ss.

43 Brems (1996), p. 240 ss.; Rupp-Swienty (1999).

44 El Comité de Derechos Humanos de la ONU del CCPR también sigue en parte esta fórmula desarrollada por el Tribunal Europeo de Derechos Humanos, especialmente en lo

cordancias prácticas y decidir los casos de colisión, se requiere un sistema jurídico funcional en el que la referencia de valor pueda simbolizar entonces la unidad asumida de lo heterogéneo, pero en el que no es esta unidad, sino la diferencia entre el bien y el mal se utiliza para estabilizar las expectativas de comportamiento.

Por tanto, la distinción entre sistema y medio ambiente debe reemplazar el énfasis tradicional en la identidad de los principios o valores rectores. Las distinciones, no las identidades, permiten percibir y procesar la información. La nitidez de la distinción entre sistema y entorno es más importante que el grado de integración del sistema (sea lo que sea que eso signifique), porque los procesos morfogenéticos utilizan distinciones, no metas, valores o identidades, para formar estructuras emergentes.[45] En resumen: La «validez jurídica» de los valores en la sociedad mundial sólo puede observarse en el sentido de que están condensados en las operaciones del derecho, de que se falsifican como no disponibles, de que el derecho, es decir, la comunicación del derecho sobre el derecho, es un reflejo de los valores, principios y derechos fundamentales. Por lo tanto, las reglas legales, los principios básicos y los derechos humanos en la sociedad mundial no son a priori lo que se hayan acordado o puedan derivarse de la naturaleza o la norma básica de Kelsen, sino que estos artefactos del derecho se basan en operaciones en el centro y la periferia del derecho del sistema de comunicación global, se marca la diferencia entre el antes y el después, lo que cambia la ley de la sociedad mundial. De esta manera, se toman decisiones sobre la vigencia real de los valores, sus colisiones, concordancias, heterogeneidades y antinomias, sobre la compatibilización del disenso,[46] sobre lo indecidible en derecho, en el funcionamiento del ordenamiento jurídico.

Estas decisiones conflictivas y concordancias prácticas, sin embargo, debido a la diferenciación interna del derecho mundial, siempre se toman desde la perspectiva de un contexto normativo específicamente funcional. La «libertad» en el contexto de la ICANN (Internet Corporation for Assigned Names and Numbers) o el Pacto de Derechos Civiles y Políticos implica que uno puede lamentar esto moralmente, en contraste con la evocación de la «libertad de comer-

que respecta a la interpretación de las obligaciones de los Estados en materia de derechos humanos (Ver Benvenisti [1999], p. ss.). Otorga a los Estados un amplio margen de discrecionalidad en la implementación del pacto.

45 Luhmann (1990c), 175 ss., 179.

46 Hierzu Ladeur (1986), 265 ss., 273; ver también el trabajo de: Neves (1992), p. 42 ss.

cio» en el contexto del régimen de la OMC. Desde la perspectiva de un régimen, es importante no solo decidir sobre las colisiones entre diferentes valores, sino también mantener diferentes conceptos de libertad en diferentes regímenes compatibles entre sí.[47] La referencia a una «pista cohesiva»[48] de valores globales o incluso un «consenso abrumador»[49] , por lo tanto, no solo no tiene valor agregado operativo, sino que tampoco reconoce que no se trata de un consenso real en la comunidad internacional, sino de procesos de estandarización autónomos, descentralizados y fragmentados, cada uno de los cuales trabajan con sus propios supuestos de consenso, cada uno contiene sus propias referencias textuales, se refieren a cosas diferentes en diferentes contextos y, a través de una reentrada de racionalidades extranjeras, entran en sus propios procesos de desparadojación para fingir la conmensurabilidad de lo inconmensurable.

47 Comparar Chaumont (1970), p. 344.
48 Tomuschat (1997), p. 43.
49 Rawls (1996), p. 133.

12

MIRAR FIJAMENTE LAS DECISIONES VERSUS LA DEFERENCIA PREDETERMINADA

En lugar del efecto vinculante de las decisiones de la Corte Suprema, la lógica de la red en el derecho transnacional requiere que los regímenes autónomos establezcan relaciones de observación mutua.[1] En un sistema legal tan policéntrico, la seguridad jurídica no se logrará mediante un tribunal jerárquico en el centro del derecho. Es de esperar de manera razonablemente realista, que solo a través de la conexión interativa de decisiones judiciales con otras decisiones judiciales que siguen la tradición de los vínculos prejudiciales, pero que difieren de ella en puntos importantes, se producirá una incierta absorción.

Cuarto ejemplo: derecho penal transnacional

La práctica de las desapariciones ilegales es un fenómeno relativamente reciente. La técnica se dió por primera vez con Hitler, en el «Decreto de Noche y Niebla» del 7 de diciembre de 1941, esto se documentó como estrategia. El régimen nazi pretendía disuadir a la población de forma eficaz y sostenible mediante medidas que les mantengan en la oscuridad sobre la suerte corrida por las víctimas: «El efecto disuasorio de esta medida es: a) el hecho de que el acusado «desapareció» sin dejar rastro, b) en el hecho de que no se puede dar información sobre su paradero y su suerte».[2] Como técnica sistemática de represión estatal, la desaparición se utilizó en América Latina en los años sesenta y setenta. Guatemala y Brasil fueron las primeras dictaduras en utilizar la desaparición forzada. Poco tiem-

---

1 Slaughter (2003), 191 ss.; Burke-White (2002), p. 1 ss.

2 IMT, Vol. XXXVII, 570 págs. (575), de 7 de diciembre de 1941, explicación adicional de Keilel; Testimonio de Keitel en el único día del juicio de Nuremberg, 6 de abril de 1946: «Ayer también testifiqué que yo personalmente creía que la evacuación secreta era mucho más cruel para mí que una sentencia de muerte -Caso individual» (IMT, Volumen X, 702).

po después se sumaron Chile y Argentina.[3] La Comisión Interamericana de Derechos Humanos y la Comisión de Derechos Humanos de la ONU fueron las primeras instituciones internacionales en abordar el fenómeno desde una perspectiva de derechos humanos. El grupo de trabajo ad hoc de la Comisión de Derechos Humanos de la ONU, que se ocupó del procesamiento de las denuncias en relación con el golpe militar de Augusto Pinochet del 11 de septiembre de 1973, fue el primer organismo de la ONU en documentar una desaparición el 4 de febrero de 1976.[4] Un informe de la Comisión Interamericana de Derechos Humanos siguió poco tiempo después.[5] En ambas ocasiones se trató de la desaparición de Alphonse-René Chanfreau. Este caso sigue preocupando a los tribunales internacionales hasta el día de hoy, y no solo al juez de instrucción español Baltasar Garzón, que causó sensación en 2001 al emitir la orden de aprehensión contra Pinochet a víctimas españolas de la dictadura militar chilena, sino también, por ejemplo, al juez de París Roger Le Loire en el caso Pinochet por la desaparición de Alphonse-René Chanfreau, qué presentó una solicitud de extradición.[6]

Debido al gran número de casos en todo el mundo, la Comisión de Derechos Humanos estableció su primer grupo de trabajo relacionado con el delito en 1980. El grupo de trabajo sobre Desapariciones Forzadas e Involuntarias se estableció con la Resolución 20 (XXXVI) de 29 de febrero de 1980. En particular, se debió a la presión pública de las ONG.[7] En sus veinte años de existencia, el grupo de trabajo ha atendido alrededor de 50.000 casos individuales.[8] La práctica de las desapariciones forzadas es un fenómeno de proporciones universales. Hasta ahora, el grupo de trabajo ha tenido que

3 Para saber cómo estos dos países abordan estas violaciones de derechos humanos, ver: Barcroft (2005), disponible en www.asil.org/insights.htm.

4 Comisión de Derechos Humanos de la ONU, E/CN.4/1188, Ziss. 103; ver también: Tayler (2001), p. 62 ss.

5 Comisión Interamericana de Derechos Humanos, Second Report on the Situation of Human Rights in Chile, OEA/Ser.L/V/II.37 doc. 19 corr.1, 28. Juni 1976, en especial, Capítulo 7.

6 Ver caso Pinochet: Byers (2000), p. 415 ss.; Ambos (1999), p. 16 ss.; sobre la práctica de las desapariciones forzadas durante la dictadura de Pinochet Último informe Informe de la Comisión Nacional sobre Prisión Política y Tortura, noviembre de 2004, disponible en: http://www.servicios.gov.cl/comision; ver también Barcroft (2005), disponible en: unter www.asil.org/insights.htm.

7 Ver el primer informe de trabajo de la Comisión E/CN.4/1435, 26.1981; Schmitz (2001), p. 7 ss., p. 8; ver también el informe del grupo de trabajo, E/CN.4/1997/34, 13.12.1996.

8 Ver solo: E/CN.4/2002/79 y E/CN.4/1983/14; E/CN.4/1986/18/Add.1; E/ CN.4/ 1989/18/Add.1; E/CN.4/1990/13; E/CN.4/1991/20; E/CN.4/1992/18; E/CN. 4/ 1997/34.

ocuparse de casos de 90 países, cuya tasa de resolución es solo del diez por ciento. Los países con la mayor tasa de desapariciones inexplicables son actualmente Irak y Sri Lanka, seguidos de Argentina, Guatemala, Perú, El Salvador, Argelia, Colombia, Chile, Indonesia, Irán, Filipinas, Líbano, India, Sudán y México. Rusia, Yemen, Honduras, Marruecos, Etiopía, Nicaragua y Turquía.[9] Pero también pertenecen a este contexto las acusaciones contra Estados Unidos de haber secuestrado prisioneros de guerra en lugares secretos en la lucha contra el terrorismo.[10]

Lo que interesa aquí es cómo el sistema legal global se ocupa de la práctica de las desapariciones forzadas. Los casos plantean cuestiones legales difíciles, y una serie de tribunales no territoriales están involucrados en atar nudos gordianos, que a algunos les gustaría ver divididos por la espada de la política.[11] Los desafíos legales en la pregunta se pueden resumir de una manera simplificada qué jurisdicción determina qué delitos pueden ser juzgados en qué régimen bajo qué tratamiento de la cuestión de inmunidad. La discusión se abordó en detalle en otra parte.[12] El caso de desaparición forzada sirve como ejemplo de la transformación de las contingencias en el derecho penal internacional desde el punto de vista de la iteración y la absorción de la incertidumbre.

Una de las primeras decisiones para abordar específicamente el delito de desaparición forzada[13] es la decisión del Tribunal de Distrito de los Estados Unidos en el norte de California en el denominado caso Forti v. Suárez Mason, dado que no se le pudieron entregar casos precedentes, el tribunal inicialmente llegó a la conclusión de que no se podía establecer «que existe el grado requerido de consenso internacional que prueba una norma bajo el derecho internacional consuetudinario».[14] Pero los demandantes no estaban satisfechos

---

9 Ver por completo: Comisión de Derechos Humanos de la ONU, Informe de Manfred Nowak, E/CN.4/2002/71, 8. Januar 2002, Ziss. 6 ss., m.w.N. Sobre casos semejantes: en el año 2000 y 2001 Ver: E/CN.4/2001/68 y E/CN.4/2000/64.

10 Zur Anzeige gegen US-Militärs in der Byesrepublik: Fischer-Lescano (2005c), 72 ss.; speziell zu den Vorwürfen des Verschwindenlassens gegen US-Verantwortliche: Paust (2004), p. 79 ss.

11 Gegen «universal jurisdiction» por ejemplo.: Kissinger (2001), p. 86 ss.; gegen Immunitätsausnahmen y die völkerstrafrechtliche Entwicklung insgesamt: Kahn (1999), www.bostonreview.net.

12 Fischer-Lescano (2005b), p. 108 ss.; instruktive Zusammenfassung der dogmatischen Fragen y der Desiderata bei: Nowak (Anm. 9), p. 8 ss.; p. 25 ss.

13 Comparar con el comité CCPR: María del Carmen Almeida de Quinteros v. Uruguay, 107/1981 (17. September 1981), U.N. Doc. Supp. No. 40 (A/38/40), Ziss. 216 (1983); Maria del Carmen Almeida de Quinteros v. Uruguay, Az. 107/1981 (15. Oktober 1982), U.N. Doc. CCPR/C/OP/2, Ziss. 11 (1990).

14 U.S. District Court, Forti v. Suárez Mason, 672 f. Supp. 1531 (N.D. Cal. 1987).

con la decisión y, en el mismo caso, unos meses después el mismo tribunal se atrevió a una «nueva sentencia», basada únicamente en las opiniones literarias y la situación de la declaración política. Decidió: «Los juristas cuyas declaraciones fueron enviadas en relación con esta moción coinciden en que existe un consenso universal sobre los dos elementos fundamentales de una denuncia de desaparición forzada. [...] Los demandantes citan innumerables autoridades internacionales que apoyan la afirmación de que la desaparición forzada es una injusticia universal en el derecho de los pueblos».[15]

En el período que siguió, hubo multitud de sentencias por el delito de desaparición forzada. Por diferentes razones, esta cuestión se trató en una amplia variedad de regímenes, incluidos los tribunales nacionales, la Corte Americana de Derechos Humanos, la Corte Europea de Derechos Humanos y el Comité de Derechos Humanos para Bosnia-Herzegovina.[16] Además del surgimiento de una norma de prohibición transnacional, sí, incluso un *ius-cogens* - norma en el sentido del artículo 53 de la Convención de Viena sobre el Derecho de los Tratados con respecto a la desaparición forzada y la recepción de estas decisiones por los tribunales nacionales, las observaciones mutuas observables de los tribunales con las más variadas afiliaciones de régimen son particularmente notables.[17] Esto, explicitando, no siempre implica la creación de redes,[18] más frecuente es una co-

15 U.S. District Court, Forti v. Suárez Mason, 694 f. Supp. 707, 710 (N.D. Cal. 1987).

16 También todo lo siguiente: Corte Interamericana de Derechos Humanos, Caso Velásquez Rodríguez, 29. Juli 1988, Serie C, No. 4, insbes. Ziss. 153, I.L.M. 28 (1989), 294 ss.; später: Corte Interamericana de Derechos Humanos: Godínez Cruz/Honduras, 8097/ 1982, 20.1.1989; Caballero-Delgado y Santana/Colombia, 10319/1989, 8.12.1995; Blake/Guatemala, 11219/1993, 24.1.1998; Villagran Morales y Alcase/Guatemala, 11383/1994, 19.11.1999; Bámaca Velásquez/Guatemala, 11129/1993, 25.11.2000; Durán y Ugarte/ Peru, 10009 y 10078/1987, 16.8.2000; Trujillo Oroza/Bolivien, 26.1.2000; Corte Europea de Derechos Humanos: Kurt/Türkei, 24276/94, 25.5.1998; Kaya/Türkei, 22535/93, 28.3.2000; Cicek/Türkei, 25704/94, 27.2.2001; Zypern/Türkei, 25781/94, 10.5.2001; Comité de CCPR: Bautista de Arellana v. Colombia, Communication No. 563/1993, U.N. Doc. CCPR/C/55/D/563/1993 (1995); Comité de Derechos Humanos para Bosnia-Herzegovina: Palic/Republik Srpska, CH/99/3196, 11.1.2001; Unkovic/Bosnien-Herzegowina, CH/99/2150, 9.11.2001.

17 Ver por ejemplo la decisión de la Corte Suprema Argentina, Buenos Aires, 14.6.2005, Az. 17.768, disponible en www.mpf.gov.ar/Novedades/ Sim%F3n.pdf; sobre el curso del procedimiento comparar la decisión de Argentina. Byesgeichts, Az. 8686/2000, publicada en: *Revista Argentina de Derecho Constitucional* 2 (2001), 129 ss. (252); Comparar también la decisión de la Corte Suprema Chilena, 17.11.2004 (Az. 2182-98, disponible en: www.poderjudicial.cl), en el que el tribunal aprobó la ley de amnistía chilena de 1978 la cual fue derogada.

18 La primera de las decisiones mencionadas en la nota 16 supra se refería principalmente a declaraciones políticas. Sin embargo, las decisiones posteriores utilizan una técnica de derivación mutua. En el caso Bámaca Velásquez (nota 16), la AGMR cita en el punto 162

nexión más informal con la situación de transformación dada, que retoma los aspectos trabajados en las decisiones anteriores. La decisión de la CIJ en el caso de la orden de detención, en la que el tribunal se basa en diferentes exenciones de inmunidad para los funcionarios estatales ante los tribunales nacionales, dependiendo de si los delitos se cometieron en una función privada o pública,[19] solo se puede entender si se consideran las decisiones en los casos argentinos y en el caso Pinochet sabe, que esta diferenciación entre lo privado y lo público esconde un concepto normativo que niega el carácter de los delitos graves de derechos humanos como actividad oficial del Estado y por lo tanto los cataloga como privados.[20]

La pregunta, «¿cuándo no existe inmunidad ratione materiae para que las personas ratione personae sean consideradas inmunes?», se transformó en las decisiones de Pinochet, en particular por la Cámara de los Lores, en la diferencia entre lo privado y lo público, y la CIJ siguió esta diferencia, incluso si en el caso específico de un funcionario en ejercicio, ha emitido una orden de detención considerada contraria al derecho internacional.[21] Particularmente en la orden de arresto entre Bélgica y el Congo, se expresa que el derecho internacional ha llegado a una doctrina de inmunidad graduada al equilibrar los intereses legales de la protección individual (investigación y sanción de violaciones de derechos humanos, *aut dedere aut iudicare*) y la protección funcional del tráfico diplomático.[22] Esto intenta en-

---

ss. Por ejemplo, el TEDH y el comité CCPR. La AGMR con su decisión en el asunto Kurt v. Turquía citó al TEDH (nota 16) referida en esta decisión, entre otras cosas, a la jurisprudencia de la AGMR y del comité según el CCPR (Ver ECHR, Kurt c. Turquía [nota 16], punto 65 y s.). El Comité de Derechos Humanos de Bosnia-Herzegovina también se refiere al punto 91 ss. la decisión en el caso Unkovic / Bosnia-Herzegovina (CH / 99/2150, 9.11.2001) sobre, entre otras cosas, el TEDH y el Comité del CCPR.

19 CIJ, 14.02.2002, Caso de detención (Democratic Republic of the Congo v. Belgium), ICJ Rep. 2002, 121 ss., y I.L.M. 41 (2002), 536 ss., Ziss. 61.

20 Sobre la obligación jurídica conexa del aut dedere aut iudicare en lugar de todos: Tomuschat (2002), 315 págs.; sobre la cuestión de la relevancia de la legislación nacional de amnistía Slye (2002), 173 págs.; Recientemente sobre la prohibición de la inmunidad: Comisión de Derechos Humanos de la ONU, resolución del 21 de abril de 205, E / CN.4 / 2005 / L.10 / Add.17.

21 Sobre el caso Pinochet: (1) Sentencia del Tribunal Divisional: Augusto Pinochet Ugarte [1999], I.L.M., 68 págs. (Q.B. Div'l Ct. 1998); (2) Pinochet 1: R v. Magistrado de Becas Metropolitanas de Bow Street, ex parte Pinochet Ugarte, 3 W.L.R. 1456 (H.L. 1998); anulado por: (3) Pinochet 2: R v. Magistrado Estipendiario Metropolitano de Bow Street, ex parte Pinochet Ugarte (No. 2), 2 W.L.R. 272 (H.L.1999) y (4) Pinochet 3: R v. Magistrado de Becas Metropolitanas de Bow Street, ex partte Pinochet Ugarte, 2 W.L.R. 827 (H.L. 1999); Solicitud de transformación de la diferenciación entre actos privados / oficiales en: Cassese (2002), 853 ss., 869 ss.

22 IGH, Caso de detención, superior en 19; Ver el instructivo del sumario en: Akande (2004), 407 ss.

cajar ambos círculos legales de tal manera que ni la inmunidad diplomática ni la protección de los derechos humanos tengan que pasar a un segundo plano.[23] Uno de los procedimientos actuales que está actualmente pendiente entre Francia y el Congo en la CIJ se refiere a la cuestión de cómo afectará esta solución a las investigaciones preliminares. La CIJ aún no ha tomado una decisión final sobre este caso, a pesar de que ha rechazado la solicitud del Congo, contra cuyo ministro estaba pendiente una investigación preliminar francesa, de que se dicte una orden provisional. Dado que las investigaciones penales no obstaculizan las comunicaciones diplomáticas, no se puede suponer que los funcionarios estén inmunizados a este respecto.[24] Las cosas son diferentes cuando se trata de presentar cargos o una orden de arresto. En estos casos, los jefes de estado titulares (en principio y aparte de las exenciones específicas de cada régimen que, como normas especiales, como las obligaciones punitivas de los Convenios de Ginebra, derogan las normas generales de inmunidad)[25] no se aplican durante tanto tiempo cómo realizan su oficio. Con el fin del mandato cesa la inmunidad y también deben ser examinadas ante los tribunales las denuncias relativas a delitos contra los derechos humanos, que caen durante el mandato como ministro y deban ser valorados como ejercicio no público de funciones.[26]

También es digno de mención en este contexto que la CIJ deliberadamente omitió comentar sobre el principio del derecho universal en su decisión. Esto ha sido fuertemente criticado, especialmente por aquellos que han estado haciendo campaña por la trazabilidad universal de los delitos potencialmente sujetos a este principio durante años. Esta crítica encontró su expresión en gran parte en la opinión disidente del juez van den Wyngaert.[27] En general, cabe señalar que este principio de derecho universal es uno de los principios de jurisdicción internacionalmente reconocidos, además de la territorialidad (principio de hecho y efecto), la personalidad (activa y pasiva), el principio de protección y el principio de justicia penal sustitutiva.[28] Sin embargo, existen controversias sobre los delitos que cubre y, en particular, las cuestiones de si la aplicación del principio requiere un

---

23 Comparar: Bothe (1971), 246 ss.

24 Comparar: CIJ, Certain Criminal Proceedings in France (Republic of the Congo v. France), decision de 17.06.2003, www.icj-cij.org.

25 Tan acertadamente crítico con los argumentos de la CIJ: Day (2004), p. 489 ss.

26 Fischer-Lescano (2005c), p. 72 f.

27 IGH, Haftbefehlfall, obere Anm. 19, abweichende Meinung der Richterin van den Wyngaert.

28 Oehler (1983), p. 367 ss. y p. 497 ss.

acuerdo de tratado internacional, si el acuerdo de la Convención sobre el Genocidio es suficiente para la jurisdicción universal descentralizada, si el principio es consuetudinario en el derecho internacional para todas las violaciones. Se reconocen los derechos humanos fundamentales y si, además de pertenecer a estos delitos, se requiere una conexión legitimadora adicional (por ejemplo, la residencia del sospechoso en el estado del foro) o si el punto de contacto de conexión ya puede verse como perteneciente al grupo delictivo.[29] Las cuestiones de la duda se aplican menos a los crímenes de guerra, ya que los Convenios de Ginebra de 1949 se refieren explícitamente al principio de jurisdicción universal en caso de infracciones graves (ver únicamente el artículo 129 del Tercer Convenio de Ginebra),[30] y también pueden encontrarse en la Convención sobre el Genocidio en el artículo 6, la referencia a la competencia de un «tribunal penal internacional». Aunque no puede tomarse directamente de la redacción del acuerdo, este artículo 6 en particular se cita regularmente como la base de la jurisdicción universal en caso de genocidio. En el caso de los demás delitos tipificados en el derecho penal internacional, es controvertido si todos ellos también permiten la jurisdicción universal. La práctica de los tribunales a este respecto es incoherente;[31] el Tribunal Constitucional Federal tiende a considerar esto, contrariamente a una decisión de un tribunal inferior - Tribunal Supremo Federal (Bundesgerichtshoft),[32] en el punto de vista de que no se debería exigir legalmente otro punto de contacto.[33] El párrafo 1 del Código Alemán de Derecho Penal Internacional (Völkerstrafgesetzbuch-VStGB), que entró en vigor el 30 de junio de 2002, también amplía el alcance de la ley alemana en la República Federal de Alemania a todos los delitos penales internacionales mencionados en el VStGB, «incluso si el acto se cometió en el extranjero y no hay ninguno como referencia en el ámbito nacional».[34]

---

29 Vyver (1999), p. 5 ss.

30 Genfer Abkommen vom 12. August 1949 über die Behandlung der Kriegsgefangenen (BGBl. 1954 II 781; 75 U.N.T.S. 135, 150).

31 Zur Diskussion: Hans (2002), p. 357 ss.; Committee on International Human Rights Law and Practice (2000), 1 ss.; King (2001), p. 281 ss.

32 BGH vom 30. April 1999, 3 StR 215/98, NStZ 1999, p. 396 ss. El Tribunal Federal de Justicia de Alemania es el tribunal supremo en el ámbito de la jurisdicción ordinaria y, por tanto, la última instancia en materia civil y penal. Desde su creación en 1950, tiene su sede en el Palacio del Gran Duque Heredero de Karlsruhe.

33 BVerfG, 2 BvR 1290/99 vom 12.12.2000, Párrafo-Nr. 1-49, 38, http://www. bverfg.de. Ante esta cuestión, se vuelve a dejar la pregunta abierta por parte de la Corte Constitucional Alemana -BVerfG: BVerfG, Ibídem., Rdn. 44.

34 El poder legislativo ha restringido de manera estructurada la discrecionalidad del Ministerio Público, que de otro modo existe en el caso de delitos en el extranjero. El artículo § 153

Desde un punto de vista material, todos los delitos tipificados en el derecho penal internacional están, por tanto, sujetos a la jurisdicción universal. En general, se aplica al derecho penal internacional que la caracterización y punibilidad de los crímenes internacionales son independientes de cualquier ley estatal diferente y en conflicto.[35] Más bien, la clasificación como delito surge sobre la base de normas legales que han encontrado expresión en delitos penales establecidos en el derecho consuetudinario o contractualmente internacional. Si bien los principios de jurisprudencia descritos anteriormente otorgan competencias a los tribunales, pero la implementación nacional siempre es necesaria para que los foros descentralizados puedan ejercer la demanda penal del Estado, la responsabilidad penal en virtud del derecho penal internacional se deriva directamente de las normas jurídicas internacionales.[36] Estos delitos incluyen crímenes de guerra (artículo 8), crímenes de lesa humanidad, incluida la tortura, homicidios ilegítimos y desapariciones forzadas[37] (artículo 7), genocidio (artículo 6) y - el estatuto de la Corte Penal Internacional reúne los delitos de crimen de guerra de agresión (artículo 1, párrafo 1, letra d), aunque, aún no se han especificado las características del delito de guerra de agresión.[38]

En su decisión, en el caso de la orden de arresto, la CIJ habría tenido la oportunidad de comentar las cuestiones de duda relacionadas con la aplicación del principio del derecho universal. En términos procesales en particular, es controvertido si el principio requiere un punto de conexión adicional, en otras palabras, si el perpetrador debe estar domiciliado al menos en el respectivo estado del foro, y si una cláusula de subsidiariedad debería posiblemente aplicarse al principio de derecho universal, es decir, si la jurisdicción de los tribunales internacionales solo puede asumirse si los foros locales (técnicamente: «recursos locales») fallan.[39] La CIJ perdió la oportunidad de aclarar este tema. Los jueces a cargo de la deci-

---

f. Del Código Alemán de Derecho Penal Internacional, recientemente introducido en el procedimiento legislativo de la (Völkerstrafgesetzbuch-VStGB), establece la obligación de enjuiciar en caso de que el acusado se encuentre en Alemania o se prevea una suspensión de ese tipo; Para esto ver: Bothe y Fischer-Lescano (2005), p. 11.

35 Werle (2003), p. 39 ss.

36 Pella, UN Doc. A/CN4/39 (1950), p. 17.

37 Brownlie (1998), p. 308.

38 Críticas al intento de la CIT de sistematizar los crímenes del «Proyecto de Código de Crímenes contra la Paz y la Seguridad de la Humanidad» (Ver Informe de la CIT, A / 51/ 10, 1996, Cap. II [2], Secciones 46-48) Allain y Jones (1997), p. 100 ss.; sobre el delito de guerra de agresión aplicable en virtud del derecho internacional consuetudinario, comparar: Kreß (2003), p. 295 ss.

39 Muy explícita: Sentencia del Tribunal Supremo (Spanien) sobre el caso Perú por genocidio, Az. 712/2003, 20.05.2003, I.L.M. 42 (2003), 1200 ss.; bajo el punto 6 el tribunal negó la

sión hicieron público su disenso en declaraciones separadas, es decir, declaraciones positivas en el resultado y divergentes en el razonamiento. Esto se expresa en las razones dadas por el Magistrado Higgins y los Magistrados Kooijmans, Buergenthal, por un lado, y el entonces Presidente de la CIJ, Magistrado Guillaume, por el otro. El juez Guillaume, quien es uno de los principales defensores de la jerarquización del sistema judicial internacional,[40] pintó un panorama sombrío. La consecuencia del fortalecimiento del principio de derecho universal es una situación de caos judicial: «A diferencia de lo que defienden ciertos publicistas, tal desarrollo no representaría un avance en el derecho sino un retroceso».[41] El Magistrado Higgins y los Magistrados Kooijmans y Buergenthal respondieron cuestiones de eficacia: «También es bastante arriesgado esperar demasiado de una futura corte penal internacional a este respecto. La única alternativa confiable parece ser la posibilidad de iniciar un proceso en un tribunal extranjero cuando el sospechoso haya dejado el cargo de ministro de Relaciones Exteriores».[42]

Esta última es una evaluación seria, ya que los tribunales internacionales existentes solo tienen jurisdicción limitada en términos de hecho (TPIY y TPIR-Tribunal Penal Internacional para le ex Yugoslavia y Tribunal Penal Internacional para Ruanda), así como temporal (la CPI solo es responsable de los delitos después de su establecimiento) y debido a esto, la opinión del magistrado Guillaume establece el principio de coherencia de manera absoluta, sin reconocer que existen alternativas a una estructura del derecho paso a paso, que consiste en una red de decisiones judiciales y que toman en serio lo que ya formuló Hersch Lauterpacht, es decir, el funcionamiento del derecho en la sociedad. es «un proceso de cristalización gradual de la regla abstracta».[43] Con respecto a los procesos de instauración descentralizada en el derecho civil, Axel Halfmeier afirma con bastante razón que el futuro de la toma de decisiones legales en las condiciones de la globalización no está en un sistema centralizado de tribunales mundiales, sino en un mosaico descentralizado de decisiones civiles nacionales de tribunales sobre cuestiones

«necesidad» de un juicio en España, ya que actualmente los delitos están siendo procesados en Perú. Dado que los convenios pertinentes no incluyen tal cláusula de subsidiariedad, su validez jurídica es cuestionable.

40 Ver Guillaume (1995), p. 861 ss.

41 CIJ, Haftbefehlfall, obere Anm. 19, opinión separada del juez Guillaume, Ziss. 15.

42 CIJ, Haftbefehlfall, obere Anm. 19, opinión separada común de la jueza Higgins y del juez Kooijmans, Buergenthal, Ziss. 75.

43 Lauterpacht (1933), p. 255.

transnacionales. Actualmente se está desarrollando una ley civil transnacional a partir de estas decisiones descentralizadas con respecto a las violaciones de derechos humanos.[44]

La discusión sobre la fragmentación en el derecho internacional pierde el sentido si se enfoca en una posible solución jerárquica del problema. La teoría de redes contribuye a la idea de que la observación mutua de los nodos no se actualiza como un proceso colectivo de toma de decisiones y una toma de decisiones colectiva en la red general, sino solo como una secuencia iterativa de decisiones de nodos, que se utilizan como premisas de decisión en las decisiones de otros nodos. La pregunta decisiva entonces es: ¿Cómo se logra un efecto vinculante que convierta la mera observación externa en una observación interna en red? En la jurisprudencia, esta es la cuestión del efecto vinculante de los precedentes dentro de un contexto en red. ¿Existe un camino entre la Scylla de una vinculación legal global a través de prejuicios y la Caribdis de un concepto de precedencia que se basa en la mera persuasión o incluso solo en conceptos de método a armonizar?[45] De hecho, la «deferencia por defecto», es decir, la suposición de que las decisiones de los tribunales del régimen internacional tienen un carácter de precedentes entre sí.

Lo mencionado ya ha encontrado su camino en la práctica jurídica en la relación entre los tribunales nacionales y los tribunales de régimen,[46] por lo tanto, también debería ser requerido para los conflictos entre regímenes: observación mutua, consideración y discusión de las respectivas razones de la sentencia. Asimismo, en octubre de 2004 el Tribunal Constitucional Federal reajustó la relación entre los tribunales nacionales y el Tribunal de Justicia de la Unión Europea (TJUE).[47] La decisión del Tribunal Constitucional Federal debe ser criticada por el hecho de que el tribunal piensa en estructuras normativas jerárquicas y, en esta lógica, subordina las normas del Convenio Europeo de Derechos Humanos al derecho constitucional alemán.[48] Esta afrenta, ocasionó la defensa directa del presidente del CEDH (Corte Europea de Derechos Humanos).[49]

---

[44] Halfmeier (2004), p. 653 ss., p. 685.

[45] Así: Neumann (2001), p. 529 ss., p. 547.

[46] Un ejemplo reciente es la muy citada decisión de la Corte Suprema de EE. UU (Lawrence v. Texas, 539 U.S. 558 [2003]), en el que el tribunal se refiere a una decisión del Tribunal Europeo de Derechos Humanos (Dudgeon v. United Kingdom, Eur. Ct. H. R. 45 [1981], 52).

[47] Corte Constitucional Federal Alemana (BVerfG), 2 BvR 1481/04 vom 14.10.2004, BVerfGE 111, p. 307 ss.

[48] Más sobre esto: Mayer-Ladewig y Petzold (2005), p. 15 ss., p. 18.

[49] Schelte aus Europa. Entrevista con el presidente del Tribunal Europeo de Derechos Humanos, Luzius Wildhaber, *Der Spiegel* 47/2004, p. 50 ss.

Porque existe el riesgo de que después de la medición de fuerza entre el Tribunal de Justicia de la Unión Europea y el Tribunal Constitucional Federal Alemán desencadenado por el fallo de Maastricht del Tribunal Federal Alemán y la abundancia de literatura sobre la jerarquía de los tribunales constitucionales nacionales, el Tribunal de Justicia de la Unión Europea, pueda comenzar un nuevo debate sobre la subordinación.[50] Tal debate estaría verdaderamente desorientado, como se piensa en las categorías obsoletas de una estructura de instituciones paso a paso, donde en cambio se requeriría teoría y práctica de construir interdependencia a través de redes de actos de comunicación en derechos humanos transnacionales.[51] Marc Amstutz demostró esto en la relación entre el Tribunal de Justicia de la Unión Europea y los tribunales nacionales, utilizando el ejemplo de la jurisprudencia del TJUE sobre «interpretación conforme a la directiva».[52] Y en esta lógica, la provocación en la sentencia del Tribunal Constitucional Federal habría sido innecesaria si el tribunal hubiera tomado en serio el pluralismo normativo y se hubiera basado en la compatibilización de órdenes de validez heterogéneas. Ciertamente, este enfoque también se puede encontrar en la decisión del tribunal, incluso si la recepción pública de la decisión se superpone a la cuestión de la jerarquía. En particular, debe enfatizarse positivamente la doctrina del prejuicio esbozada por el Tribunal Constitucional Federal. El Tribunal instruye a los tribunales nacionales «a tener en cuenta la decisión del Tribunal de Justicia [de la Corte Europea de Derechos Humanos, el autor] en el ámbito interno, es decir, las autoridades competentes o los tribunales deben conocer claramente la decisión».[53]

En consecuencia, el Tribunal Constitucional Federal exige: «La obligación que genera la Ley de Consentimiento de tener en cuenta las garantías del Convenio Europeo de Derechos Humanos y las decisiones del Tribunal de Justicia exige al menos que los textos y sentencias pertinentes sean reconocidos e incluidos en el proceso de toma de decisiones de la decisión única del Tribunal, la autoridad competente o la legislatura. El derecho nacional debe interpretarse de conformidad con el derecho internacional en la medida de lo

---

50 De la inmensa abundancia de literatura sobre la relación del TJCE con los tribunales constitucionales nacionales, ver: Weiler (1996), 91 ss.; Mayer (2000), 19 ss. y 323 ss.

51 Con referencia a dicha decisión del Tribunal Constitucional de Byes, ver también: Zumbansen (2004), p. 1499 ss.

52 Amstutz (2003b), p. 213 ss.

53 Corte Constitucional Federal Alemana (BVerfG), 2 BvR 1481/04 vom 14.10.2004, Ziss. 50, BVerfGE 111, p. 307 ss. (324).

posible, independientemente de la fecha de su entrada en vigor».[54] En una decisión de diciembre de 2004, el Tribunal Constitucional Federal también ha dejado claro que el efecto vinculante de una decisión del Tribunal Europeo de Derechos Humanos se extiende a todos los órganos estatales y los obliga fundamentalmente a «a poner fin a la violación continua de la Convención» dentro del ámbito de su jurisdicción y a restaurar un estado de conformidad con la Convención. Los tribunales están obligados a considerar una sentencia que se refiera a un caso que ya han resuelto, si pueden volver a pronunciarse sobre el tema, si es procesalmente admisible, pueden tomar en cuenta la sentencia sin infracción material de la ley, el tribunal de manera comprensible decidirá sobre cómo el derecho fundamental en cuestión puede interpretarse de manera que corresponda a las obligaciones de la República Federal de Alemania en virtud del derecho internacional.[55]

Esta práctica más reciente de jurisdicción de precedentes transnacional en la República Federal tiene paralelos en muchos otros sistemas legales nacionales. Alford ha desarrollado una doctrina de precedentes para la relación entre los tribunales estadounidenses y los tribunales internacionales. Su enfoque diferencia entre diversos «modelos de deferencia», que comienzan con la jurisprudencia estadounidense relevante y; por lo tanto, ofrecen una imagen diferenciada de las opciones de incorporación. Las reglas de incorporación nacional reflejan la heterogeneidad del funcionamiento de los tribunales internacionales en el sentido de que los tribunales nacionales implementan reglas vinculantes graduales.[56] Estos modelos, aunque en parte, y especialmente, cuando se trata del proceso de concretización del derecho constitucional nacional, rinden tributo excesivo a las categorías de pensamiento estructuralistas normativas, las cuales tienen en comín la diferencia de orientación.

De hecho, esta parece ser una forma apropiada de vinculación para la práctica del derecho transnacional y una estrategia apropiada para reducir la interdependencia. El programa entonces no sería transformar relaciones más simétricas en asimétricas, ya que no es

---

54 Ibídem., Ziss. 48, Corte Constitucional Federal Alemana (BverfGE) 111, 307 ss. (324); Comparar también: Martinez (2003), p. 487 ss.

55 Corte Constitucional Federal Alemana (BverfG), 1 BvR 2790/04 vom 28.12.2004, Ziss. 28, impreso en: NJW 2005, p. 1105 ss. (1107).

56 Alford (2003), p. 675 ss., p.792 f., con amplia evidencia de la jurisprudencia estadounidense; la contra opinión aislacionista de derecha está representada por: Posner (2004), disponible en: http://www.legalaffairs.org/issues/July- August-2004/feature_posner_julaug04.html.

posible una jerarquización lógica de los puntos de toma de decisiones en el sentido de una asignación clara de cada conjunto de puntos de vista a puntos mutuamente excluyentes del sistema. Entonces, no se puede lograr una jerarquización de los puntos de decisión en el sentido de una clara coordinación de cada proposición de los puntos de vista exclusivos que se colocan en el sistema. En vez de eso, el sistema global podría ayudar por medio de una vinculación interna, una deducibilidad completamente lógica de las decisiones, a partir de la jerarquización de las instituciones judiciales, en el caso límite de absoluta independencia no puede ser garantizada.[57] Para simplificar los procesos internos de toma de decisiones y permitir diversas combinaciones de continuidad e innovación en el ordenamiento jurídico, la estabilización de una ley transnacional del precedente sería una solución adecuada.

La «deferencia predeterminada» es más débil aquí que la «stare decisis» del vínculo del precedente, ya que sólo prescribe un vínculo. Pero es más fuerte que un simple caso de precedente persuasivo, ya que solo permite desviaciones si hay una fuerte necesidad para justificar razones. Esto se vincula con el muy discutido fenómeno de absorción de incertidumbre en redes y organizaciones formales, es decir, con la aceptación regular de decisiones preliminares, a menos que existen razones convincentes para ello.[58]

Sin embargo, la presunción puede ser refutada, ya que todo «distinguir» o «invalidar» está sujeto a la obligación de justificar y legitimar. Como señaló el Tribunal Penal Internacional para la ex Yugoslavia (TPIY) en la decisión Celebici, el trasfondo de esto radica en el hecho de que la puesta en práctica del desiderátum de estabilidad y previsibilidad requiere que los tribunales tomen nota del estado general del derecho en la comunidad internacional, cuyos intereses sirven, para tenerse en cuenta adecuadamente.[59] Desde este punto de vista, incluso el Tribunal Penal Internacional para la ex Yugoslavia habría hecho todo bien en términos procesales en el caso Tadic,[60] cuando

---

57 Luhmann (1993), p. 252 ss. La garantía de representaciones referenciables (Grynorm / Constitución) no es, por tanto, un requisito previo para la implementación operativa del sistema legal, aunque es un punto de reflexión sensato como descripción del sistema en el sistema. (Comparar Luhmann [1993], p. 73 ss.).

58 Sobre eso ver: Luhmann (2000a), p. 189 ss.

59 The Prosecutor v. Zejnil Delalic, Zdravko Mucic, Hazim Delic, Esad Landzo (Celebici Case), Decision, IT-96-21-A, A.Ch., 20.2.2001, Ziss. 26; la decisión cita también la opinión separada del juez Shahabuddeen ien el caso Laurent Semanza v. The Prosecutor, Decision, ICTR-97-23-A, 31.5.2000, Ziss. 25

60 The Prosecutor v. Dusko Tadic, Judgment, IT-94-1-A, A.Ch., 15.7.1999, Ziss. 115- 145.

desarrolló el criterio de control efectivo que la Corte Internacional de Justicia (CIJ) había desarrollado en la decisión de Nicaragua v. USA para la asignación de la responsabilidad privada al Estado,[61] respecto de una nueva diferenciación, y declaró que la diferenciación de la CIJ es inaplicable en el caso específico, ya que no se trata de individuos desorganizados, como en la sentencia de Nicaragua, sino de grupos militares organizados. Y, de hecho, la real provocación de la decisión de Tadic no parece residir en la cuestión jurídica, sobre todo porque el TPIY tenía buenas razones para la interpretación restrictiva de los criterios de atribución, que solo tiene sentido en el contexto de la excepción a la violencia según el artículo 51 de la Carta de la ONU, para complementar una interpretación extensa requerida en el contexto de la responsabilidad individual dentro del ámbito de aplicación del derecho internacional humanitario.[62] La importancia de la diferencia entre el TPIY y la CIJ en el contexto del debate sobre la fragmentación no está, por tanto, justificada desde un punto de vista fáctico.[63] La discusión parece basarse en el hecho de que el TPIY considera la decisión de Tadic «con respeto» pero divergiendo en el asunto de que «la prueba de Nicaragua no es convincente»[64] e insistió en la decisión de Celebici de ser un «órgano judicial autónomo» que no tiene una «relación jerárquica» con la CIJ.[65] Sin embargo, contrariamente a lo que ha escandalizado a los defensores de una jerarquía global del derecho, esto no es una provocación y ciertamente no una revolución judicial, sino una forma de trabajo en red judicial a nivel global que se adapta a la complejidad.

---

61 CIJ, Military and Paramilitary Activities in and against Nicaragua (Nicaragua v. United States of America), Merits, ICJ Rep. 1986, 14 ss., Ziss. 115.

62 Esta es también la razón de la desviación de la prueba de control efectivo de la IGH en la decisión del caso Fiscal vs. Kvocak, Kos, Radfic, Zigic, Psac, Decisión sobre la defensa «Moción sobre procedimientos concurrentes ante el Tribunal Penal Internacional para la ex Yugoslavia y la Corte Internacional de Justicia sobre las mismas cuestiones», IT-98-30 / 1, 5 de diciembre de 2000.

63 Koskenniemi y Leino (2002), p. 566.

64 The Prosecutor v. Dusko Tadic, Judgment, IT-94-1-A, A.Ch., 15.7.1999, Ziss. 115.

65 The Prosecutor v. Zejnil Delalic, Zdravko Mucic, Hazim Delic, Esad Landzo (Celebici Case), Decisión, Case No. IT-96-21-A, A.Ch., 20.2.2001, Ziss. 24, 26.

13

LEY DE COLISIONES DE NORMAS VERSUS META LEY DE COLISIONES DE RACIONALIDAD

Hasta este punto, se han desarrollado argumentos que buscaban exclusivamente las posibilidades jurídicas para hacer frente a las colisiones de regímenes. Pero si se debate sobre estudios de ciencias políticas en las relaciones entre regímenes, se experimentará una importante alienación de perspectivas, tal como: la marginalidad del derecho en las colisiones de regímenes. Los abogados sobreestiman drásticamente el papel del derecho en la resolución de colisiones cuando piensan: ¡En última instancia las colisiones deben decidirse! ¡Y eso significa por ley! La tríada de términos de «interacción utilitaria», «normativa» e «interacción ideológica» de los regímenes, que se desarrolló en la ciencia política, deja claro, sin embargo, que tales cuestiones de inconmensurabilidad no deben ser percibidas exclusivamente como conflictos legales, sino como resoluciones de colisión de lugares sociales no legales, incluso no normativos.[1] El sistema económico no resuelve colisiones sociales con normas, sino con cálculos de costo / beneficio. La ciencia no desarrolla normas de colisión, sino ideas, teorías, investigación empírica, modelos de resolución de problemas para hacer frente a las colisiones sociales. La política utiliza el poder compensatorio y las negociaciones para resolver las colisiones. En resumen: Cada subsistema desarrolla sus propios mecanismos descentralizados con los que resuelve internamente colisiones con racionalidades ajenas.[2] En general, esto confirma la tendencia mencionada al principio, que da prioridad a los mecanismos cognitivos sobre los normativos.

---

1 Schramm Stokke (2001), p. 2 ss.; análisis adicionales del régimen de ciencias políticas: Gehring y Oberthür (2004); Winham (2003), p. 131 ss.; Meinke (2002), p. 30 ss.; Chaytor, Palmer y Werksman (2003), p. 1 ss.; Krasner (2004), p. 1075 ss.; Müller (1993), p. 46 ss.; sobre una solución política a través del cambio de régimen: Helfer (2004a), p. 1 ss.; desde una perspectiva política real y el escepticismo: Mearsheimer (1995), p. 5 ss.

2 Sobre las diversas resoluciones no jerárquicas de las colisiones discursivas, Teubner (1996d), p. 901 ss.

Esto impone nuevas demandas a los regímenes organizados en forma de tribunal. ¿Cómo puede adaptarse el derecho al hecho de que no solo los sistemas legales nacionales y los regímenes legales globales desarrollan resoluciones de colisión interna, sino también otros sistemas funcionales fuera de la ley? La respuesta sería una especie de ley de metacolisión que trasciende el derecho, es decir, una ley de colisión entre sistemas de tipo no normativo, que en el caso de las colisiones de regímenes ya no se refiere al derecho de diferentes regímenes, sino a las normas no legales de soluciones de colisión. Esa sería la juridificación paradójica de la desjuridificación de los choques de racionalidad: con tal norma de metacolisión, en lugar de decisiones de choque legal, la ley se refiere ya sea a negociaciones políticas, a soluciones descentralizadas a través de los mercados, al conocimiento científico o a la autorregulación social en los procesos de la opinión pública. Ciertamente, existen ejemplos de esta técnica de derivación en algunas áreas del derecho. La doctrina de las «cuestiones políticas» puede verse como un intento de la ley de evitar soluciones en la forma del poder judicial y, en cambio, recurrir exclusivamente a los procesos políticos para la toma de decisiones.[3]

Sin embargo, es importante no repetir los errores de las escuelas de derecho inspiradas en la *realpolitik*, que en la tradición de Hans Morgenthaus ontologizan lo político y derivan la consecuencia normativa de que habría disputas políticas que tendrían que quedar fuera del sistema legal per se. New Haven School, el culturalismo jurídico de Paul Kahn, pero también el trabajo de la «Nueva Generación de Becas Interdisciplinarias» en los Estados Unidos parecen reproducir este punto ciego de las teorías políticas clásicas del derecho. Al establecer, por ejemplo, que existen disputas transnacionales para las que *a priori* se descarta que se pueda encontrar una respuesta legal,[4] se relacionan con una formulación de Morgenthau, quien afirmó que la toma de decisiones políticas era la prioridad en su disertación: Las cuestiones políticas no deben decidirse legalmente sino políticamente; de lo contrario, una tensión política se verá influida por medios «que no están destinados en absoluto a este fin». Morgenthau incluso había afirmado haber encontrado evidencia científica de que las disputas no podían llevarse ante un tribunal: «Hemos podido demostrar que la división de las controversias internacionales

---

[3] Sobre «political question» Comparar Gruson (1988), 519 ss.; para «act of state doctrin» als Kollisionsnorm: Henkin (1967), 175 ss., 178-80; sobre «comity» in internationalen Institutionen: Perez (1998), p. 301 ss., p. 326 ss., y Wai (2005), p. 471 ss.

[4] Ver, por ejemplo: Kahn (1999), p. 1 ss.; ver: die grysätzliche Kritik de Koskenniemi (2000), p. 17 ss., y Fischer-Lescano (2005a), p. 313 ss.

en dos categorías, cuya capacidad de ser decidida por juicios es diferente, no en la arbitrariedad de gobiernos malintencionados o incompetentes, sino en una necesidad objetiva que puede ser probada por la ciencia, es la expresión de una situación concreta, empíricamente dada, que tiene su razón. Además, la difuminación de la línea divisoria entre estas dos categorías [...] no puede eliminarse con los medios de la tecnología jurídica, sino que también resulta necesario revisar el estado actual de las relaciones interestatales».[5]

La explosiva fuerza jurídica de esta afirmación y de las teorías políticas del derecho vinculadas a ella radica en que no solo se establecen actos de soberanía no justiciables, sino que también se otorga a la política la autoridad para decidir sobre la cuestión de la justiciabilidad y la no justiciabilidad. justiciabilidad. Morgenthau argumenta aquí de manera similar a Carl Schmitt, quien quería que los llamados «actos de gobierno político» en los sistemas legales nacionales fueran retirados de la verificabilidad legal.[6] Hans Kelsen destacó, documentada, entre otras cosas en los debates de la Asociación de Profesores de Derecho Constitucional Alemán, por la clásica posición contraria. Kelsen, que se opuso activamente a los intentos de usurpación política de Carl Schmitt y Heinrich Triepel,[7] había reconocido que la «teoría pura» (reine Recht) no es «pura» (rein)[8] en la medida en que las decisiones legales son decisiones no políticas.[9] Aquí, Kelsen fue más allá de la teoría schmittiana de la intensidad y vio que las comunicaciones en conflicto pueden verse de forma alternativa, política o legalmente. Afirmó: «Todo conflicto legal es un conflicto de intereses o de poder, toda disputa legal es, por lo tanto, una disputa política, y todo conflicto que se describe como un conflicto de intereses, de poder o político puede resolverse como una disputa legal».[10]

También la máxima de Hersch Lauterpacht, expresada ya en 1933, de que el Estado de derecho era «un requisito a priori de cual-

---

[5] Morgenthau (1929), p. 146 s.; den Gedanken verfolgte Morgenthau en su tesis de habilitación presentada en Ginebra en 1934, Ver Morgenthau (1934), 23 ss.

[6] Carl Schmitt (1994), p. 227 ss., p. 230, ver también: Morgenthau (1940), p. 261 ss.; con relación a esto: Morgenthau-Schmitt: Koskenniemi (2000), p. 17 ss.; Koskenniemi (2002), p. 465 ss.

[7] Ver la controversia entre Schmitt-Kelsen: Carl Schmitt (1996), passim; explicitamente sobre lo contrario: Kelsen (1968), 1873 ss.; Schmitts Intensitätsbegriff des Politischen wird präzisiert in Carl Schmitt (1930), p. 28 ss., 37; Ver: Maschke (1994), p. 286 ss., p. 287 s.

[8] Kelsen (1929), p. 30 ss. y p. 117 ss.; sobre la posición opuesta al concepto político de derecho: Triepel (1929), p. 2 ss.

[9] Ver también: Gerhardt (1984), p. 485 ss.

[10] Kelsen (1968), p. 1883.

quier sistema legal, no una descripción del derecho positivo»,[11] y su punto de partida, de que todas las controversias internacionales, independientemente de su gravedad,[12] muestran cuán incompatible es el concepto de transferencia legal de la competencia para la toma de decisiones de conflictos al entorno social con el argumento en la tradición de Schmitt y Morgenthau de que existen actos soberanos no justiciables.

En resumen: si se quiere comprender la juridificación de la desjuridificación, no se avanza con una ontologización de lo político. En cambio, es importante observar las paradojas lógicas de la formación del sistema social: el mundo se puede observar, tanto en términos de política fundamental como en términos de derecho fundamental, y economía fundamental. Un monopolio de una de las perspectivas conduce en última instancia a la totalización de un sistema funcional. Ésta es la lección de «Los derechos fundamentales como institución»: la multitud de sistemas funcionales diferenciados crea grados individuales de libertad y, si las tendencias destructivas de los sistemas pueden ser domesticadas con éxito, en última instancia, estipulan la posibilidad de la autoconstitución de individuos.[13]

El retorno legal de decisiones a otros sistemas debe entenderse como un asunto legal interno. Tanto la doctrina de las «cuestiones políticas» (political questions) como la del «acto de Estado» (acto of state) son ejemplos de autolimitación jurídica, que a su vez están sujetas a límites autodeterminados y autoimpuestos.[14] Como tales, estas operaciones jurídicas, son decisiones legales que incluyen la decisión de no tomar una decisión legal, sino de que el conflicto se resuelva en el entorno social. En la decisión de la Corte Suprema de los Estados Unidos en el caso Ricaud v. American Metal Co. expresó precisamente esto el juez Clark, cuando afirmó que tal decisión de desjuridificación «no es una tarea de jurisdicción, sino su ejerci-

[11] Lauterpacht (1933), p. 64.

[12] Lauterpacht (1933), p. 158; sobre ello «Lücken im Völkerrecht»: Fastenrath (1991), p. 213 ss.

[13] Luhmann (1997b), p. 67 ss.; sobre esto «Gryrechten als Institution»: Luhmann (1965), p. 186 ss.

[14] Luhmann (1997b), pág. 67 ss.; sobre esto «Gryrechte como institución»: Luhmann (1965), p. 186 p. Sobre estos límites de la autolimitación, por último, pero no menos importante, los fallos notables de la Corte Suprema de los Estados Unidos (Rasul et al. V. Bush y Hamdi v. Rumsfeld), 542 U.S. (2004), en el que todos los prisioneros (incluidos los ciudadanos no estadounidenses) en Guantánamo tienen derecho a un juez legal. El juez O'Connor ve la tarea de la ley en limitar los sistemas totalizadores (Hamdi v. Rumsfeld, 542 U.S. 2004, 29). Ver también la decisión de la Casa del Señor de 16 de diciembre de 2004, en particular Lord Bingham de Cornhill, (2004) UKHL 56, Ziss. 42.

cio».[15] En este sentido no se trata de un *quod liquet* judicial, sino más bien la aplicación de una mera norma procesal de metacolisión.

Luis Henkin tenía ideas similares en mente cuando aplicó la doctrina de «Ley de los estados» en un artículo ampliamente aclamado de 1967, concebido como una especie de ley de supercolisión.[16] Los problemas que plantea una sistematización de las decisiones de la Corte Suprema de los Estados Unidos con respecto a las figuras jurídicas «cortesía», «cuestiones políticas», «acto de Estado» y «autocontrol judicial» («comity», «political questions»«, «act of state» und «judicial self-restrain), y la aparente inconexidad de decisiones tan diversas, como: Banco Nacioanl de Cuba v. Sabbatino, Citybank v. Banco Nacional de Cuba, Dunhill v. Republica de Cuba und Kirkpatrick v. Environmental Tectonics Corp. International, tienen su causa más profunda en que los tribunales generalmente reducen su entorno social al sistema político de su propio estado-nación. Es por eso que la Corte Suprema de los Estados Unidos oscila de manera tan peculiar entre el supuesto de que la doctrina del «acto de estado» es un principio de «deferencia interna», es decir, que se trata de la relación interna de los poderes entre sí y, por otro lado, de la aplicación de un concepto más bien de conflicto de leyes.[17]

Si, por el contrario, ¿los sistemas jurídicos nacionales entendieran el argumento de que en los casos de conflicto de leyes no se trata sólo de la cuestión jurídica formal de «quis judicabit»?, sino de conflictos de racionalidad más profundos, se abriría una nueva perspectiva convencional relativa al conflicto de leyes y la operacionalización del retorno de las decisiones a la sociedad a través del derecho. La idea básica sería entonces: utilizar el potencial del control social autónomo a través de la desjuridificación legal y contenerlo procesalmente. Por ejemplo, Ladeur y Vesting han desarrollado sugerencias sobre cómo la ley debería relegar algunos conflictos de libertad de expresión a la autorregulación social.[18] Habrá que concebirlo de manera similar para las decisiones legales en el ámbito de las clásicas «cuestiones políticas».

En nuestro contexto de colisiones de regímenes, esta técnica de remisión debe utilizarse de forma sistemática, si se hace evidente

---

15 246 U.S. 304, 309 (1918).

16 Henkin (1967), p. 178-80.

17 Banco Nacional de Cuba v. Sabbatino (376 U.S. 398 [1964]), Citybank v. Banco Nacional de Cuba (406 U.S. 759 [1972]), Dunhill v. Republic of Cuba (425U.S. 682 [1976]) y Kirkpatrick v. Environmental Tectonics Corp. International (493 U.S. 400 [1990]); umfassende Nachweise bei Holstein (1998), p. 100 ss.

18 Ladeur (2000b), p. 67 ss.; Vesting (2000), p. 21 ss.

que la remisión judicial a otro régimen legal se ve finalmente desbordada y, por otro lado, aparece la resolución de colisiones en otros lugares de la sociedad, se ve prometedora.[19] Tal desjuridificación de las colisiones de regímenes no necesariamente tiene que convertir en «ilegal» el respectivo proceso de toma de decisiones. Es una práctica legal emergente hacer que la presentación de hechos sobre los desencadenantes de colisiones sociales dependa de los requisitos legales. Se desarrollarán normas procedimentales de procedimientos de solución cognitiva, que tengan como objetivo la escucha de otros intereses, la neutralización del poder, la justa conciliación de intereses y la orientación hacia el bien común en la resolución de colisiones sociales. Para tal intervención legal procesal, también existe una larga tradición de vincular normatividad y cognitividad. Los comités de ética son un ejemplo reciente de cómo las reglas procesales de derecho preestructuran el proceso de toma de decisiones en casos de racionalidades conflictivas.[20] Uno debería aprender de estas experiencias en el caso de colisiones de regímenes. Si los conflictos de régimen se llevan ante instancias judiciales, pero estas se niegan a tomar una decisión legal y remiten a procesos de negociación política, entonces deben a la vez aprovechar la oportunidad y ordenar una procesalización legal de los procesos de aprendizaje político sobre participación, requisitos de justificación, trámites procesales y derechos de audiencia.

Quinto ejemplo: Lex Financiaria

En noviembre de 2001, la República Argentina sufrió la peor crisis económica de su historia. Apenas un mes después, el gobierno argentino tuvo que declararse en concurso de acreedores respecto de los contratos de crédito internacionales. Esta fue la quiebra de acreedores públicos más grande del mundo en toda la historia. En este momento, la economía argentina había estado en una profunda recesión durante varios años. El producto nacional bruto disminuyó continuamente, en 2001 más de la mitad de la población argentina se encontraba con ingresos por debajo de la línea de pobreza[21] Incluso si la inflación pudiera mantenerse baja hasta 2001 debido a la convertibilidad del peso argentino al dólar estadounidense, la inversión internacional directa cayó alrededor del 90 por ciento en muy poco tiempo y el producto interno bruto disminuyó constantemente.

---

19 Ver también: die Forderung von Guruswamy (1998), p. 287 ss.
20 Además, en detalle: Calliess (1999), p. 224 ss.
21 IWF, Second Review yer the Stand-by Arrangement, 12. März 2004, p. 24.

La tasa de desempleo creció a alrededor del 20 por ciento. Argentina había tomado anteriormente repetidas medidas de consolidación económica. Desde abril de 1991, el tipo de cambio del peso estaba vinculado al dólar por el plan de convertibilidad y el tipo de cambio de las dos monedas se fijó en una relación de 1: 1. A fines de 1992 Argentina rubricó el Acuerdo Brady y con la inclusión de Argentina en el Plan Brady fue posible reestructurar los instrumentos de deuda emitidos en la década de 1980.

Los nuevos contratos llevaron inicialmente a una reducción de la deuda externa neta en casi un 50 por ciento, pero también trajeron el compromiso contraído con el Fondo Monetario Internacional (FMI) y otras organizaciones internacionales para privatizar empresas estatales, por ejemplo, en los sectores de la aviación y las telecomunicaciones. Luego de este proceso de reestructuración, comunicado en Argentina como la «solución definitiva al problema de la deuda»,[22] Argentina volvió a los mercados financieros internacionales bajo el gobierno de Carlos Menem. Como resultado, la deuda externa aumentó de manera explosiva de 1994 a 1999 sin que los datos del marco económico en Argentina hubieran mejorado de manera sostenible. Por el contrario, en los años 2000 a 2001 el acceso de Argentina a los mercados financieros internacionales se vio nuevamente bloqueado debido a que los indicadores financieros del país se habían deteriorado y, por lo tanto, las agencias calificadoras elevaron el riesgo país. Esto, a pesar de tres intentos (1) «blindaje», (2) «mega-canje «, (3) «préstamos garantizados», con el apoyo del FMI y otras instituciones financieras para evitar el colapso mediante una renovada reestructuración de la deuda, una masiva salida de depósitos bancarios forzada el gobierno de Fernando de la Rúa, para tomar medidas contra la salida de recursos hacia finales de 2001.[23] El gobierno respondió al problema principalmente congelando los saldos bancarios. Fue la última medida fiscal que tomó el gobierno

[22] Ver aquí la presentación instructiva de: Kulfas y Schorr (2004), p. 1 ss.

[23] Los intentos fallidos de estabilización incluyeron: «Blindaje» - blindaje: Este es un intento de estabilizar la moneda argentina a través de la ayuda financiera concertada (un total de 39,7 mil millones de dólares) del FMI (13,7 mil millones de dólares), Banco Interamericano de Desarrollo ($ 2,5 mil millones), Banco Mundial ($ 2.5 mil millones), España ($ 1 mil millones), bancos privados ($ 10 mil millones), inversores institucionales ($ 3 mil millones), canje de deuda existente ($ 7 mil millones); «Mega-canje» - gran conversión de deuda: numerosos bonos se cambiaron voluntariamente por bonos con plazos más largos y tasas de interés más altas; «Préstamos garantizados»« - bonos garantizados: El canje de instrumentos de deuda por bonos garantizados con tasas de interés más bajas debería haberse realizado en dos etapas (primero canje por acreedores nacionales y luego por tenedores de bonos internacionales). Sin embargo, debido a los hechos de diciembre de 2001, el segundo paso no se llevó a cabo.

de De la Rúa. Porque este paso afectó en particular a los pequeños ahorristas argentinos, quienes, a diferencia de la élite financiera argentina, no habían transferido a tiempo sus depósitos bancarios al exterior.[24] Esto exacerbó la crisis social y movilizó a miles. Las protestas del 19 y 20 de diciembre de 2001, que derivaron en saqueos y huelgas y en las que murieron unas 30 personas, obligaron a De la Rúa a dimitir. Su sucesor, el presidente interino Adolfo Rodríguez Saá, anunció luego el 23 de diciembre de 2001 la suspensión de pagos de la deuda externa. Sin embargo, este paso no calmó al público argentino. Millones se sintieron defraudados de sus ahorros. Las protestas continuaron y finalmente también obligaron a Saá a renunciar, el 30 de diciembre de 2001, después de solo ocho días en el cargo. El 31 de diciembre también dimitió el presidente del Senado, Ramón Puerta, por lo que el cargo de presidente interino recayó en Eduardo Camano, presidente de la Cámara de Diputados. Poco tiempo después, la presidencia pasó al peronista Eduardo Duhalde, ex gobernador de la provincia de Buenos Aires. Cinco presidentes probaron suerte en la crisis económica de Argentina en las últimas semanas de 2001.

Inmediatamente después de asumir el cargo, el gobierno de Duhalde presentó un proyecto de Ley de Emergencia (Ley N ° 25.561), que fue aprobada el 6 de enero de 2002.[25] El paquete de consolidación de Duhalde, como el de Néstor Kirchner, que sucedió a Duhalde como presidente en mayo de 2003 tras las primeras elecciones desde la crisis económica, incluyó toda una serie de cambios a nivel macroeconómico. En particular, se abandonó la paridad del tipo de cambio con el dólar y se implementó un sistema de tipo de cambio libre. En febrero de 2002 se decidió la pesificación de las deudas en dólares de los bancos locales y una política presupuestaria restrictiva. Pero el factor decisivo fue que, desde principios de 2002, la República Argentina dejó de atender sus deudas con los acreedores públicos y privados. La proporción de la deuda se elevó al 150 por ciento del producto interno bruto. En términos absolutos, Argentina adeudaba un total de 195.500 millones de dólares a acree-

[24] La fuga de capitales de las élites y empresarios argentinos en el período previo a la implantación del «corralito» es objeto de una comisión investigadora parlamentaria en Argentina (Comisión Investigadora de la Fuga de Divisas de la Honorable Cámara de Diputados) y actualmente está también en proceso penal en Argentina (Caso «Cavallo», CCCFed., Sala II, Juzg. Fed.n 2, Sec.n 4., Causa n 20.375) Además, en julio de 2004 la Cámara de Representantes de Italia aprobó el establecimiento de una comisión de investigación para examinar el papel de las instituciones italianas en el incumplimiento argentino tiene que investigar, ver Ley 14/3041.

[25] *Emergencia Pública y Reforma del Régimen Cambiario*, Ley No. 25.561.

dores públicos y privados nacionales y extranjeros en 2004. Corresponde al valor de las exportaciones argentinas por un período de cinco años o la renta tributaria por un período de 14 años. La situación parecía desesperada: «Argentina enfrentó un conjunto de desafíos económicos y financieros muy complejos. Los ingresos y el empleo estaban cayendo, el funcionamiento normal del sistema bancario se vió interrumpido, el gobierno no pudo pagar sus deudas y las monedas de sustitución estaban circulando en la economía. La crisis provocó importantes pérdidas económicas».[26]

Incluso una lectura superficial del ejemplo argentino deja en claro que los problemas en la *lex financiaria* y en su sector regulatorio de la arquitectura financiera internacional, que, como dice el FMI, «desde instituciones, mercados y procedimientos de gobiernos, empresas y particulares en la implementación de las actividades económicas y financieras»[27] siguen una lógica económica y al mismo tiempo tienen un componente genuinamente legal. En el área del derecho financiero transnacional, se hace evidente que la constitucionalización del derecho policontextural de la sociedad mundial no puede simplemente extrapolar las experiencias históricas que se han hecho en los estados nacionales con el imperio de la ley, domesticando el gobierno político a través de una Constitución.[28] La «limitación del soberano político» es sólo una dimensión constitucional entre muchas en la constelación posnacional. La economía, la tecnología y la investigación también requieren barreras constitucionales para frenar las tendencias destructivas de universalización. El «fin del Estado nación argentino»,[29] del cual leemos a raíz de la crisis económica, ilustra de forma dramática que las tendencias hacia la totalización de sistemas sociales más allá de la política a nivel social global pueden arruinar economías enteras y sus sistemas políticos.

De ninguna manera, es el caso, de que la ley sólo haya jugado un papel marginal en estos choques de racionalidades, o que «la divulgación de normas jurídicas fácticas en este contexto deba verse

---

26 Informe para el gobierno de Argentina y el FMI de un panel de expertos independientes: Hans Tietmeyer, Luis Angel Rojo, John Crow y Andrew Crockett, http://www.imf.org/external/np/sec/nb/2002/nb0280.htm; sobre el desarrollo del problema de la deuda y los diversos intentos de reestructuración en Argentina, ver de la extensa literatura: Hornbeck (2004), 1 ss.; Fritz (2004), 67 ss., 72 ss.; Kulfas y Schorr (2004), 1 ss.; Lischinsky (2003), 81 ss.

27 IWF, Progress in Strengthening the Architecture of the International Financial System, 21. Juli 2000, http://www.imf.org/external/np/exr/facts/arcguide.htm.

28 Teubner (1996c), p. 229 ss.

29 Manguel (2002), p. 28 ss.

como un juego de cuentas de cristal».[30] Al contrario. El ejemplo de la *lex financiaria*, en particular, muestra que el derecho ha sido -durante mucho tiempo- parte del problema ya que los actores financieros utilizan constantemente el derecho mundial para realizar sus transacciones económicas mediante formas intermedias híbridas de derecho bilateral y multilateral, privado y público en el derecho internacional y en actos jurídicos nacionales: «Vivimos en un mundo en el que surgen desafíos híbridos en una miríada (Myriaden-del griego 100 veces 100) de contextos específicos».[31] Uno de los ejemplos, que Mathias Reimann elige para esta tesis es la demarcación borrosa entre el derecho internacional y el derecho privado cuando «una empresa comercial presenta una demanda contra un gobierno extranjero, invocando este último inmunidad de jurisdicción, pero pierde el proceso porque no hay inmunidad estatal concedida para actividades económicas».

En última instancia, esto es exactamente lo que le está causando mayores problemas a la Argentina en la actualidad. Irónicamente, fueron los gobiernos argentinos de fines del siglo pasado quienes ayudaron a actualizar el derecho financiero global en estos temas. La fundación del procedimiento informal en el Club de París, en el que la reprogramación de la deuda entre estados acreedores y deudores se negocia de manera multilateral, se remonta a que el gobierno argentino tuvo que hacer frente a una situación económica desoladora que se encontraba cuando Perón fue derrocado en 1956.[32] En ese momento, los representantes de los acreedores se reunieron con Argentina bajo la presidencia francesa. Se incorporaron observadores del Banco Mundial, la UNCTAD (La Conferencia de las Naciones Unidas sobre Comercio y Desarrollo), el FMI y los bancos regionales de desarrollo. Bajo la influencia del entonces presidente francés Camdessus, el proceso se estableció como el foro principal para abordar la reestructuración.[33] El Club de París, responsable de los préstamos gubernamentales, coopera estrechamente con el pro-

30 A finales de la década de 1980, por ejemplo, Rudolf Dolzer criticó la falta de interés por las cuestiones del orden financiero global en la literatura jurídica internacional. (Dolzer [1989], p. 531 ss.,p. 532 f.).

31 Reimann (2004), p. 397 ss., p. 397; ver también: con respecto al llamado Comité de Basilea: Kerwer (2004), p. 205 ss.

32 El Club de París existe desde 1956. Sus miembros son los países de la Organización para la Cooperación y el Desarrollo Económicos (OCDE) y otros países acreedores. El Club de París tiene una secretaría permanente proporcionada por el Ministerio de Finanzas francés; ver www.clubdeparis.org/en; Details bei Rieffel (1984), p. 83 ss.; Hudes (1986), p. 451 ss.; Carreau (1985), p. 5 ss.

33 Bothe, Brink, Kirchner y Stockmayer (1987), p. 117 ss. y p. 132 ss.

ceso de votación informal, generalmente conocido como el London Club, en el que se reúnen alrededor de un centenar de grandes bancos mundiales. Por lo general, solo se trata de la reprogramación, si se ha llegado a un acuerdo en el marco del Club de París. A diferencia del Club de París, el Club de Londres no tiene una secretaría permanente y su composición se decide caso por caso de acuerdo con los bancos acreedores involucrados y su volumen de crédito.

Además del motivo del establecimiento de los dos «clubes», la República Argentina tiene otro hecho significativo para los países deudores actuales, una decisión de la Corte Suprema de Estados Unidos de 1992: el caso «República Argentina v. Weltover, Inc., 504 EE. UU. 607 (1992)» el cual hizo historia legal transnacional.[34] En ese momento, el tribunal falló una cuestión en el sentido técnico legal bajo la Ley de Inmunidades Soberanas Extranjeras de 1976 (FSIA). En esta ley, los estados están sujetos a la jurisdicción de los Estados Unidos, siempre que el acto en cuestión esté «en conexión con una actividad económica» y tenga un efecto directo en los Estados Unidos. La decisión en el caso Argentina vs. Weltover ha ganado importancia más allá del sistema legal estadounidense, ya que fue una de las decisiones iniciales que en el derecho internacional actual sobre las actividades económicas de los actores estatales ya no se consideran como *acte iuris imperii* en términos legales. Más bien, ahora se las considera una acción «privada», lo que tiene consecuencias de gran alcance en las opciones para otorgar derechos de inmunidad. El caso de Argentina v. Weltover, sobre la forma de privatización de sujetos de derecho internacional, se ha establecido posteriormente en el derecho comercial transnacional y ha llevado a la consolidación de la norma del derecho internacional consuetudinario según la cual los Estados pueden gozar de inmunidad de ejecución, es decir, que los edificios de su embajada están a salvo de las medidas de ejecución, pero que en el caso de *actae iure gestionis*, es decir, actividades comerciales estatales, no se concede inmunidad de jurisdicción y es posible dictar condenas ante los tribunales civiles de otros estados.[35]

---

[34] Abgedruckt in I.L.M. 31 (1992), p. 1220 ss.; ver también: Gohlke (1995), p. 261 ss.; Lew (1994), p. 726 ss.

[35] Las cuestiones de inmunidad de jurisdicción deben separarse de las de inmunidad de ejecución. El Tribunal de Distrito de Berlín-Mitte interpuso la apelación de Argentina al principio de inmunidad del derecho internacional en los procedimientos de ejecución en septiembre de 2003 en un escrito ante la BVerfG (auto de sometimiento de 10.09.2003 - Az: 32 M 4833/03, NJW-RR 2003, 1713). Por lo tanto, la renuncia a la inmunidad de ejecución, que Argentina pronunció en los contratos de préstamo, es generalmente ineficaz en virtud del derecho internacional. Deberían haber sido nombrados bienes específicos respecto de los

En términos prácticos, sin embargo, ya no son solo los países deudores los que deben ser tratados como acreedores privados en el sentido de la ley de inmunidad, también hay tendencias por parte de los acreedores a privatizar lo que antes era de propiedad estatal: una proporción creciente de los acreedores son actores sociales. Entre el primer default de Argentina, que condujo a la fundación del Club de París en 1956, y Argentina v. Weltover hay más de treinta años, durante los cuales Argentina estuvo gobernada en gran parte por dictaduras militares. La última dictadura llegó a su fin en 1983. El gobierno sucesor democrático del presidente Alfonsín estuvo expuesto a inestabilidades políticas internas. En términos de política exterior, trató de evitar una gran afrenta. Por lo tanto, en ningún momento afirmó que las deudas que sus gobiernos dictatoriales predecesores habían contraído en nombre de Argentina y que al menos en parte sirvieron para financiar una junta que violó los derechos humanos y para recaudar fondos para la conducción de un conflicto armado interno eran inválidos. Esto desde un punto de vista jurídico no habría sido inaceptable.[36]

Sin embargo, el gobierno democrático sucesor de la última junta argentina había decidido no cuestionar legalmente el aumento de la deuda nacional de casi 8 mil millones a 46 mil millones de dólares durante el período de la junta. Los bonos continuaron siendo pagados, lo que rápidamente llevó al gobierno a incumplir sus pagos. En 1986, se decidió suspender los pagos y comenzar a reprogramar las negociaciones. Argentina fue uno de los veintiún países que participaron en el Plan Brady de 1989. El gobierno de Estados Unidos había presionado a los grandes bancos para que aceptaran las condiciones de reprogramación de la deuda. Sin embargo, no todos los acreedores privados participaron en la reestructuración,[37] y, por lo

cuales Argentina renuncia a la inmunidad. Compare también: CDI, Comentario, Anuario de la CDI 1991 II [2], 59, y Anuario de la CDI 1991 II [2], 12 págs. En este contexto, el AG Berlin-Mitte, formulado como una cuestión prejudicial, «qué requisitos son el derecho internacional consuetudinario que complementa las Convenciones de Viena y junto con ellos el derecho diplomático como un› régimen autónomo ‹(Comparar BVerfGE 96, 68 [83] = NJW 1998, 50), solicita una renuncia a la inmunidad en relación con la ejecución en las cuentas de la embajada». Sobre las cuestiones jurídicas, ver: Bothe, Brink, Kirchner y Stockmayer (1987), p. 96 ss.; Delaume (1997), p. 476 págs.; Tietje (2005), p. 9 págs.; en el proceso alemán contra Argentina, ver también: la decisión ya no vigente del Tribunal Regional de Frankfurt, sentencia del 14 de marzo de 2003 - 2/21 O 294/02.

36 Porque de acuerdo con la regla del derecho internacional de las «deudas odiosas», los contratos de deuda que concluye un régimen dictatorial y que sirven para financiar crímenes de derechos humanos no vinculan al colectivo de estados, ver: Fischer-Lescano (2004b), 88 ss.; locus classicus zur Odious Debts-Doktrin: Sack (1927), 17 ss.; ver también: Frankenberg y Knieper (1983), 569 ss.; además: Kremer y Jayachandran (2002), 1 ss.

37 Madrid (1990), p. 106 ss.

tanto, Argentina en la decisión Weltover, que fue de 1981, fue condenada a pagar una fianza emitida bajo la junta. Ya en este punto se volvió virulento el problema de que la reprogramación de la deuda de los deudores estatales se hace mucho más difícil porque están expuestos a un grupo jurídicamente heterogéneo de acreedores transnacionales. Esta tendencia se intensificó con la introducción de los bonos Brady. A mediados de la década de 1990, más de la mitad de los bonos del mundo estaban en manos de acreedores privados.

En resumen: en el caso del régimen concursal transnacional, se trata de un proceso que engloba las tradicionales contradicciones entre «privado» y «público», derecho internacional y derecho internacional privado, individuos y estados, es decir, que trasciende entre «lo individual, estatal / sistémico y estructural».[38] El régimen de insolvencia transnacional como parte de la lex financiaria con sus propias reglas secundarias se forma en una red entrelazada de deudores soberanos, acreedores soberanos, acreedores privados e instituciones mutilaterales (FMI, Banco Mundial) en forma formal (FMI) e informal (París y Londres). Club) procedimientos. Las cuestiones discutidas en los distintos regímenes siempre se refieren a la misma situación de colisión de fondo, por lo que los textos legales a los que se hace referencia en cada caso aparentemente no ofrecen más que el marco comunicativo para la disputa sobre la validación de las respectivas normas de conflicto de leyes. Independientemente de si el problema del derecho de la insolvencia se presenta «ante un tribunal de los Estados Unidos o el Reino Unido, un tribunal internacional de quiebras o una organización internacional de desarrollo»,[39] siempre se trata del mismo conflicto global básico: la racionalidad económica v. derechos humanos y soberanía del Estado-nación.

Para desactivar esta colisión, las diversas instituciones y estados nacionales han desarrollado un nivel de acción impresionante que también ha revivido una vieja discusión sobre un procedimiento de insolvencia formal y global.[40] Tanto el Gobierno Federal como el FMI están ganando un apoyo cada vez mayor a la idea de un sistema estatal de insolvencia con un tribunal de quiebras global

---

38 Wiener, disponible en: http://www.kent.ac.uk/politics/research/kentpapers/wiener1.html

39 Fisch y Gentile (2004), p. 1043 ss., p. 1113; sobre las cuestiones básicas ver el instructivo trabajo de: Pogge (2002), p. 91 ss.

40 Un buen resumen en: Rogoff y Zettelmeyer (2002), p. 1 ss.; ver también la contribución de: Christoph Paulus, que surgió de un estudio encargado por el Ministerio de Cooperación y Desarrollo Económicos: Paulus (2002), p. 725, ss., m.w.N.; además: Falcone (2004), p. 357 ss.

en el centro.[41] Muchas ONG llevan pidiendo esto durante mucho tiempo. Las iniciativas de alivio de la deuda hasta la fecha, como el procedimiento de consenso sobre el alivio de la deuda para los países pobres muy endeudados (HIPC-heavily indebted por comunities),[42] no llegan lo suficientemente lejos. Por lo tanto, exigen una formalización del procedimiento y una disociación de la influencia política para otorgar un derecho legal al alivio de la deuda. En ausencia de dicho foro, numerosas ONG llevaron a cabo de inmediato sus propios procedimientos, que se basan en la tradición de los llamados tribunales rusos.[43] Como parte de esto, el Tribunal Popular Internacional dictó una sentencia en Washington el 18 de abril de 2002, basada en audiencias anteriores en el Foro Social Mundial en Porto Alegre. El Tribunal declaró «(i) que las deudas del sur con el norte son ilegítimas y de hecho ya han sido pagadas varias veces; (ii) que la dependencia de la deuda [...] conduce a condiciones económicas y políticas que terminan en el desempoderamiento social, que se acumula en un proceso progresivo de genocidio económico y social; (iii) que además de ser censurable por motivos morales y humanitarios, constituye una violación del derecho internacional vigente». Por ello, la sociedad civil constituida en el Tribunal Popular ha declarado: «(1) Todas las deudas externas que sean ilegítimas y legalmente inexistentes deben ser canceladas de inmediato. (2) A cambio de la prosperidad que fue transferida ilegítimamente del sur al norte, los países del sur deben recibir una compensación razonable; Se establecerá una comisión de deuda global para determinar el tamaño y el tipo de pago. (3) Dado que el poder antinatural está relacionado con un tamaño y alcance injustificados, los bancos, instituciones financieras, empresas industriales y otros actores económicos que controlan las ganancias deben ser desintegrados y su poder debe ser restringido para permitir que el proceso de crecimiento se repita excluir las deudas ilegítimas. (4) Las instituciones internacionales que participan en la coordinación, supervisión y garantía del flujo de la deuda, como el FMI y el Banco Mundial, deben ser eliminadas y sus tareas deben

---

41 Krueger (2002); ver Fischer-Lescano (2004c), p. 195 ss.; ver también: die Dokumentation des *International Insolvency Institut*: www.iiiglobal.org.

42 Ver: www.worldbank.org/hipc y IWF, Die Logik der Schuldenerleichterung für die ärmsten Länder, September 2000, Az. IMF 00/07; zuletzt: IMF/World- bank, *Heavily Indebted Poor Countries (HIPC), Status of Implementation*, 20. August 2004, disponible en: www.imf.org.

43 Sobre el Russell-Tribunalen, ver Rigaux (1995), p. 142 ss.; zu zivilgesellschaftlichen Entschuldungsinitiativen: www.odiousdebts.org; www.jubilee2000uk.org y www.erlassjahr.de

ser llevadas a cabo por instituciones internacionales administradas democráticamente».[44]

En principio, se abordan todos los problemas planteados por la *lex financiaria*. Por supuesto, la decisión del tribunal social es solo una decisión puntual en el contexto de un proceso de significación contingente sobre el tratamiento del problema de la deuda global y los actores acusados de genocidio económico no están pensando en someterse al juicio del tribunal de los pueblos. En cambio, intentan adaptar sus estructuras a la situación económica global, en otras palabras, reaccionan a la situación del problema social intentando reformular su relación con los *altera pars* internamente, en cada régimen y en su propio idioma.[45]

Anne Krueger, del FMI, justificó los esfuerzos para iniciar procedimientos de insolvencia estatal, entre otras cosas, con los peligros de la situación actual: «Esto puede imponer costos económicos innecesariamente elevados a los países deudores; puede socavar el valor de las reclamaciones del prestamista; y puede llevar a la comunidad internacional a una confrontación entre el incumplimiento unilateral perturbador o el abandono de los prestamistas privados, y agregar riesgo moral. El problema surge en gran parte de la forma en que han evolucionado los mercados internacionales de capital durante las dos últimas décadas. Los mercados de capitales están más integrados y se ha producido un cambio de los bonos bancarios sindicados a los bonos privados. Como resultado, los deudores soberanos otorgan cada vez más deudas a diferentes jurisdicciones utilizando una variedad de instrumentos en relación con una variedad de diferentes prestamistas».[46] Una comisión independiente de expertos certificó que FMI y al Banco Mundial, cometieron errores en la gestión de crisis durante el manejo del default argentino al ignorar importantes condiciones marco: «No se utilizaron herramientas analíticas existentes para evaluar adecuadamente la vulnerabilidad, no se investigó a profundidad. [...] El FMI carecía de una base objetiva para abogar por un cambio fundamental en el marco político, a través de la devaluación, la reestructuración de la deuda, o muy

44 18.04.2002, Final Judgement des International Peoples' Tribunal on Debt, disponible en: www.jubileeusa.org/international_partners/peoples_tribunal.html.

45 En el FMI y Banco Mundial, bajo la primacía de la lógica económica, se incrementan los esfuerzos para incluir principios de sostenibilidad y equilibrio social condicionando los préstamos (Ver solo: FMI y Banco Mundial, declaración conjunta de Horst Köhler y James Wolfen-sohn [5. Septiembre de 2000], disponible en www.imf.org; sobre condicionalización Ver Michaelis [2003], 81 págs.).

46 Krueger (2002).

probablemente ambas, y para hacer cumplir esta evaluación contra las autoridades y los accionistas».[47]

Y, por supuesto, toda una serie de otros regímenes están dedicados a las cuestiones centrales de la lex financiaria y los problemas de pobreza y hambre que resultan de los incumplimientos de los estados nacionales. Si bien para el FMI la principal preocupación es la funcionalidad y adecuación ambiental del sistema financiero internacional, su «Programa de Vínculos»[48] es un programa de financiamiento enriquecido con algunos derechos humanos y ambientales, los tomadores de decisiones en otros contextos de regímenes se enfocan en sus racionalidades específicas. En el ámbito del régimen de derechos humanos y el régimen de la ONU, el problema global de la pobreza es de particular importancia. En ejecución de la declaración final de la Cumbre Social Mundial de 1995[49] se llevaron a cabo diversas actividades normativas en la «lucha contra el hambre» mundial, que son coordinadas por la Organización de las Naciones Unidas para la Agricultura y la Alimentación (FAO).[50] En noviembre de 2004, el Consejo de la FAO adoptó directrices para la realización del derecho a la alimentación.[51] Citando la Declaración del Milenio de la Asamblea General de las Naciones Unidas de septiembre de 2000, en la que se formuló el objetivo de reducir a la mitad el número de personas que padecen hambre,[52] y con referencia, entre otras cosas, al artículo 25, párrafo 1 de la Ley Universal Declaración de Derechos Humanos, Artículo 11 del Pacto Internacional de Derechos Económicos, Sociales y Culturales y Artículo 55 de la Carta de la ONU, el Consejo de la FAO declaró con respecto al problema de la deuda global: «Los Estados y las organizaciones internacionales pertinentes deben buscar enérgica y rápidamente fondos de alivio de la deuda externa para liberar recursos para combatir el hambre, aliviar la pobreza urbana y rural y promover el desarrollo sostenible. Tanto los acreedores como los deudores tienen que compartir la responsabilidad de prevenir y resolver situaciones de deuda insostenible. Es imperativa la implementación rápida, efectiva y completa de la iniciativa HIPC, que debe financiarse íntegramente con fuentes adicionales. Además, todos los acreedores oficiales y comerciales están invitados a parti-

47 International Monetary Fy (2004), p. 67.
48 Sobre el concepto «linkages»: Charnovitz (2002), 28 ss., 31 ss.; Trachtman (2002), p. 77 ss.
49 UN Dok. A/Conf.166/9.
50 http://www.fao.org.
51 Consejo de la FAO, CL 127/10-Sup.1.
52 ONU Dok. A/55/L.2 v. 8.9.2000.

cipar en esta iniciativa».[53] Un gran número de otras declaraciones están dedicadas específicamente a las implicaciones del Pacto Internacional de Derechos Económicos, Sociales y Culturales para el trabajo de las instituciones financieras,[54] con especial énfasis en el trabajo del comité establecido para este pacto, que enfatiza que el instituciones financieras, en particular el FMI y el Banco Mundial, que presten mayor atención a las cuestiones del derecho a la alimentación, tanto en el contexto de los préstamos como en las medidas internacionales para abordar las crisis de la deuda.[55]

El hecho de que la tasa de pobreza en Argentina haya aumentado del 16 a más del 50 por ciento a raíz de la crisis de la deuda y la proporción de la población en pobreza absoluta sea de alrededor del 25 por ciento, que, en el quinto país exportador agrícola más grande del mundo, la gente padece hambre y un total de 260.000 niños sean considerados desnutridos agudamente, es paradigmático. Para otros derechos humanos universales que se refieren al derecho a la autoconstitución individual (por ejemplo, vivienda, salud), las dificultades y desafíos de redimir los textos normativos relevantes son situaciones de crisis aguda. El caso argentino, en particular, deja en claro la necesidad de crear un protocolo facultativo en el marco del pacto por los derechos económicos, sociales y culturales para poder articular las implicaciones en derechos humanos de una manera problemática específica.[56] Porque frente a la actual situación de crisis argentina existen una serie de foros legales en los que se discuten los temas legales relevantes de la lex financiaria. En el régimen de derechos humanos, sin embargo, apenas existe la posibilidad de seguir desarrollando la normativa existente sobre la base de decisiones en el caso argentino específico, ya que los estados nacionales y sobre todo la UE hasta ahora se han negado persistentemente a presentar un procedimiento de denuncia individual.[57]

---

53 «Las instituciones financieras internacionales, en particular el Fondo Monetario Internacional (FMI) y el Banco Mundial, deberían prestar mayor atención a la protección del derecho a la alimentación en sus políticas crediticias y acuerdos crediticios y en las medidas internacionales para hacer frente a la crisis de la deuda» (Consejo de la FAO, [nota 51 de este capítulo], línea 11).

54 Morgan-Foster (2003), p. 577 ss.; Gianviti (2002).

55 Committee on Economic, Social and Cultural Rights, General Comment Nr. 12, Art. 11 - The right to adequate food, E/C.12/1999/5, 26.4.-14.5.1999, Ziss. 41; ver también den General Comment Nr. 3, 14. December 1990, E/1991/23, Ziss. 10.

56 Sobre esta reclamación: Schneider (2004), 1 ss.; desfavorable: Dennis y Stewart (2004), p. 462 ss.

57 Con la dudosa justificación de que esto se hizo debido a la preocupación por la posible superposición de jurisdicciones, ver Fischer-Lescano (2004c), p. 226 f.

Solo en términos confidenciales (no se brinda información al público sobre el tema y en el resultado de la investigación, solo se nombra el estado al que se dirigen las acusaciones). El «procedimiento 1503»[58] puede utilizarse para tratar las denuncias por violaciones a derechos. Y, de hecho, cientos de víctimas argentinas solicitaron la admisión el 30 de enero de 2003 del procedimiento «1503» dirigido a la Comisión de Derechos Humanos de la ONU, exigiendo un proceso contra el país por la violación de los derechos humanos sociales y económicos en el curso de la atención al problema de la deuda.[59]

¿*Lex semper dabit remedium*? En otros contextos de regímenes, el principio de ubi ius, ibi remedium se implementa de manera notablemente más consistente, y esto es exactamente a lo que apunta la demanda normativa para la constitucionalización de los regímenes sociales: la creación de opciones de acceso procesal en los distintos regímenes especiales con el fin de posibilitar la articulación de los respectivos *altera pars*, y lograr un vínculo reflexivo entre los regímenes y sus entornos extrarregionales. Aplicado al ejemplo del problema de la deuda argentina, esto significa en particular que en los procesos en los que los temas de la insolvencia del Estado argentino se tornan virulentos, se deben tomar en cuenta las normas formadas en el contexto del régimen de derechos humanos y que en el, se debe garantizar la posibilidad de hacer valer estos derechos en el curso de situaciones de crisis aguda.

Los foros legales a los que se dirige esta solicitud, en otras palabras, los tribunales que se ocupan principalmente de tratar el régimen concursal transnacional pueden dividirse en dos grupos en el caso argentino.[60] Por un lado, cabe mencionar el Centro Internacional de Arreglo de Diferencias Relativas a Inversiones (CIADI), que forma parte de numerosos acuerdos bilaterales de inversión,[61] por

---

58 Nombrado en honor a la Resolución 1503 (XLVII) del Consejo Económico y Social de 27 de mayo de 1970, que estableció el procedimiento. Mientras tanto, se ha modificado el procedimiento (resolución 2000/3 del Consejo Económico y Social, de 16 de junio de 2000), pero se mantienen los principios de confidencialidad. Algunas investigaciones se referían al procedimiento 1503 en: http://www.unhchr.ch / html / menu2 / 8 / 1503.htm

59 En él, los afectados cuestionan la legalidad de la lex financiaria en el contexto de violaciones de derechos humanos (ECOSOC, Anuncio de Afectados Argentinos, 30 de enero de 2003, 171, está a disposición).

60 Esto no debe negar que la situación económica y política en Argentina también se está volviendo virulenta en otros contextos de régimen, ver, por ejemplo: Shanker (2004), p. 565 ss.

61 El Centro Internacional de Arreglo de Diferencias Relativas a Inversiones (CIADI) se estableció con el Convenio sobre Arreglo de Diferencias Relativas a Inversiones entre Estados y Naciones de otros Estados, que entró en vigor el 14 de octubre de 1966. El Banco

otro lado, los tribunales civiles nacionales, ante los cuales se encuentran pendientes varios centenares de procesos contra República Argentina, incluso en Nueva York, Frankfurt y Roma.[62]

En el curso de la pesificación de los activos en dólares locales en Argentina, una treintena de empresas han apelado ante el tribunal de arbitraje del CIADI, que está afiliado al Banco Mundial.[63] Después de los esfuerzos para concluir un acuerdo de inversión multinacional en el marco de la OMC,[64] aumentando con respecto a los acuerdos de inversión para observar el accionismo bilateral. Una red mundial de alrededor de 2.000 acuerdos de este tipo asigna disputas al CIADI o a la Comisión de las Naciones Unidas para el Derecho Mercantil Internacional (CNUDMI)[65]. Los acuerdos bilaterales de inversión «se multiplican como moscas de la fruta».[66] En el caso de Argentina, el Convenio CIADI se firmó el 21 de mayo de 1991 y entró en vigor el 18 de noviembre de 1994.[67] Las empresas extranjeras en Argentina, que, en el curso de la política de privatización exigida y promovida por el FMI, se han apoderado de grandes áreas de los sectores de telecomunicaciones, gestión del agua, electricidad y tráfico aéreo, antes controladas por empresas estatales, ahora se quejan de los derechos a indemnización por el curso de la pesificación y la pérdida sufrida, lo cual tiene un valor estimado de $ 16 mil millones. Lo creativo que es el CIADI con respecto a los derechos de acceso es particularmente evidente en la decisión de jurisdicción en el caso de CMS v. Argentina, en la que el CIADI incluso da acceso a grupos minoritarios de accionistas de empresas afectadas.[68] Los acuerdos

Mundial preside la Junta Directiva del CIADI. Cada estado miembro de la convención envía un representante. Todos los miembros del CIADI son miembros del Banco Mundial y el CIADI es financiado por el Banco Mundial. Todos los Estados miembros se han comprometido a reconocer mutuamente las decisiones del tribunal arbitral. Con respecto a la ola de demandas en Argentina, ver el resumen en di Rosa (2004), p. 41 ss.

62 Se puede encontrar un panorama general en García Hamilton, Olivares Caminal y Zenarruza (2003), 1 pp.; a los juicios en la república de Byes, es decir, principalmente en Frankfurt: Keller y Kolling (2005), p. 1 ss.; Baars y Böckel (2004), p. 445 ss.

63 Los casos CIADI registrados se pueden ver aquí, así como los textos completos de las decisiones existentes: www.worldbank.org/icsid/cases/pending.htm; ver también Rosatti (2004), p. 1 ss.

64 Sobre esto: Scheitern: Albert y Hessler (2002), p. 381 ss.

65 Detalles sobre esto: UNCITRAL unter www.uncitral.org; ver también: U.N. Conference on Trade y Development, Bilateral Investment Treaties, 1959-1999, 18, U.N. Doc. UNCTAD/ITE/IIA/2.

66 Con la tesis de que cada uno de estos contratos de inversión tiene sus propias reglas secundarias: Lowenfeld (2003), p. 42 ss.

67 Detalles en: Santiago Tawil (2000), p. 1 ss.

68 CMS Gas Transmission Co. v. Argentina, ICSID Case No. ARB/01/8 P 48 (17. Juli 2003), disponible en: www.asil.org/ilib/cms-argentina.pdf.

bilaterales de inversión, incluido un acuerdo con Estados Unidos de 1994, liberaron a los inversores extranjeros y sus accionistas de las restricciones de la llamada Doctrina Calvo, que disponía que los tribunales nacionales tuvieran jurisdicción exclusiva. En cambio, las disputas ahora las deciden organismos internacionales. Después de que el CIADI haya respondido positivamente a las preguntas de la jurisdicción en numerosos casos,[69] en los casos mencionados ahora será importante que la capacidad de respuesta social también en el régimen del Banco Mundial esté fuera de la caja. Se asegura el «trato justo y equitativo», la «cláusula de naciones más favorecidas» y la prohibición de expropiación. Hay suficiente espacio para esto en los respectivos textos. Por ejemplo, el acuerdo de inversión entre Argentina y EE.UU. establece que no hay derogación de obligaciones bajo el derecho internacional (esto incluye las implicaciones de derechos humanos mencionadas) (Artículo 10, literal b).[70]

«Treinta procedimientos de arbitraje, un problema, treinta soluciones», parafraseando una declaración muy citada de Brigitte Stern,[71] no es el único riesgo que amenaza si el CIADI elude su responsabilidad.[72] Más bien, parece estar pendiente una colisión con las principales características del derecho de la insolvencia transnacional, tal como lo han puesto en práctica actualmente los tribunales nacionales.[73] Tanto en la República Federal, donde actualmente se encuen-

---

69 Ver, por ejemplo: Azurix Corp. v. Argentine Republic (Case No. ARB/01/12), Decision on Jurisdiction of December 8, 2003, 43 I.L.M. 262 (2004). Siemens A.G. v. Argentine Republic (Case No. ARB/02/8), Decision on Jurisdiction of August 3, 2004, ist zu finden unter International Law in Brief, http://www.asil.org/ilib/Siemens_Argentina.pdf.

70 USA-Argentina Bilateral Investment Treaty, en vigencia desde: 20.10.1994.

71 Stern (1980), 3 ss., formula: «Trois arbitrages, un même problème, trois solutions».

72 En general sobre las dificultades de aceptación del CIADI: García (2004), 301 ss.; varias ONG, entre ellas el Centro de Estudios Jurídicos y Sociales (CELS) y la Asociación Civil por la Igualdad y la Justicia (ACIJ), solicitaron en enero de 2005 como amicus curiae en Aguas Argentinas S.A. v. República Argentina (ARB / 03/19) para involucrarse. Exigen: «Las organizaciones de la sociedad civil solicitaron acceso a las audiencias ya los documentos producidos en el arbitraje. Además, solicitaron que el tribunal tome en consideración los derechos y estándares internos e internacionales de la familia relacionados con la salud pública, el acceso a los servicios esenciales, los niveles de vida adecuados, la vivienda y los derechos del consumidor. Las organizaciones peticionarias - expertas en dichos temas - solicitaron permiso del tribunal para presentar un escrito de amicus curiae para ayudar al tribunal a resolver estos problemas»: //www.ciel.org/Tae/Suez_ICSID_8Feb05.html).

73 En una primera decisión de mayo de 2005, se concedieron reclamaciones por daños a la Compañía de Transmisión de Gas CMS, mediante la cual el CIADI interpretó tanto la norma de emergencia internacional habitual (Artículo 25 de los Artículos sobre Responsabilidad del Estado) como la norma de emergencia acordada en el Artículo XI de la acuerdo de inversión de manera muy restrictiva (CIADI, Az.ARB / 01/08, decisión del 12 de mayo de 2005).

tran suspendidos los procesos que los acreedores privados han iniciado contra Argentina, como una decisión de la Corte Constitucional Federal sobre cuestiones a que se refiere el artículo 100, numeral 2 de la Ley Fundamental sobre las implicaciones de la regla de emergencia en el marco internacional. La ley, que pasa por el artículo 25 de la Ley Fundamental fue incorporada a la ley alemana, así como en los Estados Unidos e Italia, los tribunales han aplicado regularmente un esquema regulatorio, cuyos componentes básicos esenciales siguen la lógica de la desjuridificación jurídica.[74]

Esta ley de meta-colisión bajo la ley de insolvencia en caso de incumplimiento de un Estado a nivel de la sociedad global se puede resumir actualmente de la siguiente manera: (1) Derecho del Estado deudor a negociar la gestión de la deuda, (2) Determinación de la insolvencia en un procedimiento cooperativo, que incluya a todos los acreedores principales al mismo tiempo o al menos en condiciones comparables, (3) Vincular la reestructuración de la deuda a un programa de recuperación aprobado o supervisado por el FMI.

Estos, en todo caso, principios similares, también dan forma a la reprogramación bancaria y, más recientemente, a la reprogramación de los bonos.[75] En la República Federal de Alemania, estas cuestiones se negocian como un régimen especial del derecho general de emergencia de derecho internacional, tal como se formula en el artículo 25 de la codificación sobre la responsabilidad de los Estados por actos contrarios al derecho internacional.[76] De hecho, existen numerosos precedentes a favor de la opinión de que un Estado puede justificar una negativa a pagar invocando una emergencia financiera.[77] En los sistemas legales nacionales, el anclaje dogmático se adapta a la ley nacional específica, pero el resultado normativo es idéntico; ya sea

---

74 FRG: Hasta finales de 2005, el procedimiento de remisión a la BVerfG para examinar la cuestión de si las normas de derecho internacional condenarían al imputado en los procesos 31 C 2966 / 02-83, 21 C 3476/02 - 83, 31 C 3474 / 02-83, 31 C 3475 / 02-83 y 31 C 150 / 03-83 ante el Juzgado de Distrito de Frankfurt / M. contrario (2 BvM 1-5 / 03) y si una emergencia estatal declarada por el estado deudor justifica la denegación de obligaciones de pago vencidas y existentes (2 BvM 6-7 / 03), aún no decidido; Italia: En la decisión de la Corte Suprema di Cassazione, 31 de mayo de 2005, Az.11225/2005, el tribunal estableció una situación de emergencia en Argentina y desestimó la acción de los acreedores privados por este motivo.

75 Más informaicón en: Bothe, Brink, Kirchner y Stockmayer (1987), 212 ss.; ver también: Goldman (2000), p. 159 ss.; con relación a Argentina: Tietje (2005), p. 16 ss.; Ohler (2005), p. 590 ss., quien habla de un «estado de emergencia» (op. cit., p. 599) que aún no ha sido regulado.

76 Sobre este texto, ver la resolución de la Asamblea General de la ONU A / RES / 56/83 y el informe de la Comisión de Derecho Internacional 2001, UN Doc. A / 56/10, 194.

77 Más información con: Pfeiffer (2003), p. 141 ss.

que el Tribunale de Roma decida que en el caso de una quiebra estatal se excluye una jurisdicción sobre los contratos respectivos si el Estado en cuestión negocia con todos los acreedores;[78] en los tribunales estadounidenses se suspenden los procesos y, alternativamente, uno específico fija un plazo o no decide hasta que «la república presente a sus acreedores privados su oferta final en las actuales negociaciones de reprogramación».[79] En los Estados Unidos - por ejemplo, en la decisión de Pravin v. Perú - los temas relevantes son discutidos principalmente como problemas de cortesía. Pero también se dan argumentos sobre la doctrina del «acto de estado» en las situaciones de colisión.[80] Los tribunales estadounidenses ven con regularidad el problema de que el éxito de la acción entablada por un acreedor externo puede poner en peligro el éxito de las negociaciones de reestructuración de la deuda en curso. Los tribunales no formulan esto como un problema de choques transnacionales de racionalidades, pero consideran esta cuestión bajo «consideraciones de política».[81]

Lo que estos procedimientos tienen en común, sin embargo, es que emplean una técnica de desjuridificación legal. Deciden no tomar una decisión de fondo sobre los reclamos inicialmente y obligan a los actores financieros a un *pactum de negotiando*, para lo cual establecen requisitos de procedimiento.[82] Estos esfuerzos encuentran

---

78 El tribunal establece un nexo entre la alegación procesal de la participación de los interesados y la medida judicial concreta; en cuanto al establecimiento de los hechos, el tribunal considera que no se cumplen los requisitos procesales (Tribunale Ordinaria di Roma, Sezione 9 ° Civile, 3468/1988, n. 919/96 e n. 1150/2000, 22 de julio de 2002); en este sentido también: Dorigo (2002), 958 ss., 962.

79 Allan Applestein c. República Argentina, Demandado 02 Civ. 4124 (TPG), Tribunal de Distrito de los Estados Unidos para el Distrito Sur de Nueva York, 19 de noviembre de 2003; ver también: Lightwater Corporation Limited, Demandante v. República Argentina, Demandada. Old Castle Holdings, Ltd., demandante c. República Argentina, Demandada. Corporación Internacional Macrotecnic, Demandante c. República Argentina, Demandada. 02 de Civ. 3804 (Tpg), 02 de lo civ. 3808 (Tpg), 02 de lo civ. 5932 (tpg). Tribunal de Distrito de los Estados Unidos para el Distrito Sur de Nueva York, 14 de abril de 2003.

80 Comite: Pravin Banker Assoc. v. Banco Popular del Perú, 109 f.3rd 850 (2. ° Cir. 1997); formulado como una cuestión de acto de estado, especialmente en Allied Bank International v. Banco Crédito Agrícola, 757 y sig. 2d. 516 (1985); la decisión de CIBD Bank and Trust Co. v. Banco Central do Brasil (886 y ss. 1105 [SDNY 1995]), por otro lado, se basa principalmente en el derecho civil de Nueva York, según el cual la adquisición de una acción no otorga ningún derecho subjetivo, si el adquirente adquirió el derecho, con la intención de litigar. Esta es una lex specialis sobre el principio de abuso de derecho.

81 Pravin Banker Ass. v. Banco Popular del Peru, 109 f.3rd 850 (2nd Circuit 1997); Elliott Associates v. Republic of Peru, 12 f. Supp. 2nd 328 (S.D.N.Y. 1998); Elliott Associates v. Banco de la Nación, 194 f.3rd 363 (2nd Cir. 1999); National Union Fire Insurance v. Republic of Congo, 729 f. Supp. 936 (1989), 944; Elliott Asss. v. Banco de la Nación, 194 f.3rd 363 (1999), p. 379 s.

82 Sobre la cuestión de la obligación de negociar en virtud del derecho internacional: Reinisch (1995), p. 19 ss.

apoyo en la política. En el comunicado final de su reunión en Berlín en noviembre de 2004, los ministros de finanzas y los jefes de bancos centrales del G 20 (grupo de los 20) informaron los resultados de un grupo de trabajo informal de países emisores, incluidos Brasil, México, Corea y Turquía, y representantes del sector privado sobre los «principios para flujos de capital estables y reprogramación justa en los mercados emergentes». Los principios antes mencionados contienen pautas en relación con los principios de transparencia, buena fe, no discriminación y cooperación, que deben observarse en el transcurso del proceso de reprogramación de la deuda.[83] También celebran el hecho de que los nuevos contratos de bonos incluyen cada vez más «cláusulas de acción colectiva».

Estas cláusulas en particular solo existen esporádicamente en el caso argentino. En el caso de Argentina, existen alrededor de 83 bonos extranjeros diferentes en cuatro jurisdicciones (Inglaterra, Nueva York, Alemania y Japón). Si bien los bonos bajo la ley inglesa y japonesa contienen estas cláusulas y, por lo tanto, preveen los cambios en los términos y condiciones de los bonos en todos los aspectos (es decir, de los términos de pago y no pago), y pueden ser decididos de manera vinculante por la mayoría de los acreedores, los bonos observan la ley del estado de Nueva York y la República Federal de que esta regla no lo hace en principio. Por lo tanto, los bonos ,según los dos últimos ordenamientos jurídicos en particular favorecen las estrategias de hold-out de inversores individuales, que son hostiles a la reprogramación y buscan lograr el máximo beneficio individual a costa de la mayoría de los acreedores y a costa de la tasa de consolidación del deudor.[84] Un grupo de trabajo de los países del G10 pidió recientemente que se intensifique la implementación de opciones para «cláusulas de acción colectiva».[85] Según Hans Eichel, el gobierno federal alemán está trabajando en la introducción de tal cláusula, desde octubre de 2004, ante el Comité del Monetario y Financiero Internacional. Con respecto a la crisis de pagos argentina, agregó: «Instamos a las autoridades argentinas a completar una reestructuración global y sostenible de la deuda pública con los acreedores privados, respaldada por un marco fiscal sólido de mediano plazo. También hacemos un llamado al gobierno argentino para que continúe lo antes posible una estrecha cooperación con el Fondo con el objetivo de reactivar e implementar plenamente el pro-

[83] Sobre las obligaciones sustantivas, ver: Böttger (2002), p. 133 ss.

[84] Keller (2003), p. 313 ss., p. 314.

[85] Report of the Group of Ten Working Group on Contractual Clauses, Quarles-Bericht, 26.9.2002, disponible en: www.imf.org/external/np/g10/2002/cc.htm.

grama acordado».[86] La declaración de Eichel pocos días antes de la reunión prevista del G20 en Berlín, aparentemente fue motivo de advertencia a las autoridades argentinas. Aunque era miembro del Grupo de los 20, Argentina se mantuvo al margen de la reunión de Berlín en la que se decidieron los «principios de un procedimiento justo de reprogramación de la deuda».

El motivo de las críticas a Argentina es que existe el riesgo de que el país, después de 1956 (fundación del Club de París) y 1992 (Weltover v. Argentina) podría volver a sentar un nuevo precedente con la obligación de tratar a todos los acreedores por igual, y el papel central tradicional del FMI sobre el proceso de reestructuración está cuestionando actualmente por dos pilares claves del derecho concursal transnacional, que citan el estado de emergencia financiera. Argentina está luchando con el problema de que las opciones colectivas de acción que todos demandan aún no están ancladas en todos los convenios de fianza, es decir, que los acreedores individuales pueden intentar desautorizar todo el proceso de reprogramación de la deuda mediante estrategias de bloqueo, aunque no solo los convenios de fianza,[87] los tribunales, los comités políticos y también la «cláusula de iniciativa» en los proyectos de contrato del Club de París,[88] pero también el FMI, que ha desempeñado un papel central en el anterior régimen de insolvencia, exige persistentemente un proceso de negociación abierto de todas las partes involucradas. Sin embargo, tras la conclusión oficial del acuerdo con el FMI en Dubai,[89] que permitió a Argentina refinanciar 21.000 millones de dólares en pagos pendientes a prestamistas internacionales, incluidos el FMI, el Banco Mundial y el Banco Interamericano de Desarrollo, el proceso de reprogramación de la deuda con entidades privadas quedó estancado por los acreedores. Esto se debe particularmente al hecho de que el sistema de reprogramación de acreedores privados es mucho más complejo que el de acreedores

---

86 Hans Eichel, Statement con: IWF, Washington, 2.10.2004, 3; disponible en: www.imf.org/External/AM/2004/imfc/statem/eng/deue.pdf).

87 Respecto a las llamadas cláusulas Pari Passu y las decisiones al respecto en Estados Unidos (Elliott Assocs. V. Banco de la Nación, 194 f.3d 363 [2nd Cir. 1999]) y en Bélgica (Elliott Assocs. LP, General Docket 2000 / QR / 92, Tribunal de Apelaciones de Bruselas).

88 La redacción correspondiente es regularmente: «Con el fin de asegurar un tratamiento compatible de los acreedores externos públicos y privados en sus deudas, el Gobierno de XX se compromete a buscar de sus acreedores externos, en particular bancos y proveedores, arreglos de reprogramación o refinanciamiento en términos comparables a los establecidos en esta acta pactada para créditos de vencimiento comparable, asegurándose de evitar desigualdades entre distintas categorías de acreedores».

89 Memorandum of Yerstanding (EBS/03/130), vom 12. September 2003.

públicos,[90] ya que el número de acreedores relevantes es considerablemente mayor y la heterogeneidad de acreedores, desde pequeños inversores y medianos empresarios hasta «fondos de riesgo»,[91] se reducen las posibilidades de cooperación. Argentina ha negociado varias veces con los comités de acreedores relevantes, pero no ha logrado ningún éxito rotundo.[92]

Por lo tanto, el destino de la oferta presentada por los responsables de un recorte de capital del 75 por ciento fue incierto durante mucho tiempo. El calendario para la implementación de la oferta de canje se ha pospuesto varias veces. El período de suscripción se extendió desde mediados de enero hasta mediados de febrero de 200, en el que un gran número de inversores privados finalmente aceptó la oferta.[93] La posición de los acreedores privados se vio debilitada, en particular, por el hecho de que Argentina había suspendido el acuerdo con el FMI hasta que los resultados de la reestructuración de la deuda estuvieran disponibles: «Por lo tanto, Argentina debería volver a hacer un trabajo pionero: por primera vez un país reestructurará la deuda si se cumplen las condiciones del FMI».[94]

El problema de los Hold Outs, sin embargo, es de relevancia bastante independiente de esta prueba de fuerza entre el gobierno argentino, los acreedores privados y el FMI. Porque la devolución legal de la decisión sobre el problema de la deuda a los actores so-

---

90 Comparar: Dolzer (1989), p. 538 f.

91 Sobre ello: Fisch y Gentile (2004), p. 1043 ss. Los pequeños inversionistas italianos, que forman el grupo más grande entre las víctimas con reclamos de más de 14.5 mil millones de dólares contra Argentina, fundaron el Task Force Argentina. En Alemania, se creó el grupo de interés argentino, la iniciativa Agencia Argentina de Reestructuración de Bonos (ABRA), bajo el liderazgo de HypoVereinsbank y la Asociación Alemana de Protección de Valores. ABRA representa los intereses de inversores alemanes, austriacos, luxemburgueses, suizos y holandeses que han transferido sus bonos por valor de 1.200 millones de euros. Los inversionistas institucionales se organizan principalmente en el Comité de Tenedores de Bonos de Argentina, que representa a los 30 bancos y fondos mutuos más grandes de Estados Unidos, que en conjunto tienen acreencias de 7.500 millones de dólares contra Argentina. Desde principios de 2004 existe una organización (paraguas) superior a la que están afiliadas todas las asociaciones internacionales: el Comité Global de Tenedores de Bonos de Argentina (GCAB), que representa a 500.000 inversores individuales y 100 inversores institucionales y representa reclamaciones por valor de 37 mil millones de dólares contra Argentina, casi la mitad del monto nominal total de reprogramación de unos buenos $ 80 mil millones. Otro 40 por ciento está en manos de inversionistas argentinos, principalmente fondos de pensiones argentinos privados, con quienes el gobierno negocia por separado. Sobre otros grupos Ver: IWF, Second Review yer the Stand-By Arrangement, julio de 2004, FMI Country Report, 04/195, Anexo 1.

92 Más información en: FMI, Second Review yer the Stand-By Arrangement, Juli 2004, IMF Country Report, 04/195.

93 Frankfurter Allgemeine Diario, 25.02.2005, 24.

94 Grüttner (2004).

ciales es sólo temporal. Independientemente del resultado del proceso de reestructuración, en ausencia de un mecanismo efectivo para la toma de decisiones por mayoría, los acreedores privados que rechacen la oferta de canje buscarán la ejecución legal unilateral ante los tribunales. En algunos casos, ya existen decisiones que apuntan a que los tribunales pretenden intervenir nuevamente en el proceso de maximización de la auto-racionalidad por parte de los afectados en el ejemplo argentino.[95] Actualmente no está claro en qué foros podrá descargar el descontento de los afectados. Numerosas ONG piden la instauración de un nuevo procedimiento de arbitraje y funcionarios argentinos han planteado repetidamente la posibilidad de llevar la cuestión de la deuda a la Corte Internacional de Justicia.[96] En principio, hay dos formas de llegar allí: Una resolución de la Asamblea General podría exigir una opinión de la CIJ (como en el caso de la caída del Muro entre Israel y Palestina). Otra forma sería cuestionar la legalidad de las deudas argentinas de manera mucho más fundamental y utilizar la opción de acceso bajo el Artículo 66, letra a de la Convención de Viena sobre el Derecho de Todos los Tratados. Para ello, Argentina tendría que poder afirmar que los tratados de deuda vigentes violan el derecho internacional obligatorio o sirven para fortalecer legalmente tal violación. Esta es la dirección en la que el proyecto legislativo que un grupo de diputados argentinos presentó al Congreso argentino en octubre de 2004 declara nula la porción de la deuda que se remonta a la reprogramación de los préstamos de la Junta, ya que estaba asociada con las violaciones masivas de derechos humanos y la reprogramación de su deuda no podrían haber interrumpido el contexto de inmoralidad.[97] Las ONG también han presentado este argumento ante el Tribunal Constitucional Federal de Alemania. Además de señalar que el problema de la deuda se remonta al régimen militar argentino y a la acusación de profundizar el problema financiero a través de decisiones equivocadas de las instituciones financieras internacionales, como se articula en el citado informe de la comisión de expertos del FMI, las ONG señalan que con respecto a los procesos la deuda y posterior reprogramación de la deuda es relevante, «Que a las instituciones bancarias y organismos internacionales que ya estaban involucrados en los préstamos a la Argentina dictatorial se les enco-

95 Ver sobre todo esto: EM Ltd. v. The Republic of Argentina, United States Court of Appeals for the Second Circuit, 382 f.3d 291, 31.8.3004; Lightwater Corp. v. Republic of Argentina, 2003 U.S. Dist., S.D.N.Y., 7. Mai 2003.

96 Ver por ejemplo: die Forderung in: Erlassjahr (2003), p. 27 ss.

97 El proyecto de ley está dispobible en: http://www.odiousdebts.org.

mendó la elaboración y ejecución de la reprogramación de los bonos desde la época de la Junta. La relacionado continuidad viene con los hallazgos de la sentencia ›Olmos, Alejandro s / Denuncia‹ (Az. 14.467) del Juzgado Penal y Correccional núm. 2, con el juez Dr. Jorge Ballestero, de fecha 13 de julio de 2000, en el cual, entre otras cosas, se discute el papel de Deutsche Bank. Además, en el caso actualmente pendiente ante los tribunales argentinos ›CAVALLO, Domingo F. y otros s / falta de mérito‹ (CCCFed., Sala II, reg. 22.469, rta. 20-5-04. Juzg. Fed.n 2, Sec. 4., Causa n. 20.375) se habla de actos delictivos en el curso de la reestructuración de la deuda. La sala competente resolvió el 20 de mayo de 2004 los hechos delictivos de los funcionarios involucrados (p. Ej. en particular, el abuso de poder y fraude en detrimento del erario público) en el curso de las medidas de reestructuración de la deuda en 1997, 1998 y 2000».[98]

En resumen: si luego de la conclusión de los procesos de negociación legalmente estructurados, los problemas fácticos se remiten a procedimientos judiciales, el derecho internacional se vuelve aplicable en los procedimientos ante los tribunales nacionales, los procedimientos del CIADI, en los procedimientos ante un posible tribunal de arbitraje concursal o incluso la CIJ en la disputa entre las partes involucradas. Los deudores y acreedores deben hacer valer los derechos de los *altera pars*. Se tratará entonces de hacer cumplir la idea concursal de reestructuración de la deuda en este sistema policéntrico, protegiendo los derechos humanos en cuestión en las decisiones y fortaleciendo así la capacidad de respuesta social del régimen concursal transnacional. Es previsible que también se produzcan complejas relaciones de disolución en las que la distribución del riesgo no solo se producirá entre acreedores y deudores, sino también con la participación de los intermediarios financieros. Para ordenar aún más este sistema, las soluciones políticamente deseadas, son: la ampliación del procedimiento de decisión mayoritaria entre acreedores, la ampliación de los requisitos para la creación efectiva de deuda y la propuesta de un tribunal internacional de quiebras,[99] como primeros pasos sensibles. La regla pura del *pacta sunt servanda* se verá enriquecida no solo si las negocia-

---

98 Cafiero, attac y Erlassjahr (2004), disponible en www.uni-kassel.de/fb10/frieden/regionen/Argentinien/schulden4.html.

99 Los requisitos de procedimiento para una emergencia legalmente efectiva de la deuda son, por ejemplo, el articulado por representantes de la Doctrina de la Deuda Odiosa, ver el estudio realizado en la Universidad McGill, Montreal: Khalfan, King y Thomas (2002), p. 1 ss.; sobre procedimientos de insolvencia estatal, ver: Häusler, Gianviti y Geithner (2003), p. 1 ss.

ciones en el caso específico del hold-out con respecto a los acuerdos de bonos ya concluidos no tienen éxito, sino también si la deuda nacional se basa en contratos de gobiernos dictatoriales para financiar proyectos que violen la ley global, por ende, la regla pura del *pacta sunt servanda* se verá enriquecida por sus obligaciones de responsabilidad social global.

14

HOMOGENEIDAD GLOBAL VERSUS SOCIEDAD MUNDIAL EN CONFLICTO

Uno de los logros del siglo XX, es que se agregó una dimensión vertical al derecho internacional horizontal, que la «Decisión de Barcelona Traction» de la CIJ y la Convención de Viena sobre el Derecho de los Tratados estableció un proceso legal internacional en el curso del cual, se observa: que «las obligaciones para los Estados con o contra su voluntad pueden proceder».[1] Incluso si uno se concentra en un análisis de la génesis de las normas jurídicas internacionales, no llega a presentar estas normas jurídicas como resultado de un consenso de Estados. Los procesos son mucho más complejos, los Estados solo participan en la generación de normas legales internacionales como un actor entre muchos, y la CIJ también se basa en la generalización más que en la uniformidad real.[2] La premisa «El consenso estatal como fuente de legitimidad del derecho» es, por tanto, extremadamente cuestionable incluso para las obligaciones dimanantes del derecho internacional.[3] Lo más importante, sin embargo, es que uno se cierra a una multitud de fenómenos sociales si se niegan las dimensiones legales de los actos de comunicación de los actores no estatales; si, en otras palabras, no se reconoce que «actualmente estamos siendo testigos de serios desafíos a la soberanía estatal desde tres direcciones». En primer lugar, las normas y estructuras supranacionales (derechos humanos, OMC) menoscaban la soberanía de una manera sin precedentes. El reclamo no es que los Estados estuvieran sellados herméticamente hasta ahora, sino que la intervención en la soberanía estatal ahora se justifica por condiciones legales que cobran cada vez más importancia en el mundo.

[1] Tomuschat (1993), p. 195 ss., p. 197; La decisión de la CIJ sobre Barcelona Traction, impresa en: ICJ Rep. 1970, p. 4 ss.

[2] Nicaragua v. US (Military and Paramilitary Activities in and against Nicaragua), Merits, 1986, ICJ 1, Ziss. 186.

[3] Comparar el concepto de constitucionalismo global de: Schilling (2005), p. 49 ss.

En segundo lugar, los grupos subnacionales exigen (y mantienen) grados crecientes de autonomía. «[...] La tercera dimensión, con la que la soberanía se enfrenta a nuevos desafíos, puede calificarse de ›transnacionalismo».[4] No se trata de la desaparición de la estatalidad, sino de un cambio fundamental en la función de los procesos de desagregación de los subsistemas sociales.[5]

Sexto ejemplo: ciberdelito transnacional

Después de la muy notoria decisión del Tribunal de Grande Instance de Paris, del 20 de noviembre de 2000, Yahoo Inc. tiene que bloquear el acceso a las subastas de objetos nazis para los usuarios franceses.[6] El caso implica una multitud de problemas fundamentales que plantea la digitalización de la comunicación. No solo cuestiones técnicas legales de una obligación de examen para proveedores privados, una censura de contenido impopular por parte de particulares, un derecho de admisión en diversas instituciones de internet, la validez y aplicación de las normas nacionales en la internet transnacional y el efecto de terceros de los derechos fundamentales en el ciberespacio están en juego.[7] Más bien, surge la cuestión fundamental de un derecho universal de acceso a la comunicación digital.

Una de las reacciones más drásticas del sistema político internacional a estos desafíos fue la celebración del Convenio Europeo sobre Ciberdelincuencia.[8] La Convención y su informe explicativo fueron adoptados en la 109va reunión del Comité de Ministros del Consejo de Europa el 8 de noviembre de 2001 y se abrieron a la

---

4 Aleinikoff (2000), p. 201-02.

5 Existe un creciente reconocimiento del derecho y la política en el derecho internacional: Kischel (2001), 269 págs.; en general: Slaughter (2004a), 12, quien, sin embargo, subestima el drama y la policontexturalidad de los procesos de diferenciación y aplica una teoría de redes que se apoya unilateralmente en el área social de la organización y descuida el área social espontánea. Esto no implica problemas menores de seguimiento democrático.

6 T.G.I. Paris, 20.11.2000, Ordonnance de Référé, UEJF, LICRA v. Yahoo!, Inc., No. 00/05308, http://www.juriscom.net, engl. Traducción en : http://www. cdt.org/speech/international/001120yahoofrance.pdf. La decisión confirma la primera decisión del 22 de mayo de 2000, en la que Yahoo se vio obligada a impedir el acceso a determinados sitios con enlaces nazis. T.G.I. París, 22 de mayo de 2000, Ordonnance de Référé, UEJF, LICRA c. Yahoo!, Az. 00/05308, 00/05309, disponible en: http://www.juriscom.net. Sobre los procedimientos de ejecución subsiguientes ante los tribunales de EE. UU., Ver Yahoo! Inc. v. La Ligue Contre Le Racisme et L'Antisemitisme, 145 s. Sopa. 2d 1168, 1171 (N.D. Cal. 2001); Yahoo! Inc. v. La Ligue Contre Le Racisme et L'Antisemitisme, 169 f. Supp. 2d 1181, 1192 (N.D. Ca. 2001); una discusión instructiva de las cuestiones legales se pueden encontrar en Greenberg (2003), p. 1191 ss.

7 Teubner (2003a), 1 ss.; Goldstone (1998), 1 ss.

8 ETS Nr. 185.

firma en la Conferencia Internacional sobre Ciberdelincuencia el 23 de noviembre de 2001. La Convención también está abierta a no miembros del Consejo de Europa y ya ha sido firmada por más de 30 Estados, incluido Estados Unidos.[9] La Convención sobre Delitos Cibernéticos es el primer tratado internacional que se dedica a los delitos específicos que se cometen a través de internet y otras redes informáticas. En particular, regula las violaciones de derechos de autor, el enjuiciamiento de la pornografía infantil, el fraude informático y las violaciones de la seguridad de la red. Su objetivo más importante, como se indica en el preámbulo de la Convención, es promover una «política penal común que tenga como objetivo proteger a la sociedad del delito cibernético, entre otras cosas mediante la introducción de la legislación adecuada y la promoción de la cooperación internacional». Un primer protocolo adicional a esta Convención se dedica a casos de propaganda racista y xenófoba.[10] La regulación más importante de la Convención con respecto al medio de acción criminal de Internet se refiere a la cuestión de la jurisdicción. El artículo 22 del Convenio sobre el delito cibernético dispone en el párrafo 1 que las partes contratantes deben tomar medidas legislativas para que sus tribunales tengan jurisdicción (lex fori) en los casos en que el delito (a) en el territorio del Estado del foro, (b) en un buque bajo el bandera del Estado del foro, (c) un medio de transporte aéreo conforme a la ley del Estado del foro o (d) por un nacional si el acto es punible según la ley del Estado en cuyo territorio se cometió, o si el acto se cometió fuera de la jurisdicción territorial de la comunidad internacional.

Esto se complementa con la estipulación de una obligación limitada de negociar en casos de áreas de jurisdicción superpuestas, si más de una parte contratante reclama jurisdicción por una supuesta violación de los intereses legales protegidos en la Convención. En este caso, las partes contratantes deberían «entablar consultas en los casos apropiados con miras a determinar la jurisdicción más adecuada para el enjuiciamiento» (artículo 22, párrafo 5). Tales superposiciones serán la regla más que la excepción, ya que el principio de territorialidad mencionado en el artículo 22, párrafo 1, letra a de la Convención tiene una doble expresión, que puede referirse tanto a la ejecución del hecho como a la ocurrencia de la injusticia.

---

[9] Treaty Doc. 108-11, 11/17/2003.

[10] Protocolo adicional al Convenio sobre el delito cibernético, ETS núm. 189; para preparar este protocolo Ver: Comité Europeo de Problemas Criminales (CDPC), Comité de Expertos en la Criminalización de Actos de Naturaleza Racista o Xenófoba Cometidos a través de Redes de Computadoras (PC-RX), Informe Resumido, PC-RX (01) 02.

Esto también se aclara en las explicaciones.[11] Con respecto a la obligación limitada de negociar, regulada en el artículo 22, párrafo 5, el informe explicativo deja claro que si varias partes contratantes tienen jurisdicción sobre un acto, los Estados deben coordinar sus esfuerzos de seguimiento e investigación a través de consultas mutuas: En algunos casos, puede ser más efectivo para los Estados involucrados perseguir un enjuiciamiento unilateral, en otros puede ser mejor que un Estado procese a algunos participantes mientras que uno o más Estados procesan a otros. Ambos resultados están permitidos bajo esta regla. En definitiva, la obligación de consultar no es absoluta, sino que debe hacerse cuando corresponda.[12]

Sin embargo, este intento de articular los ordenamientos jurídicos nacionales no podrá resolver el problema del conflicto por la aplicación del principio de territorialidad. La efectividad de tal solución ya puede ser cuestionada con respecto a los 30 Estados miembros de la Convención. La efectividad y conveniencia de este avance político es aún más dudosa si se considera que más de 160 Estados de la comunidad internacional no son miembros de la Convención. La dificultad de identificar normas jurídicas globales adecuadas a los problemas con respecto a los delitos cibernéticos aumenta por el hecho de que difícilmente se puede decir que la Convención codificó las normas del derecho internacional consuetudinario. Para evitar la tan invocada «carrera hacia el fondo» de las nociones chinas de compatibilizar la tensión entre libertad y seguridad, el enfoque principal de los diversos foros del régimen será, por lo tanto, el desarrollo de normas transnacionales que anticipen las decisiones legales locales y funcionales que puedan tener efectos globales. Como se describe, los foros judiciales deben entenderse a sí mismos como parte de los sistemas jurídicos transnacionales y dirigir su atención más allá de sus sistemas normativos nacionales hacia el proceso legislativo transnacional en el que los Estados, ONG, organismos internacionales y actores sociales espontáneos remiten a las más diversas fuentes de legitimación de Derecho global que busca instaurarlo.[13]

Todos estos actores se esfuerzan por desarrollar principios específicos y universalizar las decisiones judiciales de valor. La declaración de independencia para el ciberespacio reproduce el Pathos político-constitucional de los actos constitucionales nacionales y declara de cara a los «gobiernos de la industria mundial, y sus cansa-

---

11 Explanatory Report, ETS Nr. 185, Ziss. 233.

12 Ibídem., Ziss. 239.

13 Sobre el proceso legal transnacional en el área de Internet en detalle: Berman (2005), 1819 ss.

dos gigantes de carne y acero, yo vengo del ciberespacio, el nuevo hogar del espíritu. [...] el espacio social global que estamos construyendo para ser naturalmente independientes de las tiranías que están tratando de imponernos. No tienes ningún derecho moral a gobernarnos, ni tienes ningún método de aplicación que debamos temer».[14] Y la Convención sobre Ciberdelincuencia del Consejo de Europa especifica como principios rectores a la necesidad de garantizar un equilibrio correcto entre los intereses de las fuerzas del orden y el respeto de los derechos humanos fundamentales, tal como se establece en la Convención de Derechos Humanos del Consejo de Europa de 1950, el Pacto de las Naciones Unidas sobre Derechos Civiles y Políticos de 1966, y otros tratados internacionales de derechos humanos aplicables, incluida la libertad de buscar, recibir y transmitir información e ideas de cualquier tipo, independientemente de las fronteras, incluido el derecho a la privacidad.[15]

Los principios evocados aquí no forman parte del derecho internacional obligatorio en el sentido del artículo 53 de la Convención de Viena sobre los Tratados. Si uno realmente quisiera argumentar que todos los derechos nombrados en la Carta Internacional de Derechos podrían o deberían tener esta dignidad especial, tal desarrollo adicional del *ius cogens* difícilmente sería aceptable, porque la forma actual del principio ya encuentra la resistencia de tales Estados influyentes como Francia. Esta es una de las razones del escepticismo imperante sobre una ampliación del alcance del artículo 53 de la Convención de Viena sobre los Tratados, lo cual, cabe destacar, tiene su función en el marco de la ONU y el régimen de derechos humanos y representa uno de los elementos más importantes en la constitucionalización de éstos regímenes.[16]

La pluralización de los puntos de referencia del derecho no dispositivo no significa, sin embargo, que una visión policéntrica de la sociedad mundial ponga en tela de juicio la diferenciación de un sistema jurídico mundial.[17] Al utilizar la distinción común entre el bien y el mal, los límites del sistema son estabilizado, y una de las tareas más urgentes del constitucionalismo global es que el derecho mantenga su independencia en los diversos vínculos estructurales con los sistemas funcionales de la política, la economía y la religión. El desafío de la interlegalidad radica en el hecho de que «la comuni-

[14] Barlow (2002), disponible en: http://www.ess.org.//Publications/John_Perry_ Barlow.
[15] Cybercrime Convention, ETS Nr. 185, Preámbulo.
[16] Fischer-Lescano (2003a), p. 737.
[17] Sobre este mal entendido: Paulus (2004), p. 1047 ss.

dad mundial está impregnada de miríadas de sistemas jurídicos (en el lenguaje actual se llamarían 'subsistemas'); estos no viven para sí mismos, cada uno en su propia área, sino que se cruzan y se superponen».[18] En otras palabras: la fragmentación del derecho global solo puede percibirse como tal porque los regímenes legales dentro de este derecho global usan el mismo código. La diferenciación interna del sistema legal global sigue cada vez más un patrón funcional. En relación a las unidades de esta interlegalidad, la constitucionalización significa que los respectivos procesos sociales se ajustan reflexivamente a su entorno social y así incorporan un *altera pars* en los componentes de su sistema. La capacidad de respuesta social sólo puede garantizarse a través de estas reconstrucciones internas mediante el reingreso de las racionalidades extranjeras. Las áreas problemáticas que surgen aquí están relacionadas en su estructura con las de la relación entre el derecho nacional y el derecho internacional de paz en el sistema estatal de Westfalia. Aquí, también, la relación entre derecho constitucional y derecho internacional es paradójica y los programas de deparadoxificación monistas, dualistas y moderadamente dualistas que la teoría del derecho internacional ha desarrollado con este fin no pueden anular la circularidad, que consiste en que, por un lado, los Estados constituyen el derecho internacional, y por otro, el derecho internacional se constituye de los Estados.

El pluralismo de régimen significa que las colisiones solo pueden decidirse en el enredo de perspectivas. La perspectiva del régimen de la ONU con la CIJ en su centro es solo una entre otras.[19] En el nuevo pluralismo constitucional del sistema legal mundial no hay un centro uniforme, ningún organismo jerárquicamente superior. La ICANN y otros foros de derecho mundial toman decisiones heterogéneas sobre cuestiones de ciberdelito y una constitucionalización de los respectivos regímenes debe estabilizar cada nuevo

[18] Cassese (1990), p. 210 ss.

[19] «Del mismo modo, las declaraciones de los presidentes de la CIJ deben verse como movimientos defensivos en un entorno político cambiante. ›[L]os tribunales especializados [...] tienden a favorecer sus propias disciplinas. ‹El Magistrado Guillaume declaró en 2000. Esto es cierto, pero se aplica igualmente a su propia Corte. Si los presidentes argumentan que otros tribunales deberían solicitar opiniones consultivas de su Corte, seguramente esto debería interpretarse como un esfuerzo por asegurar una posición en la cima de la jerarquía institucional. Pero si el conflicto tiene que ver con las preferencias por el desarrollo futuro, entonces no es de extrañar que ningún organismo haya expresado interés en someter su jurisdicción al escrutinio de la CIJ [...] «Las luchas institucionales de hoy no favorecen los intereses de la igualdad soberana representada por ›diplomáticos juristas generalistas» (Koskeniemi y Leino [2002], p. 562).

una interacción compleja de procesos sociales autónomos y procesos legales autónomos, en lenguaje teórico-sistémico: establecer acoplamientos estructurales permanentes de subpatrones de orden y normas legales específicos de cada área.[20] Sólo entonces se encuentra la extraña duplicación del fenómeno constitucional, que es característico de los acoplamientos estructurales y que excluye el entendimiento generalizado que se deriva de la amalgama en un concepto constitucional uniforme que se superpone al orden jurídico y social. Una constitución es siempre la combinación de dos procesos reales: desde la perspectiva del derecho, es la producción de normas jurídicas que se entrelaza peculiarmente con las estructuras básicas del sistema social. Desde el punto de vista del sistema social constituido, es la creación de estructuras básicas del orden social, que al mismo tiempo informan al derecho y son a su vez estandarizadas por el derecho.[21] Lo más destacado del acoplamiento estructural es que ambos procesos, el proceso legal y el proceso social, se limitan y estimulan mutuamente en términos de sus posibilidades de influencia. Lo abrumador de un orden será bloqueado por el otro, sus respectivas autonomías están habilitadas y las irritaciones mutuas se concentran en canales de influencia estrechamente limitados y abiertamente institucionalizados.

Incluso una mirada superficial a estos complejos y dinámicos procesos de comunicación muestra que el argumento de que, con base en consideraciones democrático-teóricas, solo las normas legales que han surgido a través del consenso de los Estados pueden lograr una validez global, se queda corto. Ello, condujo al hecho de que ni siquiera para los derechos humanos más fundamentales como la prohibición del apartheid, la esclavitud y el genocidio se podía garantizar el carácter de normas legales: no todos los Estados son miembros de la Convención sobre el Genocidio, no todos los Estados, uno piensa en Francia, que es miembro de la Convención de Viena sobre el Derecho de los Tratados, la cual contempla el *ius cogens*, sin embargo fue el destinatario más importante de la prohibición del apartheid, de otra parte, la República de Sudáfrica en las décadas de 1980 y 1990, practicó una objeción persistente.

Incluso si uno mira el derecho internacional de forma aislada, la democracia y el orden jurídico transnacional (incluso si uno se involucra en la paradoja de la heteronormalización para la

[20] Sobre el acoplamiento estructural de la ley con otros sistemas sociales: Teubner (2002), p. 161 ss.; Luhmann (1993), p. 440 ss.

[21] Luhmann (1990b), p. 176 ss., sobre el caso del emparejamiento de política y derecho.

autonormalización) están en una relación circular a la que el derecho internacional ha reaccionado en la medida en que:

- exige el retorno del sistema post-westfaliano al derecho de coordinación internacional,[22]
- exige una intensificación del carácter cooperativo del derecho internacional,[23]
- una reducción del proceso legal internacional a las democracias como legisladores[24] o
- se postula una democracia cosmopolita, [25] incluso una república mundial.[26]

El presente enfoque se basa en la observación de que las descripciones centradas en la política no son adecuadas en términos de complejidad, ya que los desarrollos legales globales han adquirido una dinámica propia que incluso los actores políticos más poderosos son incapaces de controlar. Tanto el derecho internacional de la paz como todos los demás regímenes funcionales globales rechazan la determinación política y uno no capta los problemas que se derivan de la globalización del derecho si se restringe la consideración a un contrato social global de Estados. En otras palabras, si uno reduce conceptualmente el derecho global a incluir solo los desarrollos legales que surgen en el procedimiento de consenso estatal, uno catapulta una multitud de fenómenos sociales fuera de la descripción del problema y el escenario de solución. El objetivo principal de la unidad normativa sería, pues, víctima de la forma de descripción adecuada al problema, y sobre esta lámina, posiblemente, se pueda seguir adhiriendo al ideal de un orden jurídico internacional uniforme legitimado por los Estados. Sin embargo, se opera una reducción de la disonancia cognitiva en la medida en que se filtran muchos fenómenos de la observación: la mayoría de los Estados involucrados en el proceso de elaboración del derecho internacional no transmiten ninguna legitimación democrática.[27] Por lo tanto, como hace Anne-Marie Slaughter, exigir normativamente que las democracias tengan una posición privilegiada en el sistema de la comunidad internacional, es un punto de partida equivocado, ya que se basa en estrate-

---

22 Böckenförde (1999b), p. 103 ss., p. 116.
23 Sobre esto: Paulus (2001), p. 181 ss.
24 Slaughter (1995), p. 503 ss.
25 Held (1995), p. 278 ss.; Höffe (2002), p. 267 ss.
26 Ver el sumario más utilizado de: Bogdandy (2003), p. 853 ss.
27 Ver la crítica con: Chimni (2004), p. 1 ss.; Buckel (2003), p. 177 ss.

gias de exclusión y marginación.[28] Lo mismo se aplica a la sugerencia de que podrían ser las redes de élite o los ejecutivos coordinados en organizaciones internacionales como la ONU, la OMC y el FMI,[29] las que aseguren la legitimación del derecho global.

Como ejemplo se ha usado el Convenio sobre la Ciberdelincuencia: El Convenio se redactó en el marco de los procedimientos del Consejo de Europa después de que el Comité de Ministros ya había señalado la necesidad de armonizar las regulaciones nacionales en 1995.[30] A EE. UU. se le concedió la condición de observador en una etapa temprana y la UE ya había adoptado una posición común en 1999.[31] Con respecto al último proyecto de convención, la Comisión de Asuntos Jurídicos de la Asamblea Parlamentaria emitió su dictamen el 10 de abril de 2001. Dos semanas después, el 24 de abril de 2001, el borrador número 25 se presentó directamente a la Asamblea Parlamentaria del Consejo de Europa para recibir comentarios.[32] A pesar de las críticas a veces masivas de expertos y proteccionistas de datos, solo se aceptó una enmienda.[33] El borrador fue luego revisado por última vez por el Comité Europeo de Problemas Criminales (CDPC) y aprobado en el próximo plenario. El Comité de Ministros adoptó la Convención por última vez el 8 de noviembre de 2001. Difícilmente se puede hablar del hecho de que, en este círculo europeo cerrado, que en el mejor de los casos otorga a los forasteros el estatus de observadores, se obtiene una legitimación democrática global. En opinión del Centro Estatal de Protección de Datos de Schleswigolstein, las críticas son bastante acertadas con respecto a los Estados miembros del Consejo de Europa: «El borrador del Consejo de Europa de un Convenio sobre ciberdelincuencia mencionado en la comunicación de la Comisión se elaboró democráticamente sin transparencia y la participación requerida en esta área legalmente sensible legitimó a los tomadores de decisiones».[34]

---

[28] Simpson (2001), p. 537 ss.

[29] La crítica osbre eso en: Allott (2003), p. 309 ss.

[30] COE Recommendation No. R (95) 13, 11. September 1995.

[31] 1999/364/JHA, 27. Mai 1999, Abl. L 142, 05/06/1999, p. 1-2.

[32] Europarat, Parlamentarische Versammlung, Wortprotokolle, 24.4.2001, Ziss. 6.

[33] Documentado en extractos en: Center for Democracy and Technology, http://www.cdt.org/international/cybercrime/001211cdt.shtml; Netzwerk Global Internet Liberty Campaign Member Letter on Council of Europe Convention on Cyber-Crime Version 24.2, at http://www.gilc.org/privacy/coe-letter-1200.html; American Civil Liberties Union, the Electronic Privacy Information Center and Privacy International on Draft 27 of the Proposed CoE Convention on Cybercrime, unter: www.privacyinternational.org/issues/cybercrime/coe/ngo_letter_ 601.htm.

[34] Centro Estatal Independiente para la Protección de Datos de Schleswig-Holstein, comentario sobre la comunicación de la Comisión COM (2000) 890, al mismo tiempo crítica al

El déficit democrático de la comunidad internacional y los mecanismos legales bajo el derecho internacional es actualmente tan grande, si no mayor, que el de los subsistemas funcionales, que a su vez representan unidades no territoriales.[35] La tarea decisiva es entonces asegurar que se contrarresten las tendencias exclusivas del régimen funcional. Por un lado, se debe desatar el potencial de universalización de los regímenes. Por otro lado, en los procesos en los que el derecho mundial se acopla estructuralmente con discursos aislados y altamente especializados, se debe asegurar que estos regímenes funcionales estén vinculados reflexivamente a sus entornos sociales. En estos procesos de constitucionalización, el potencial de democratización previamente desaprovechado de los subsistemas sociales también podría liberarse salvaguardando legalmente el dualismo de la racionalidad formalmente organizada y la espontaneidad informal como una interacción dinámica sin la primacía de uno u otro. En los regímenes, el desafío constitucional sería establecer normativamente la dualidad de la autonomía social en los subsistemas, es decir, una dinámica de control del área espontánea y el área organizacional. Y entonces se trataría de estabilizar la diferencia espontáneamente / organizada como tal y salvaguardarla institucionalmente. La constitución de «Internet» distinguiría entre áreas espontáneas del público (similar a la parte de derechos fundamentales de las constituciones políticas o la ley de mercado constitucional) y áreas organizacionales altamente formalizadas (similar a la ley de organización estatal o derecho de sociedades), estabilizando ambas en sus propias lógicas y ver su principal tarea en sus controles mutuos para expandirse.[36] Es importante incorporar conceptualmente un vínculo de retorno entre los procesos legales altamente complejos en la sociedad global y no solo la comunidad internacional (estatal).

La esfera pública mundial-política, la jurisdicción mundial heterárquica y los centros funcionales de toma de decisiones serían el punto de partida si se quisiera desactivar las respectivas disposiciones de totalización a través de fuerzas opuestas procesalmente aseguradas que afectan la participación de la sociedad civil en la

---

proyecto de «Convenio sobre la Ciberdelincuencia» del Consejo de Europa (PC-CY [2000] Draft No 25 Rev.), http: //europa.eu.int/ISPO/eif/InternetPoliciesSite/Crime/Comments / DatenschutzzentrumSchleswigHolstein.html. Ver también: www.europa. eu.int/ISPO/ eif/InternetPoliciesSite/ Crime / crime1.html.

35 Ver también: Perez (2003), p. 25 ss.

36 Teubner (2003a), p. 1 ss.; ver también: Ottolia y Wielsch (2004), p. 174 ss., p. 199.

elaboración de leyes globales y el acceso individual de los afectados a las instancias de la corte central y descentralizada para concebir una alternativa razonablemente realista al derecho hegemónico de la comunidad internacional.[37]

[37] En contraste con la teoría de una «asociación funcional», como fue concebida por ejemplo por Hans Peter Ipsen para la CEE (Ipsen [1994], 1 pp., 7, años. [1972], 196 pp.), que funciona en este caso, no se trata precisamente de salvaguardar normativamente los órdenes concretos mediante patrones de estratificación legalmente protegidos, con la excepción de que los esfuerzos de control democrático se opongan a los modelos funcionalmente mediados nacionalmente de la asociación funcional, sino al contrario. Se trata de romper las estructuras establecidas, comprometidas con intereses exclusivos y parciales a través de procesos de constitucionalización apoyados por la sociedad civil.

15

CONCLUSIÓN: LA AUTOIMAGEN DE UN NUEVO CONFLICTO DE LEYES

¿Qué significa todo esto para una nueva autocomprensión del derecho en vista de la fragmentación del derecho transnacional en regímenes autónomos? La consecuencia es una reducción significativa de las altas exigencias que se imponen en el tratamiento de la fragmentación jurídica, porque no se origina en la ley, sino en entornos sociales. La ley es solo una herramienta de gestión de colisiones entre muchas. Además de los mecanismos de colisión legal, económica, científica y política, están disponibles otros, para hacer frente a los conflictos.[1] Si los conflictos no se transmiten a la ciencia, la política y los negocios, habrá que limitarse a buscar una mera compatibilidad de los fragmentos jurídicos en lugar de establecer la unidad del derecho internacional a través de jerarquías jurídico-conceptuales, normativas e institucionales.[2] En lugar de una integración ilusoria de la sociedad mundial diferenciada, la ley puede, en el mejor de los casos, limitar el daño. Puesto que las contradicciones de las diferentes racionalidades sociales no pueden conciliarse con los recursos legales, en el mejor de los casos, la ley, para variar como una caracterización apropiada del derecho internacional, puede actuar como un «civilizador amable de los sistemas sociales».[3] Las contradicciones» no se pueden evitar, pero de hecho es tarea de una nueva forma de introspección y autodescripción del sistema legal mantener compatibles los diferentes 'escenarios legales' y hacerlos permeables entre sí. «[4] Siendo realistas, sólo existe la posibilidad de frenar las tendencias autodestructivas de las colisiones de racionalidades mediante su «formalización» legal. Porque, ¿cómo puede la ley tratar con sensatez los conflictos de racionalidad en la sociedad? Si las cosas van bien, como se muestra en los ejemplos, se traducirá una parte (limitada) de estos conflictos de racionalidad en la *quaestio juris* y, por lo tanto, proporcionará un foro para la ejecución pacífica. Pero incluso en este caso la ley no

1 Ver especialmente: Schramm Stokke (2001), p. 8 ss.
2 Ver también sobre el derecho nacional: Müller (1979), 225 ss.
3 Koskenniemi (2002), p. 494 ss.
4 Ladeur (1992), p. 159-160.

actúa como un órgano de coordinación de nivel superior; Sería mucho si pudiera proporcionar garantías legales de autonomía mutua contra las tendencias totalizadoras y el aplastamiento unilateral de los fragmentos de la sociedad. Y ante el riesgo potencial de fragmentación social, el Derecho deberá retirarse a la tarea limitada de compensar el daño mutuo y contener el daño al medio ambiente humano y natural.

16

ABREVIATURAS

AIA	Instituto Americano de Arquitectos
ADPIC	Acuerdo sobre los Aspectos de los Derechos de Propiedad Intelectual relacionados con el Comercio
ARV	Antirretrovirales
BM	Banco Mundial
CEDH	Corte Europea de Derechos Humanos
CI	Cortes Internacionales
CIADI	Centro Internacional de Arreglo de Diferencias Relativas a Inversiones
CDI	Comisión de Derecho Internacional
CIC	Centro de Cooperación Internacional
CIJ/IGH/ICJ	Corte Internacional de Justicia
CPI	Corte Penal Internacional permanente
CNUDMI	Comisión de las Naciones Unidas para el Derecho Mercantil Internacional
EE. UU	Estados Unidos de Norteamérica
ENAA	Asociación de Avance de Ingeniería de Japón
FAO	Organización de las Naciones Unidas para la Agricultura y la Alimentación
FIEC	Federación Internacional Europea de la Construcción
FIELD	Fundación para el Derecho Ambiental Internacional y el Desarrollo
FIDIC	Federación Internacional de Ingenieros Consultores
FMI	Fondo Monetario Internacional
EAPO	Organización Eurasiática de Patentes
ESD	Entendimiento sobre Solución de Diferencias
GATT	Acuerdo General sobre Aranceles Aduaneros y Comercio
HIPC	Heavily Indebted Poor Countries
ICANN	La Corporación de Internet para la Asigna-

	ción de Nombres y Números
ICE	Institución Británica de Ingenieros
ILC	International Law Commission
OMC	Organización Mundial de Comercio
OMPI	Organización Mundial de Propiedad Intelectual
OMS	Organización Mundial de la Salud
ONG	Organización no Gubernamental
ONU	Organización de Naciones Unidas
OSD	Órgano de Solución de Diferencias
PICT	Proyecto sobre Cortes y Tribunales Internacionales
PLT	Tratado sobre el Derecho de Patentes / Paten Law Treaty
PMASA	Asociación de Fabricantes Farmacéuticos de Sudáfrica
SCP	Standing Committe on the Law of Patents
SPLT	Proyecto del Tratado Sustantivo sobre el Derecho de *Patentes*
TAAECJ	El Tribunal Arbitral de la Asociación Europea de Comercio Justo
TICS	Tecnologías de la Información y la Comunicación
TJCE	Tribunal de Justicia de la Comunidad Europea
TJUE	Tribunal de Justicia de la Unión Europea
TPIY/ICTY	Tribunal Penal Internacional para la ex Yugoslavia
TPIR	Tribunal Penal Internacional de Ruanda
UDRP	Política de Resolución de Disputas de Nombres de Dominio
UE	Unión Europea
UNCETAD	Conferencia de las Naciones Unidas sobre Comercio y Desarrollo
UNIDROIT	Instituto Internacional para la Unificación del Derecho Privado
UNCTAD	Conferencia de las Naciones Unidas sobre Comercio y Desarrollo
UNIDROIT	Instituto Internacional para la Unificación del Derecho Privado
VStGB	Código Alemán de Derecho Penal Internacional - Völkerstrafgesetzbuch

17

BIBLIOGRAFÍA

Abbott, Frederick (2002): «The Doha Declaration on the TRIPS Agreement and Public Health: Lighting a Dark Corner at the WTO», in: *Journal of International Economic Law* 5, 469 ff.

Abbott, Kenneth W., Keohane, Robert O., Moravcsik, Andrew, Slaughter, Anne-Marie und Snidal, Duncan (2000): «The Concept of Legalization», in: *International Organisation* 54, 401 ff.

Abegg, Andreas (2006): «Evolutorische Rechtstheorie», in: Sonja Buckel, Ralph Christensen und Andreas Fischer-Lescano (Hg.), *Neue Theorien des Rechts*, Stuttgart: Lucius & Lucius (UTB), 371 ff., i.E.

Abi-Saab, Georges (1999): «Fragmentation or Unification: Some Concluding Remarks», in: *New York University Journal of International Law and Politics* 31, 919 ff.

Aceves, William (2000): «Liberalism and International Legal Scholarship: The Pinochet Case and the Move toward a Universal System of Transnational Law Litigation», in: *Harvard International Law Journal* 41, 129 ff.

Agamben, Giorgio (2002): *Homo Sacer: Die souveräne Macht und das nackte Leben*, Frankfurt/M.: Suhrkamp.

Agamben, Giorgio (2004): *Ausnahmezustand (Homo Sacer II.I)*, Frankfurt/M.: Suhrkamp.

Akande, Dapo (2004): «International Law Immunities and the International Criminal Court», in: *American Journal of International Law* 98, 407 ff.

Albert, Mathias (2002): *Zur Politik der Weltgesellschaft: Identität und Recht im Kontext internationaler Vergesellschaftung*, Weilerswist: Velbrück.

Albert, Mathias und Hessler, Stephan (2002): «Das Multilateral Agreement on Investment (MAI) – ein Beispiel für failed governance‹?», in: Peter Nahamowitz und Rüdiger Voigt (Hg.), *Globalisierung des*

Rechts II: Internationale Organisationen und Regelungsbereiche, Baden-Baden: Nomos, 381 ff.

Albert, Mathias und Hilkermeier, Lena (2004): *Observing International Relations. Niklas Luhmann and World Politics,* London: Routledge & Kegan.

Aleinikoff, T. Alexander (2000): «Sovereignty Studies in Constitutional Law: A Comment», in: *Constitutional Commentary* 17, 197 ff.

Alexander, Barbara Cochrane (2001): «Lack of Access to HIV/AIDS Drugs in Developing Countries: Is There a Violation of the International Human Right to Health?», in: *Human Rights Brief* 8, 12 ff.

Alford, Roger P. (2003): «Federal Courts, International Tribunals, and the Continuum of Deference», in: *Virginia Journal of International Law* 43, 675 ff.

Allain, Jean und Jones, John (1997): «A Patchwork of Norms: A Commentary on the 1996 Draft Code of Crimes against the Peace and Security of Mankind», in: *European Journal of International Law* 8, 100 ff.

Allott, Philip (2003): «The Emerging International Aristocracy», in: *New York University Journal of International Law and Politics* 35, 309 ff.

Alston, Philip (2002): «Resisting the Merger and Acquisition of Human Rights by Trade Law: A Reply to Petersmann», in: *European Journal of International Law* 13, 815 ff.

Altvater, Elmar, Brunnengräber, Achim, Haake, Markus und Walk, Heike (1997): *Vernetzt und Verstrickt: Nicht-Regierungs-Organisationen als gesellschaftliche Produktivkraft,* Münster: Westfälisches Dampfboot.

Alvarez, José (2001): «Do Liberal States Behave Better? A Critique of Slaughter's Liberal Theory» in: *European Journal of International Law* 12, 183 ff.

Ambos, Kai (1999): «Der Fall Pinochet und das anwendbare Recht», in: *Juristenzeitung* 1, 16 ff.

Amstutz, Marc (2003a): «Vertragskollisionen: Fragmente für eine Lehre von der Vertragsverbindung», in: Marc Amstutz (Hg.), *Festschrift für Heinz Rey,* Zürich: Schulthess, 161 ff.

Amstutz, Marc (2003b): «Zwischenwelten. Zur Emergenz einer interlegalen Rechtsmethodik im europäischen Privatrecht», in: Gunther Teubner und Christian Joerges (Hg.), *Rechtsverfassungsrecht,* Baden-Baden: Nomos, 213 ff.

Anderson, Benedict (1991): *Imagined communities: reflections on the origin and spread of nationalism*, 2. Aufl., London: Verso.

Appadurai, Arjun (1996): «Disjuncture and Difference in the Global Cultural Economy», in: Arjun Appadurai (Hg.), *Modernity at Large: Cultural Dimensions of Globalization,* Minneapolis: University of Minesota Press, 27 ff.

Arthurs, Harry und Kreklewich, Robert (1996): «Law, Legal Institutions, and the Legal Profession in the New Economy», in: *Osgoode Hall Law Journal* 34, 1 ff.

Arts, Bas (2000): «Regimes, Non-State Actors and the State System: A

'Structurational' Regime Model», in: *European Journal of International Relations* 6, 513 ff.

Auyang, Sunny Y. (1999): Foundations of Complex-system Theories, in: *Economics, Evolutionary Biology, and Statistical Physics*, Cambridge: Cambridge University Press.

Aviram, Amitai (2003): «A Network Effects Analysis of Private Ordering», in: *Berkeley Program in Law and Economics Working Paper Series* 80/2003, abrufbar unter: http:// repositories.cdlib. org/blewp/.

Baars, Alf und Böckel, Margret (2004): «Argentinische Auslandsanleihen vor deutschen und argentinischen Gerichten», in: *Zeitschrift für Bankrecht und Bankwirtschaft* 16, 445 ff.

Baecker, Dirk (2003): «Organisation und Gesellschaft», in: Dirk Baecker (Hg.), *Organisation und Management: Aufsätze*, Frankfurt/M.: Suhrkamp, 293 ff.

Barcroft, Peter (2005): The Slow Demise of Impunity in Argentina and Chile, in: *ASIL insights January 2005*, abrufbar unter: www.asil.org/insights.htm.

Barlow, John P. (2002): *Cyberspace Declaration of Independence*, abrufbar unter: http://www.eff.org.//Publications/John_Perry_ Barlow.

Barton, John H. (2004): «Issues posed by a World Patent System», in: *Journal of International Economic Law* 7, 341 ff.

Bass, Naomi (2002): «Implications of the TRIPS Agreement for Developing Countries: Pharmaceutical Patent Laws in Brazil and South Africa in the 21st Century», in: *George Washington International Law Review* 34, 191 ff. Beck, Ulrich (1986): *Risikogesellschaft: Auf dem Weg in eine andere Moderne*, Frankfurt/M.: Suhrkamp.

Beck, Ulrich (1991): «Umweltpolitik in der Risikogesellschaft», in: *Zeitschrift für angewandte Umweltforschung* 4, 117 ff.

Beck, Ulrich (2004): *Der kosmopolitische Blick oder: Krieg ist Frieden*, Frankfurt/M.: Suhrkamp.

Becker, Dietrich Claus (2005): *Von Namen und Nummern. Kollisionen unverträglicher Handlungslogiken*, Baden-Baden: Nomos.

Becker, Florian und Lehmkuhl, Dirk (2004): «Multiple Strukturen der Regulierung: Ursachen, Konflikte und Lösungen am Fall des Leichtathleten Baumann», in: Adrienne Héritier, Michael Stolleis und Fritz Scharpf (Hg.), *European and International Regulation after the Nation State. Different Scopes and Multiple Levels*, Baden-Baden: Nomos, 225 ff.

Benvenisti, Eyal (1999): «Margin of Appreciation, Consensus, and Universal Standards», in: *New York University Journal of International Law and Politics* 31, 843 ff.

Benz, Arthur (1996): «Regionalpolitik zwischen Netzwerkbildung und Institutionalisierung: Zur Funktionalität paradoxer Strukturen», in: *Staatswissenschaften und Staatspraxis* 1, 23 ff.

Berman, Harold (1994-1995): «World Law», in: *Fordham International Law Journal* 18, 1617 ff.

Berman, Paul Schiff (2002): «Globalization of Jurisdiction», in: *University of Pennsylvania Law Review* 151, 311 ff.

Berman, Paul Schiff (2005a): «From International Law to Law and Globalization», in: *Columbia Journal of Transnational Law* 43, 458 ff.

Berman, Paul Schiff (2005b): «Choice of Law and Jurisdiction on the Internet. Towards a Cosmopolitan Vision of Conflict of Laws: Redefining Governmental Interests in a Global Era», in: *University of Pennsylvania Law Review* 153, 1819 ff.

Bernstein, Edward A. (1995): «Law and Economics and the Structure of Value Adding Contracts: A Contract Lawyer's View of the Law of Economics Literature», in: *Oregon Law Review* 74, 189 ff.

Betlem, Gerrit und Nollkaemper, André (2003): «Giving Effect to Public International Law before Domestic Courts. A Comparative Analysis of the Practice of Consistent Interpretation», in: *European Journal of International Law* 14, 569 ff.

Bieber, Daniel (1997): «Probleme unternehmensübergreifender Organisation von Innovationsprozessen», in: Daniel Bieber (Hg.), *Technikentwicklung und Industriearbeit: Industrielle Produktionstechnik zwischen Eigendynamik und Nutzerinteressen*, Frankfurt/M.: Campus, 111 ff.

Blumenwitz, Dieter (1999): «Souveränität - Gewaltverbot - Menschenrecht. Eine völkerrechtliche Bestandsaufnahme nach Abschluß des nicht-mandatierten NATO-Einsatzes in Ex-Jugoslawien», in: *Politische Studien - Sonderheft* 4, 19 ff.

Böckenförde, Ernst-Wolfgang (1974): «Grundrechtstheorie und Grundrechtsinterpretation», in: *Neue Juristische Wochenschrift* 24, 1529 ff.

Böckenförde, Ernst-Wolfgang (Hg.) (1999a): *Staat. Nation. Europa*, Frankfurt/M.: Suhrkamp.

Böckenförde, Ernst-Wolfgang (1999b): «Die Zukunft politischer Autonomie», in: Ernst-Wolfgang Böckenförde (Hg.), *Staat, Nation, Europa*, Frankfurt/M.: Suhrkamp, 103 ff.

Böckenförde, Markus (2003): «Zwischen Sein und Wollen - Über den Einfluss umweltvölkerrechtlicher Verträge im Rahmen eines WTO-Streitbeilegungsverfahrens», in: *Zeitschrift für ausländisches und öffentliches Recht und Völkerrecht* 63, 971 ff.

Bodeker, Gerard (2003): «Traditional Medical Knowledge, Intellectual Property Rights, and Benefit Sharing», in: *Cardozo Journal of International and Comparative Law* 11, 785 ff.

Bogdandy, Armin von (2001): «Law and Politics in the WTO - Strategies to Cope with a Deficient Relationship», in: *Max Planck Yearbook of United Nations Law* 5, 609 ff.

Bogdandy, Armin von (2003): «Demokratie, Globalisierung, Zukunft des Völkerrechts - eine Bestandsaufnahme», in: *Zeitschrift für ausländisches und öffentliches Recht und Völkerrecht* 63, 853 ff.

Bothe, Michael (1971): «Die strafrechtliche Immunität fremder Staatsorgane», in: *Zeitschrift für ausländisches und öffentliches Recht und Völkerrecht* 31, 246 ff.

Bothe, Michael (2004): «The Historical Evolution of International Huanitarian Law, International Human Rights Law, Refugee Law and International Criminal Law», in: Horst Fischer, Ulrike Froissart, Wolf Heintschel von Heinegg und Christian Raap (Hg.), *Krisensicherung und Humanitärer Schutz - Crisis Management and Humanitarian Protection - Festschrift für Dieter Fleck,* Berlin: BerlinerWissenschaftsverlag, 37 ff. Bothe, Michael, Brink, Josef, Kirchner, Christian und Stockmayer, Albrecht (1987): *Rechtsfragen der internationalen Verschuldungskrise,* Frankfurt/M.:Lang.

Bothe, Michael und Fischer-Lescano, Andreas (2005): «Grenzenlos. Ein deutscher Prozess gegen US-Verantwortliche für Abu Ghraib?», in: *Süddeutsche Zeitung* v. 19. August 2005, 11.

Böttger, Katja (2002): *Die Umweltpflichtigkeit von Auslandsdirektinvestitionen im Völkerrecht*, Baden-Baden: Nomos.

Branstetter, Lee G. (2004): «Do Stronger Patents Induce More Local Innovation? », in: *Journal of International Economic Law* 7, 359 ff.

Bratton, William W. und McCahery, Joseph A. (1997): «The New Economics of Jurisdictional Competition: Devolutionary Federalism in a Second-Best World», in: *Georgetown Law Journal* 86, 201 ff.

Braune, Fernando und Menezes, Naira (1999): «The Patentability of Chemical, Biochemical, Pharmaceutical and Biotechnological Inventions in Brazil», in: *Patent World* 108, 46 ff.

Brems, Eva (1996): «The Margin of Appreciation Doctrine in the Case-Law of the European Court of Human Rights», in: *Zeitschrift für ausländisches und öffentliches Recht und Völkerrecht* 56, 240 ff.

Brilmayer, Lea (1995): «The role of substantive and choice of law policies in the formation and application of choice of law rules», in: *Recueil des Cours* 252, 9 ff.

Brock, Lothar (2004): «Frieden durch Recht. Zur Verteidigung einer Idee gegen ›die harten Tatsachen‹ der internationalen Politik», in: *HSFK Standpunkt 3*, abrufbar unter: www.hsfk.de.

Brodocz, André (1996): «Strukturelle Kopplung durch Verbände», in: *Soziale Systeme* 2, 361 ff.

Brownlie, Ian (1998): *Principles of Public International Law*, 5. Aufl., Oxford: Oxford University Press.

Brunkhorst, Hauke (1999): «Heterarchie und Demokratie», in: Hauke Brunkhorst und Peter Niesen (Hg.), *Das Recht der Republik*, Frankfurt/M.: Suhrkamp, 373 ff.

Brunkhorst, Hauke (2000): «Ist die Solidarität der Bürgergesellschaft globalisierbar?», in: Hauke Brunkhorst (Hg.), *Globalisierung und Demokratie: Wirtschaft, Recht, Medien*, Frankfurt/M.: Suhrkamp, 274 ff.

Brunkhorst, Hauke (2002): *Solidarität. Von der Bürgerfreundschaft zur globalen Rechtsgenossenschaft*, Frankfurt/M.: Suhrkamp

Brunnée, Jutta und Toope, Stephen (2000): «International Law and Constructivism: Elements of an Interactional Theory of International Law», in: *Columbia Journal of Transnational Law* 39, 19 ff.

Bucher, Andreas und Tschanz, Pierre-Yves (1989): *International Arbitration in Switzerland*, Basel: Helbig & Lichtenhahn.

Buckel, Sonja (2003): «Empire oder Rechtspluralismus? Recht im Globalisierungsdiskurs», in: *Kritische Justiz* 36, 177 ff.

Buergenthal, Thomas (2001): «Proliferation of International Courts and Tribunals: Is it Good or Bad?», in: *Leiden Journal of International Law*, 14, 267 ff.

Bull, Hedley (1995): *The Anarchical Society. A Study of Order in World Politics (1977)*, 2. Aufl., London: Macmillan.

Burke-White, William W. (2002): «A Community of Courts: Toward a System of International Criminal Law Enforcement», in: *Michigan Journal of International Law* 24, 1 ff.

Burke-White, William W. (2003): «Toward a System of International Criminal Law Enforcement», in: *Michigan Journal of International Law* 24, 1 ff. Buzan, Barry, Waever, Ole und de Wilde, Jaap (1998): *Security: A New Framework for Analysis*, London: Lynne Rienner Publishers.

Byers, Michael (2000): «The Law and Politics of the Pinochet Case», in: *Duke Journal of Comparative and International Law* 10, 415 ff.

Byers, Michael (2003): «Introduction: the complexities of foundational change», in: Michael Byers und Georg Nolte (Hg.), *United States Hegemony and the Foundations of International Law,* Cambridge: Cambridge University Press, 1 ff.

Cafiero, Mario, und Erlassjahr (2004): *Argentiniens Diktatur-Schulden sind sittenwidrig, Schreiben an das Bundesverfassungsgericht vom 17. November 2004,* abrufbar unter: www.uni-kassel.de/fb10/frieden/regionen/Argentinien/schulden4.html.

Calliess, Gralf-Peter (1999): *Prozedurales Recht,* Baden-Baden: Nomos. Calliess, Gralf-Peter (2002): «Reflexive Transnational Law: The Privatisation of Civil Law and the Civilisation of Private Law», in: *Zeitschrift für Rechtssoziologie* 24, 185 ff.

Calliess, Gralf-Peter (2004) «Transnationales Verbrauchervertragsrecht», in: *Rabels Zeitschrift* 68, 244 ff.

Cameron, Edwin und Berger, Jonathan (2004): «Patents and Public Health: Principle, Politics and Paradox. Inaugural British Academy Law Lectu re», in: *Script-ed* 1, 556 ff.

Campagna, Julie (2004): «United Nations Norms on the Responsibilities of Transnational Corporations and other Business Enterprises with Re gard to Human Rights: The International Community Asserts Binding Law on the Global Rule Makers», in: *John Marshall Law Review* 37, 1205 ff.

Carr, Edward H. (1939): *The Twenty Years' Crisis 1919-1939: An Introduction to the Study of International Relations*, London: Macmillan.

Carreau, Dominique (1985): «Le rééchelonnement de la dette extérieure des Etats», in: *Journal du Droit International* 112, 5 ff.

Cass, Deborah Z. (2001): «The ›Constitutionalization‹ of International Trade Law: Judicial Norm-Generation as the Engine of Constitutional Development in International Trade», in: *European Journal of International Law* 12, 39 ff.

Cassese, Antonio (1990): «Remarks on Scelle's Theory of ›Role Splitting‹ (dédoublement fonctionnel) in International Law», in: *European Journal of International Law* 1, 210 ff.

Cassese, Antonio (1999): «Ex iniuria ius oritur: Are We Moving towards International Legitimation of Forcible Humanitarian Countermeasures in the World Community? », in: *European Journal of International Law* 10, 23 ff.

Cassese, Antonio (2002): «When May Senior State Officials be Tried for International Crimes? Some Comments on the Congo v. Belgium Case», in: *European Journal of International Law* 13, 853 ff.

Castells, Manuel (2000): *The Rise of the Network Society: The Information Age: Economy, Society and Culture, Band 1*, Malden/Mass.: Blackwell.

Charney, Jonathan (1998): «Is International Law Threatened by Multiple International Tribunals», in: *Hague Recueil des Cours* 271, 101 ff.

Charney, Jonathan (1999): «The Impact on the International Legal System of the Growth of International Courts and Tribunals», in: *New York University Journal of International Law and Politics*, 697 ff.

Charnovitz, Steve (2002): «Triangulating the World Trade Organization», in: *American Journal of International Law* 96, 28 ff.

Charnovitz, Steve (2004): «The Legal Status of the Doha Declarations», in: *Journal of International Economic Law* 5, 207 ff.

Chaumont, Charles (1970): «Cours général de droit international public», in: *Hague Recueil des Cours* 129 1, 335 ff.

Chaytor, Beatrice, Palmer, Alice und Werksman, Jacob (2003): *Interactions with the World Trade Organisation: The CartagenaProtocol on Biosafety and the International Commission for the Conservation of Atlantic Tunas*. Foundation for International Environmental Law and Development, abrufbar unter: http://www.ecologic.de/download/projekte/850-899/890/indepth/world_trade_organization.pdf.

Checkel, Jeffrey (1998): «The Constructivist Turn in International Relations Theory», in: *World Politics* 50, 324 ff.

Chimni, Bhupinder (2004): «International Institutions Today: An Imperial Global State in the Making», in: *European Journal of International Law* 15, 1 ff.

Christie, Nils (1977): «Conflicts as Property», in: *The British Journal of Criminology* 17, 1 ff.

Committee on International Human Rights Law and Practice (2000): *Final Report on the Exercise of Universal Jurisdiction in Respect of Gross Human Rights Offences*, abrufbar unter: http://www.ila-hq.org/pdf/Human%20 Rights%20Law/HumanRig.pdf: International Law Association (ILA).

Conway, Gerard (2002): «Breaches of EC Law and International Responsibility of Member States», in: *European Journal of International Law* 13, 679 ff.

Cooter, Robert D. (1994): «Decentralized Law for a Complex Economy», in: *International Review of Law and Economics* 23, 443 ff.

Correa, Carlos (2000a): *Intellectual Property Rights, the WTO and Developing Countries. The TRIPS Agreement and Policy Options*, London: Zed Books.

Correa, Carlos (2000b): *Integrating Public Health Concerns into Patent Legislation in Developing Countries*, Genf, abrufbar unter: http://www.southcentre.org/publications/publichealth/publichealth.pd f: South Center.

Correa, Carlos (2002): «Implications of the Doha Declaration on the TRIPS Agreement and Public Health. World Health Organisation», in: *EDM Series* 12, WHO/EDM/PAR/2002.3.

Correa, Carlos und Musungu, Sisule (2002): *The WIPO Patent Agenda: The Risk for Developing Countries*, abrufbar unter: http://www. southcentre.org/publications/wipopatent/toc.htm: South Center Working Papers 12/2002.

Cottier, Thomas und Hertig, Maya (2003): «The Prospects of 21st Century Constitutionalism», in: *Max Planck Yearbook of United Nations Law* 7, 261 ff.

Cutler, Claire A. (1999): «Public meets private: the international unification and harmonisation of private international trade law», in: *Global Society* 13, 25 ff.

Cutler, Claire A. (2003): *Private Power and Global Authority*, Cambridge: Cambridge University Press.

Dahrendorf, Ralf (1998): «Anmerkungen zur Globalisierung», in: Ulrich Beck (Hg.), *Perspektiven der Weltgesellschaft,* Frankfurt/M.: Suhrkamp, 31 ff.

D'Amato, Anthony (2005): «International Law as an Autopoietic System», in: Rüdiger Wolfrum und Volker Röben (Hg.), *Developments in International Law of Treaty Making*, Berlin: Springer, 335 ff. y de Oliveira, Miguel und Tandon, Rajesh (1994): «An Emerging Global Civil Society», in: Miguel Darcy de Oliveira und Rajesh Tandon (Hg.), *Citizens Strengthening Global Civil Society*, Washington D.C.: Civicus, 1 ff.

Day, Adam (2004): «Crimes Against Humanity as a Nexus of Individual and State Responsibility: Why the ICJ Got Belgium v. Congo Wrong», in: *Berkeley Journal of International Law* 22, 489 ff.

Deitelhoff, Nicole (2003): *Talking States into Persuasion. Norm-entrepreneurs and the Manipulation of Discursive Settings in Norm-construction instances, Jahreskonferenz des Internationalen Promotions-Centrums Gesellschaftswissenschaften (IPC),* Universität Frankfurt/M..

Delaume, Georges (1997): «Recognition and enforcement of state contract awards in the United States», in: *American Journal of International Law* 91, 476 ff.

Deleuze, Gilles und Guattari, Félix (1977): *Rhizom*, Berlin: Merve. Deleuze, Gilles und Guattari, Félix (1992): *Tausend Plateaus*, Berlin: Merve. Dennis, Michael J. und Stewart, David P. (2004): «Justiciability of Economic, Social, and Cultural Rights: Should There be an International Complaints Mechanism to Adjudicate the Rights to Food, Water, Housing, and Health? », in: *American Journal of International Law* 98, 462 ff.

Derrida, Jacques (2003): *Schurken*, Frankfurt/M.: Suhrkamp.

Deutsches Institut für Menschenrechte (2005): *Die General Comments zu den VN-Menschenrechtsverträgen, Deutsche Übersetzung und Kurzeinführung*, Baden-Baden: Nomos.

Dicke, Klaus (2000): «Erscheinungsformen und Wirkungen von Globalisierung in Struktur und Recht des internationalen Systems auf universaler und regionaler Ebene sowie gegenläufige Renationalisierungstendenzen», in: *Berichte der deutschen Gesellschaft für Völkerrecht* 39, 13 ff.

Dickinson, Laura (2003): «The Promise of Hybrid Courts», in: *American Journal of International Law* 97, 295 ff.

Diehl, Paul, Ku, Charlotte und Zamora, Daniel (2003): «The Dynamics of International Law: The Interaction of Normative and Operating Systems», in: *International Organization* 57, 43 ff.

Dinwoodie, Graeme B. (2000): «A New Copyright Order: Why National Courts Should Create Global Norms», in: *University of Pennsylvania Law Review* 149, 469 ff.

Dinwoodie, Graeme B. (2001): «The Development and Incorporation of International Norms in the Formation of Copyright Law», in: *Ohio State Law Journal* 63, 733 ff.

Di Rosa, Pablo (2004): «The Recent Wave of Arbitrations Against Argentina under Bilateral Investment Treaties: Background and Principal Legal Issues», in: *University of Miami Inter-American Law Review* 36, 41 ff.

Dolzer, Rudolf (1989): «Staatliche Zahlungsunfähigkeit: Zum Begriff und zu den Rechtsfolgen im Völkerrecht», in: Jürgen Jekewitz (Hg.), *Des Menschen Recht zwischen Freiheit und Verantwortung, Festschrift für Karl Josef Partsch,* Berlin: Duncker & Humblot, 531 ff.

Dorigo, Stefano (2002): «The Public Debt of Argentina before Italian Courts», in: *Rivista di Diritto Internazionale* 85, 958 ff.

Douglas, Mary (1986): *How Institutions Think*, Syracuse: Syracuse University Press.

Dupuy, Pierre-Marie (1999): «The Danger of Fragmentation or Unification of the International Legal System and the International Court of Justice», in: *New York University Journal of International Law and Politics* 31, 791 ff.

Dupuy, Pierre-Marie (2002): «L'unité de l'ordre juridique international», in: *Recueil des Cours* 291, 1 ff.

Durner, Wolfgang (2001): *Common Goods. Statusprinzipien von Umweltgütern im Völkerrecht,* Baden-Baden: Nomos.

Eckersley, Robyn (2004): «The Big Chill: The WTO and Multilateral Environmental Agreements», in: *Global Environmental Politics* 4, 24 ff.

Eco, Umberto (2003): *Dalla Periferia dell'Impero: Cronache da un Nuovo Medioevo (1977),* Mailand: Bompiani.

Ehrlich, Eugen (1913): *Grundlegung der Soziologie des Rechts,* München: Duncker & Humblot.

Ellickson, Robert C. (1989): «Bringing Culture and Human Frailty to Rational Actors: A Critique of Classical Law and Economics», in: *Columbia Law Review* 65, 23 ff.

Engel Merry, Sally (1988): «Legal Pluralism», in: *Law and Society Review* 22, 869 ff.

Erlassjahr u. a. (2003): *Handbuch Illegitime Schulden,* Düsseldorf.

Evans, Tony und Wilson, Peter (1992): «Regime Theory and the English School of International Relations», in: *Millenium: Journal of International Studies* 47, 330 ff.

Falcone, Jayson J. (2004): «Argentina's Plight - An Unusual Temporary Solution to a Sovereign Debt Crisis», in: *Suffolk Transnat'l L. Rev.* 27, 357 ff.

Falkner, Robert (2003): «Private Environmental Governance and International Relations: Exploring the Links», in: *Global Environmental Politics* 3, 72 ff.

Fassbender, Bardo (1998): «The United Nations Charter as Constitution of the International Community», in: *Columbia Journal of Transnational Law* 36, 529 ff.

Fastenrath, Ulrich (1991): *Lücken im Völkerrecht*, Berlin: Duncker & Humblot.

Fidler, David P. (2003): «Developments Involving SARS, International Law, and Infectious Disease Control at the Fifty-Sixth Meeting of the World Health Assembly», in: *ASIL insights June 2003*, abrufbar unter: www.asil.org/insights.htm.

Fidler, David P. (2004a): «Global Outbreak of Avian Influenza A (H5N1) and International Law», in: *ASIL insights January 2004*, abrufbar unter: www.asil.org/insights.htm.

Fidler, David P. (2004b): «Constitutional Outlines of Public Health's ›New World Order‹», in: *Temple Law Review* 77, 247 ff.

Fisch, Jill E. und Gentile, Caroline M. (2004): «Vultures or vanguards? The Role of Litigation in Sovereign Debt Restructuring», in: *Emory Law Journal* 53, 1043 ff.

Fischer-Lescano, Andreas (2002): «Globalverfassung: Verfassung der Weltgesellschaft», in: *Archiv für Rechtsund Sozialphilosophie* 88, 349 ff.

Fischer-Lescano, Andreas (2003a): «Die Emergenz der Globalverfassung», in: *Zeitschrift für ausländisches und öffentliches Recht und Völkerrecht* 63, 717 ff.

Fischer-Lescano, Andreas (2003b): «Odious Debts und das Weltrecht», in: *Kritische Justiz* 36, 223 ff.

Fischer-Lescano, Andreas (2004a): «Angriff auf die Verteidigung», in: Kai Ambos und Jörg Arnold (Hg.), *Der Irak-Krieg und das Völkerrecht*, Berlin: Berliner Wissenschaftsverlag, 33 ff.

Fischer-Lescano, Andreas (2004b): «Nolenti fit iniuria: Sittenwidrige Schulden im Weltrecht», in: Hauke Brunkhorst, Gerd Grözinger und Wenzel Matiaske (Hg.), *Peripherie und Zentrum in der Weltgesellschaft*, München: Rainer Hampp, 88 ff.

Fischer-Lescano, Andreas (2004c): «Bericht über die völkerrechtliche Praxis der Bundesrepublik Deutschland. Allgemeine Fragen des Völkerrechts und Individualrechte», in: *Zeitschrift für ausländisches und öffentliches Recht und Völkerrecht* 64, 195 ff.

Fischer-Lescano, Andreas (2005a): «Redefining Sovereignty via International Constitutional Moments? », in: Mary Ellen O'Connell, Michael Bothe und Natalino Ronzitti (Hg.), *Redefining Sovereignty: The Use of Force after the End of the Cold War. New Options, Lawful and Legitimate?*, Ardsley: Transnational Publishers, 313 ff.

Fischer-Lescano, Andreas (2005b): *Globalverfassung: Die Geltungsbegründung der Menschenrechte,* Weilerswist: Velbrück.

Fischer-Lescano, Andreas (2005c): «Weltrecht als Prinzip. Die Strafanzeige gegen Donald Rumsfeld in der Bundesrepublik», in: *Kritische Justiz* 38.

Fischer-Lescano, Andreas (2006): «Monismus, Dualismus? – Pluralismus. Selbstbestimmung des Weltrechts bei Hans Kelsen und Niklas Luhmann», in: Hauke Brunkhorst (Hg.), *Völkerrechtspolitik. Hans Kelsens Staatsverständnis,* Baden-Baden: Nomos, i.E.

Fischer-Lescano, Andreas und Christensen, Ralph (2005): «Auctoritatis interpositio. Die Dekonstruktion des Dezisionismus durch die Systemtheorie», in: *Der Staat* 44, 213 ff.

Fitzpatrick, Peter (1984): «Law and Societies», in: *Osgoode Hall Law Journal*

22, 115 ff.

Fox, Gregory H. (2001): «International Organizations: Conflicts of International Law», in: *American Society of International Law Proceedings* 95, 183 ff.

Franck, Thomas (1992): «›Power of Appreciation‹: Who is the ultimate Guardian of UN Legality», in: *American Journal of International Law* 86, 519 ff.; 638 ff.

Frankenberg, Günter und Knieper, Rolf (1983): «Rechtsprobleme der Überschuldung von Ländern der Dritten Welt», in: *Recht der internationalen Wirtschaft,* 569 ff.

Friedman, Lawrence M. (1996): «Borders: On the Emerging Sociology of Transnational Law», in: *Stanford Journal of International Law* 32, 65 ff.

Friedman, Lawrence M. (2001): «Erewhon: The Coming Global Legal Order», in: *Stanford Journal of International Law* 37, 347 ff.

Fritz, Barbara (2004): «Wie tragbar sind Schulden? Debt Sustainability, Insovenzrecht für Staaten und die neue Rolle des IWF», in: Hauke Brunkhorst, Gerd Grözinger und Wenzel Matiaske (Hg.), *Peripherie und Zentrum in der Weltgesellschaft,* München: Rainer Hampp, 67 ff.

Garcia, Carlos G. (2004): «All the Other Dirty Little Secrets: Investment Treaties, Latin America, and the Necessary Evil of Investor-State Arbi tration», in: *Florida J. Int'l L.* 16, 301 ff.

García-Castrillón Otero, Carmen (2002): «An Approach to the WTO Ministerial Declaration on the TRIPS Agreement and Public Health», in: *Journal of International Economic Law* 5, 212 ff.

García Hamilton, José, Olivares Caminal, Rodrigo und Zenarruza, Octavio M. (2003): «Juicios contra la República Argentina, class actions y embargo de bienes públicos», in: *Revista Juridica La Ley November 2003. Suplemento sobre Reestructuración de Deuda Pública,* 134 ff.

Garnier, François (1839): *Régime des eaux, ou traité des eaux de la mer, des fleuves, rivières navigables et flottables, et autres eaux de toute espéce, Band 1-4,* Paris: Selbstverlag.

Gehring, Thomas und Oberthür, Sebastian (2004): «Exploring Regime Interaction: A Framework of Analysis», in: Arild Underdal und Oran R. Young (Hg.), *Regime Consequences: Methodological Challenges and research Strategies,* New York: Springer, 247 ff.

Gerhardt, Volker (1984): «Die Macht im Recht. Wirksamkeit und Geltung bei Hans Kelsen», in: Werner Krawietz und Helmut Schelsky (Hg.), *Rechtssystem und gesellschaftliche Basis bei Hans Kelsen, Rechtstheorie - Beiheft 5,* Berlin: Duncker & Humblot, 485 ff.

Gianviti, François (2002): *Economic, Social and Cultural Rights and the International Monetary Fund,* abrufbar unter: www.imf.org/ external/np/ leg/sem/2002/cdmfl/eng/gianv3.pdf: IMF: General Counsel.

Gohlke, David E. (1995): «Clearing the Air or Muddying the Waters? Defining ›A Direct Effect in the United States‹ Under the Foreign Sovereign Immunities Act after Republic of Argentina v. Weltover», in: *Houston Journal of International Law* 18, 261 ff.

Goldman, Samuel (2000): «Mavericks in the Market: The Emerging Problem of Holdouts in Sovereign Debt restructuring», in: *UCLA Journal of International Law and Foreign Affairs* 5, 159 ff.

Goldstone, David J. (1998): «A Funny Thing Happened on the Way to the Cyber Forum: Public v. Private in Cyberspace Speech», in: *Colorado Law Review* 69, 1 ff.

Gordon, Robert (1994): «Hayek and Cooter on Custom and Reason», in: *Southwestern University Law Review* 23, 453 ff.

GRAIN (2002): *WIPO Moves Toward 'Worl' Patent System*, abrufbar unter: www.grain.org/briefings/?id=26.

Grätz, Jonas (2005): «Kollision oder Komplement? Zur Kompatibilität von WTO-Recht mit umweltvölkerrechtlichen Regimen», in: *Kritische Justiz* 38, 407 ff.

Greenberg, Marc H. (2003): «A Return to Lilliput: The LICRA v. Yahoo! Case and the Regulation of Online Content in the World Market», in: *Berkeley Technology Law Journal* 18, 1191 ff.

Griffiths, John (1986): «What is Legal Pluralism? », in: *Journal of Legal Plu ralism* 24, 1 ff.

Grigera Naon, Horacio A. (1992): *Choice-of-Law Problems in International Commercial Arbitration*, Tübingen: J.C.B. Mohr.

Gruson, Michael (1988): «The Act of State Doctrine in Contract Cases as a Conflict-of-Laws Rule», in: *University of Illinois Law Review* 519 ff.

Grüttner, Anne (2004): «Wie pfändet man ein Land? Argentinien ist pleite», in: *Die Zeit*, 9.9.2004, 39.

Guder, Leonie (2004): «Völkerrechtliche Praxis der Bundesrepublik in den Jahren 2000 - 2002. Wirtschaft, Umwelt und Entwicklung», in: *Zeitschrift für ausländisches und öffentliches Recht und Völkerrecht* 64, 795 ff.

Guillaume, Gilbert (1995): «The Future of International Judicial Institutions», in: *International and Comparative Law Quarterly* 44, 861 ff.

Günther, Klaus und Randeria, Shalini (2001): *Recht, Kultur und Gesellschaft im Prozeß der Globalisierung*, Bad Homburg: Reimers.

Guruswamy, Lakshman (1998): «Should UNCLOS or GATT/ WTO deci de trade and environment disputes?», in: *Minnesota Journal of Global Trade* 7, 287 ff.

Gurvitch, Georges (1947): *The Sociology of Law*, London: Keagan & Co.

Guzman, Andrew T. (2000): «Arbitrator Liability: Reconciling Arbitration and Mandatory Rules», in: *Duke Law Journal* 49, 1279 ff.

Haas, Ernst (1975a): «Is there a Hole in the Whole? Knowledge, Technology, Interdependence, and the Construction of International Regimes», in: *International Organization* 29, 827 ff.

Haas, Ernst (1975b): «On Systems and International Regimes», in: *World Politics* 27, 147 ff.

Habermas, Jürgen (1995): «Kants Idee des Ewigen Friedens - Aus dem historischen Abstand von 200 Jahren», in: *Kritische Justiz* 28, 293 ff.

Hadfield, Gillian K. (1992): «Biases in the Evolution of Legal Rules», in: *Geo. Law Journal* 80, 583 ff.

Hafner, Gerhard (2000): «Risks Ensuing from Fragmentation of International Law», in: *Official Records of the General Assembly, Fifty-fifth session, Supplement Nr. 10 (A/55/10),* 321 ff.

Hafner, Gerhard (2004): «Pros and Cons Ensuing from Fragmentation of International Law», in: *Michigan Journal of International Law* 25, 849 ff.

Halfmann, Jost (2006): «Nationalstaat und Recht der Weltgesellschaft», in: Martin Schulte und Rudolf Stichweh (Hg.), *Weltrecht,* Berlin: Duncker & Humblot, i.E.

Halfmeier, Axel (2004): «Menschenrechte und Internationales Privatrecht im Kontext der Globalisierung», in: *Rabels Zeitschrift für ausländisches und internationales Privatrecht* 68, 653 ff.

Hans, Monika (2002): «Providing for Uniformity in the Exercise of Universal Jurisdiction», in: *Transnational Law* 15, 357 ff.

Hanschel, Dirk (2000): *Environment and Human Rights – Cooperative Means of Regime Implementation, Arbeitspapiere,* Mannheimer Zentrum für Europäische Sozialforschung, Nr. 29.

Hanschmann, Felix (2006): «Theorie transnationaler Rechtsprozesse», in: Sonja Buckel, Ralph Christensen und Andreas Fischer-Lescano (Hg.), *Neue Theorien des Rechts,* Stuttgart: Lucius & Lucius (UTB), 349 ff., i.E. Hardt, Michael und Negri, Antonio (2000): *Empire,* Cambridge: Harvard University Press.

Harrison, Bennett (1994): *Lean and Mean: The Changing Landscape of Corporate Power in an Age of Flexibility,* New York: Basic Books.

Hasenclever, Andreas, Mayer, Peter und Rittberger, Volker (1997): *Theories of International Regimes,* Cambridge: Cambridge University Press.

Hasenclever, Andreas, Mayer, Peter und Rittberger, Volker (2000): «Inte grating theories of international regimes», in: *Review of International Studies* 26, 3 ff.

Hauriou, Maurice E. (1933): *Aux sources du droit,* Paris: Bloud & Gay.

Häusler, Gerd, Gianviti, François und Geithner, Timothy (2003): *Reviewing the Process for Sovereign Debt Restructuring within the Existing Legal Framework,* abrufbar unter: http://www.imf.org/external/np/pdr/sdrm/ 2003/080103.pdf.

Hayek, Friedrich A. (1973): *Law, Legislation and Liberty*, Band 1: *Rules and Order*, London: Routledge & Paul.

Heinen, Antje (2004): *Zwangslizenzerteilung gemäß Artikel 31 TRIPS-Übereinkommen im Hinblick auf den Zugang zu essentiellen Medikamenten*, Frankfurt/M.: Lang.

Held, David (1995): *Democracy and the Global Order: From the Modern State to Cosmopolitan Governance*, Cambridge: Polity Press.

Held, David (2003): «From Executive to Cosmopolitan Multilateralism», in: David Held und Mathias Koenig-Archibugi (Hg.), *Taming Globalization, Frontiers of Governance*, Cambridge: Polity Press, 160 ff.

Helfer, Laurence (2004a): «Regime Shifting: The TRIPs Agreement and New Dynamics of International Intelectual Property Lawmaking», in: *Yale Journal of International Law* 29, 1 ff.

Helfer, Laurence (2004b): «Constitutional Analogies in the International Legal System», in: *Loyola Los Angeles Law Review* 37, 193 ff.

Helfer, Laurence (2004c): «Politics, Power, and Public Health: A Comment on Public Health's ›New World Order‹», in: *Temple Law Review* 77, 291 ff.

Helfer, Laurence und Slaughter, Anne-Marie (1997): «Toward a Theory of Effective Supranational Adjudication», in: *Yale Law Journal* 107, 273 ff.

Henkin, Luis (1967): «Act of State Today: Recollections in Tranquility», in: *Columbia Journal of Transnational Law* 6, 175 ff.

Herberg, Martin (2001): «Codes of conduct und kommunikative Vernunft: rechtssoziologische Überlegungen zu den umweltbezogenen Selbstverpflichtungen transnationaler Chemiekonzerne», in: *Zeitschrift für Rechtssoziologie* 22, 25-52.

Herberg, Martin (2005): «Erzeugen multinationale Unternehmen ihr eigenes Umweltrecht? Bausteine zu einer Theorie transnationaler Regulative», in: Gerd Winter (Hg.), *Die Umweltverantwortung multinationaler Unternehmen. Selbststeuerung und Recht bei Auslandsdirektinvestitionen*, Baden-Baden: Nomos, 73 ff.

Herdegen, Matthias (1994): «The ›Constitutionalization‹ of the UN Security System», in: *Vanderbilt Journal of Transnational Law* 27, 135 ff.

Hesse, Konrad (1999): *Grundzüge des Verfassungsrechts der Bundesrepublik Deutschland*, 20. Aufl., Heidelberg: C.F. Müller.

Hestermeyer, Holger (2004a): «Access to Medication as a Human Right», in: *Max Planck Yearbook of United Nations Law* 8, 103 ff.

Hestermeyer, Holger (2004b): «Flexible Entscheidungsfindung in der WTO - Die Rechtsnatur der neuen WTO Beschlüsse über TRIPS und Zugang zu Medikamenten», in: *Gewerblicher Rechtschutz und Urheberrecht International* 53, 194 ff.

Heymann, David (2003): «The Evolving Infectious Disease Threat: Implications for National and Global Security», in: *Journal of Human Development* 4, 192 ff.

Hirsch-Kreinsen, Hartmut (2002): «Unternehmensnetzwerke - revisited», in: *Zeitschrift für Soziologie* 31, 106 ff.

Höffe, Otfried (2002): *Demokratie im Zeitalter der Globalisierung,* 2. Aufl., München: C.H. Beck.

Holstein, Miriam (1998): *Act of State im U.S.-amerikanischen Recht: Eine Doktrin vor dem Zerfall?*, Münster: LIT.

Hornbeck, J.F. (2004): «Argentina's Sovereign Debt Restructuring», in: *Congressional Research Servive, CRS RL32637,* 19.Oktober.

Howse, Robert (2000): «The Canadian Generic Medicines Panel: A Dangerous Precedent in Dangerous Times», in: *Journal of World Intellectual Property* 3, 493 ff.

Howse, Robert (2001): «From Politics to Technocracy - and Back Again: The Fate of the Multilateral Trading Regime», in: *American Journal of International Law* 96, 94 ff.

Hu, Jiaxiang (2004): «The Role of International Law in the Development of WTO Law», in: *Journal of International Economic Law* 7, 143 ff.

Hudes, Karen (1986): «Co-ordination of Paris and London Club Reschedulings», in: Daniel D. Bradlow (Hg.), *International Borrowing: Negotiating and Structuring, International Debt Transactions,* Washington: International Law Institute, 451 ff.

Hunter, David, Salzman, James und Zaelke, Durwood (2002): *International Environmental Law and Policy*, 2. Aufl., New York: Foundation Press. Huntington, Samuel P. (1993): «The Clash of Civilizations», in: *Foreign Affairs* 72, 22 ff.

Hurell, Andrew (1993): «International Society and the Study of Regimes», in: Volker Rittberger und Peter Mayer (Hg.), *Regime Theory and International Relations,* Oxford: Calderon Press, 49 ff.

International Council on Human Rights Policy (2002): *Beyond Voluntarism: human rights and the developing international legal obligations of companies*, Versoix: Aplin Clark.

International Labor Organization (2001): *An ILO Code of Practice on HIV/AIDS and the World of Work*, Genf: ILO.

International Military Tribunal (IMT) (1985): *Der Prozeß gegen die Hauptkriegsverbrecher vor dem Internationalen Militärgerichtshof: Nürnberg, 14. November 1945 – 1. October 1946*, München: Delphin.

International Monetary Fund, Independent Evaluation Office (2004): *The IMF and Argentina 1991-2001*, Washington D.C.: IMF.

Ipsen, Hans Peter (1972): *Europäisches Gemeinschaftsrecht*, Tübingen: Mohr & Siebeck.

Ipsen, Hans Peter (1994): «Zehn Glossen zum Maastricht-Urteil», in: *Europarecht* 29, 1 ff.

Jenks, Wilfred (1953): «The Conflict of Law-Making Treaties», in: *The British Yearbook of International Law* 30, 401 ff.

Jessup, Philip C. (1950): *Modernes Völkerrecht*, Wien: Humboldt.

Jessup, Philip C. (1956): *Transnational Law*, New Haven: Yale University Press.

Joerges, Christian (1971): *Zum Funktionswandel des Kollisionsrechts: Die ›Governmental Interest Analysis‹ und die ›Krise des Internationalen Privatrechts‹*, Tübingen: Mohr & Siebeck.

Joerges, Christian (1997): «The Impact of European Integration on Private Law: Reductionist Perceptions, True Conflicts and a New Constitutional Perspective», in: *European Law Journal* 3, 378 ff.

Joerges, Christian (2003): «Zur Legitimität der Europäisierung des Privatrechts. Überlegungen zu einem Recht-Fertigungs-Recht für das Mehrebenensystem der EU», in: Christian Joerges und Gunther Teubner (Hg.), *Rechtsverfassungsrecht*, Baden-Baden: Nomos, 183 ff.

Joerges, Christian und Godt, Christine (2005): «Free trade: the erosion of national, and the birth of transnational governance», in: *European Review* 13, 93 ff.

Joerges, Christian, Schepel, Harm und Vos, Ellen (1999): «The Law's Problems with the Involvement of Non-Governmental Actors in Europe's Legislative Processes: The Case of Standardisation under the ›New Approach‹», in: European University Institute (Hg.), *EUI Working Papers No. 99/9*, San Domenico: Badia Fiesolana, 1 ff.

Kadelbach, Stefan (2004): «Ethik des Völkerrechts unter Bedingungen der Globalisierung», in: *Zeitschrift für ausländisches und öffentliches Recht und Völkerrecht* 64, 1 ff.

Kagan, Robert (2002): «Macht und Schwäche. Was die Vereinigten Staaten und Europa auseinander treibt», in: *Blätter für deutsche und internationale Politik* 47, 1195 ff.

Kahn, Paul W. (1999): «On Pinochet», in: *Boston Review* 24, abrufbar unter: www.bostonreview.net.

Kälin, Walter (1994): «Menschenrechtsverträge als Gewährleistung einer objektiven Ordnung», in: *Berichte der deutschen Gesellschaft für Völkerrecht* 33, 9 ff.

Kämper, Eckard und Schmidt, Johannes F. K. (1999): «Netzwerke als strukturelle Kopplung: Systemtheoretische Überlegungen zum Netzwerkbegriff», in: Johannes Weyer (Hg.), *Soziale Netzwerke: Konzepte und Methoden der sozialwissenschaftlichen Netzwerkforschung*, München: Oldenbourg, 211 ff.

Kanwar, Vik (2004): «International Emergence Governance: Fragments of a Driverless System», in: *Critical Sense* 12, 47 ff.

Katz, Michael und Shapiro, Carl (1985): «Network Externalities, Competition, and Compatibility», in: *American Economic Review* 75, 424 ff.

Kegel, Gerhard und Schurig, Klaus (2004): *Internationales Privatrecht*, 9. Aufl., München: C.H. Beck.

Keller, Christoph (2003): «Neuere Entwicklungen im Bereich der emerging-markets-Staatsanleihen», in: *Zeitschrift für Bankund Kapitalmarktrecht* 8, 313 ff.

Keller, Christoph und Kolling, Annabella (2005): «Neuere Entwicklungen im Zusammenhang mit Klagen aus Argentinien-Anleihen», in: *Zeitschrift für Bankund Kapitalmarktrecht* 1, 1 ff.

Kelly, Claire R. (2001): «The Value Vacuum: Self-Enforcing Regimes and the Dilution of the Normative Feedback Loop», in: *Michigan Journal of International Law* 22, 673 ff.

Kelsen, Hans (1929): «Wesen und Entwicklung der Staatsgerichtsbarkeit», in: *Veröffentlichungen der Vereinigung der deutschen Staatsrechtslehrer* 5, 30 ff.

Kelsen, Hans (1968): «Wer soll der Hüter der Verfassung sein?« (1931), in: Hans Klecatsky, René Marcic und Herbert Schambeck (Hg.), *Die Wiener Rechtstheoretische Schule: ausgewählte Schriften von Hans Kelsen, Adolf Julius Merkl und Alfred Verdross*, Wien: Europa, 1873 ff.

Kenny, Mel (2003): «Globalization, interlegality, and Europeanized contract law», in: *Penn State International Law Review* 21, 569 ff.

Keohane, Robert und Nye, Joseph (1977): *Power an Interdependence: World Politics in Transition*, Boston: Little Brown.

Kerber, Wolfgang und Budzinski, Oliver (2003): «Towards a Differentiated Analysis of Competition of Competition Laws», in: *Zeitschrift für Wettbewerbsrecht* 1, 411 ff.

Kerwer, Dieter (2004): «Banking on Pirvate Actors. Financial Market Regulation and the Limits of Transnational Governance», in: Adrienne Héritier, Michael Stolleis und Fritz Scharpf (Hg.), *European and International Regulation after the Nation State, Different Scopes and Multiple Levels,* Baden-Baden: Nomos, 205 ff.

Khalfan, Ashfaq, King, Jeff und Thomas, Bryan (2002): *Advancing the Odious Debt Doctrine*, abrufbar unter: http://www.odiousdebts.org/ odiousdebts/publications/Advancing_the_Odious_Debt_Doctrine. pdf. Center for International Sustainable Development Law. McGill University.

King, Henry (2001): «Universal Jurisdiction: Myths, Realities, Prospects, War Crimes and Crimes against Humanity», in: *New England Law Review* 35, 281 ff.

Kischel, Uwe (2001): «The State as a non-unitary actor: The role of the judicial branch in international negotiations», in: *Archiv des Völkerrechts* 39, 269 ff.

Kiss, Alexandre und Shelton, Dinah (2004): *International Environmental Law*, 3. Aufl., Ardsley: Transnational Publishers.

Kissinger, Henry (2001): «The Pitfalls of Universal Jurisdiction», in: *Foreign Affairs* 80, 86 ff.

Klabbers, Jan (2003): «Book Review», in: *Leiden Journal of International Law* 16, 201 ff.

Klein, Eckart (1986): «International Regimes», in: Rudolf Bernhardt (Hg.), *Encyclopedia of Public International Law (EPIL),* Band 2, Amsterdam: North-Holland, 1354 ff..

Klotz, Audie (1995): *Norms in International Relations. The Struggle against Apartheid,* Ithaca: Cornell University Press.

Koh, Harold Hongju (1996): «Transnational Legal Process», in: *Nebraska Law Review* 75, 181 ff.

Koh, Harold Hongju (1998): «Bringing International Law Home», in: *Houston Law Review* 35, 623 ff.

Koskenniemi, Martti (1989): *From Apology to Utopia. The Structure of International Legal Argument*, Helsinki: Lakimiesliiton Kustannus. The Finish Lawyers' Publishing Company.

Koskenniemi, Martti (1995): «The Police in the Temple: Order, Justice and the UN: A Dialectical View», in: *European Journal of International Law* 6, 325 ff.

Koskenniemi, Martti (1997): «Hierarchy in International Law: A Sketch», in: *European Journal of International Law* 8, 566 ff.

Koskenniemi, Martti (2000): «Carl Schmitt, Hans Morgenthau, and the Image of Law in International Relations», in: Michael Byers (Hg.), *The Role of Law in International Politics,* Oxford: Oxford University Press, 17 ff.

Koskenniemi, Martti (2002): *The Gentle Civilizer of Nations: The Rise and Fall of International Law 1870-1960*, Cambridge: Cambridge University Press.

Koskenniemi, Martti (2003): *Outline of the Chairman of the ILC Study Group on Fragmentation of International Law. The Function and Scope of the lex specialis rule and the question of ›self-contained regimes‹*, abrufbar unter: www.un.org/law/ilc/sessions/55/fragmentation_outline.pdf.

Koskenniemi, Martti (2004a): «Global Governance and Public International Law», in: *Kritische Justiz* 37, 241 ff.

Koskenniemi, Martti (2004b): «International Law and Hegemony: A Reconfiguration», in: *Cambridge Review of International Affairs* 17, 197 ff.

Koskenniemi, Martti (2005): «Global Legal Pluralism. Multiple Regimes and Multiple Modes of Thought», Vortrag, Harvard, März 2005, abrufbar unter: http://www.valt.helsinki.fi/blogs/eci/PluralismHarvard.pdf

Koskenniemi, Martti und Leino, Päivi (2002): «Fragmentation of International Law? Postmodern Anxieties», in: *Leiden Journal of International Law* 15, 553 ff.

Krasner, Stephen D. (1983): «Structural causes and regime consequences: regimes as intervening variables», in: Stephen D. Krasner (Hg.), *International Regimes* Ithaca: Cornell University Press, 1 ff.

Krasner, Stephen D. (1993): «Sovereignty, Regimes and Human Rights», in: Volker Rittberger (Hg.), *Regime Theory and International Relations,* Oxford: Oxford University Press, 139 ff.

Krasner, Stephen D. (2004): «The Hole in the whole: Sovereignty, Shared Sovereignty and International Law», in: *Michigan Journal of International Law* 25, 1075 ff.

Kratochwil, Friedrich und Ruggie, John (1986): «International Organization: A State of the Art on an Art of the State», in: *International Organisation* 40, 753 ff.

Kremer, Michael und Jayachandran, Seema (2002): «Odious Debt», in: *Finance & Development* Magazin of the IMF 39, abrufbar unter: www.imf.org/external/pubs/ft/fandd/2002/06/kremer.htm.

Kreß, Claus (2003): «Strafrecht und Angriffskrieg im Licht des Falles ›Irak‹», in: *Zeitschrift für die gesamte Strafrechtswissenschaft* 115, 294 ff.

Krim, Mathilde und Ward, Darrell E. (1999): «The Emergence and Early Years of the HIV/AIDS Epidemic», in: Darrell E. Ward (Hg.), *The AmFAR AIDS Handbook: The complete guide to understanding HIV and AIDS*, New York: Norton, 381 ff.

Krisch, Nico (2004): «Amerikanische Hegemonie und liberale Revolution im Völkerrecht», in: *Der Staat* 43, 267 ff.

Krueger, Anne (2002): *Sovereign Debt Restructuring and Dispute Resolution. First Deputy Managing Director, International Monetary Fund Bretton Woods Committee Annual Meeting, 6.6.2002*, abrufbar unter: http://www. imf.org/external/np/speeches/2002/060602.htm.

Kulfas, Matías und Schorr, Martín (2004): *Die argentinische Auslandsvershuldung : Überlegungen zur Umstrukturierung und Tragfähigkeit der Schulden*, Buenos Aires: Facultad Latinoamericana de Ciencias Sociales.

Ladeur, Karl-Heinz (1986): «'Prozedurale Rationalität' - Steigerung der Legitimationsfähigkeit oder der Leistungsfähigkeit des Rechtssystems?», in: *Zeitschrift für Rechtssoziologie* 7, 265 ff.

Ladeur, Karl-Heinz (1992): *Postmoderne Rechtstheorie: Selbstreferenz - Selbstorganisation - Prozeduralisierung*, Berlin: Duncker & Humblot.

Ladeur, Karl-Heinz (2000a): *Negative Freiheitsrechte und gesellschaftliche Selbstorganisation*, Tübingen: Mohr & Siebeck.

Ladeur, Karl-Heinz (2000b): «Das Bundesverfassungsgericht als ›Bürgergericht‹? Rechtstheoretische Überlegungen zur Einzelfallorientierung der Entscheidungspraxis des Bundesverfassungsgerichts», in: *Rechtstheorie* 31, 67 ff.

Ladeur, Karl-Heinz (2001): «Die Regulierung von Selbstregulierung und die Herausbildung einer ›Logik der Netzwerke‹», in: *Die Verwaltung,* Beiheft 4, 59 ff.

Ladeur, Karl-Heinz (2004): *Kritik der Abwägung in der Grundrechtsdogmatik,* Tübingen: Mohr & Siebeck.

Lange, Roel de (1995): «Divergence, Fragmentation, and Pluralism. Notes on Polycentricity and Unity in Law», in: Hanne Petersen und Henrik Zahle (1995), *Legal Polycentricity: Consequences of Pluralism in Law,* Aldershot: Dartmouth, 103 ff.

Lauterpacht, Hersch (1933): *The Function of Law in the International Community,* Oxford: Clarendon.

Lauterpacht, Hersch (1949): «Restrictive Interpretation and the Principle of Effectiveness in the Interpretation of Treaties», in: *The British Yearbook of International Law,* 48 ff.

Law and Treatment Access Unit of the AIDS Law Project and Treatment Action Campaign (Juli 2003): *The Price of Life. Hazel Tau and Others vs GlaxoSmithKline and Boehringer Ingelheim: A report on the excessive pricing complaint to South Africa's Competition Commission,* abrufbar unter: http://www.alp.org.za/view.php?file=/resctr/pubs/20030813_PriceCover.xml.

Lehmkuhl, Dirk (2002): «The Resolution of Domain Names v. Trademark Conflicts: A Case Study on Regulation beyond the Nation State, and Related Problems», in: *Zeitschrift für Rechtssoziologie* 23, 61 ff.

Lemley, Mark A. und McGowan, David (1998): «Legal Implications of Network Economic Effects», in: *California Law Review* 86, 479 ff.

Lew, Avi (1994): «Republic of Argentina v. Weltover, Inc.: Interpreting the Foreign Sovereign Immunity Act's Commercial Activity Exception to Jurisdictional Immunity», in: *Fordham International Law Journal* 17, 726 ff.

Lewis, Theresa Beeby (1996): «Patent Protection for the Pharmaceutical Industry: A Survey of Patent Laws of Various Countries», in: *International Law* 30, 835 ff.

Liebowitz, Stan J. und Margolis, Stephen E. (1994): «Network Externality: An Uncommon Tragedy», in: *Journal of Economic Perspectives, American Economic Association* 8, 133 ff.

Lischinsky, Bernardo (2003): «The Puzzle of Argentina's Debt Problem: Virtual Dollar Creation?», in: Jan Teunissen und Age

Akkerman (Hg.), *The Crisis that was not Prevented - Lessons for Argentina, the IMF, and Globalization*, Den Haag: FONDAD, 81 ff.

List, Martin und Zangl, Bernhard (2003): «Verrechtlichung internationaler Politik», in: Gunther Hellmann, Klaus Dieter Wolf und Michael Zürn (Hg.), *Die neuen Internationalen Beziehungen: Forschungsstand und Perspektiven in Deutschland,* Baden-Baden: Nomos, 361 ff.

Little, Richard (2001): «International Regimes», in: John Baylis und Steven Smith (Hg.), *The Globalization of World Politics: An introduction to international relations,* Oxford: Oxford University Press, 299 ff.

Littmann, Peter und Jansen, Stephan A. (2000): *Oszillodox: Virtualisierung- die permanente Neuerfindung der Organisation,* Stuttgart: Klett.

Lobel, Jules (2004): *Courts as Forums for Protest,* abrufbar unter: http://law.bepress.com/expresso/eps/213: ExpressO Reprint Service. Working Paper 213.

Love, James Packard (2003): *Expert Declaration. Center for the Study of Responsive Law,* abrufbar unter: http://www.cptech.org/ip/health/cl/cl-cases/rsa-tac/love02032003.doc.

Lowenfeld, Andreas F. (2003): «Investment Agreements and International Law», in: *Columbia Journal of Transnational Law* 123, 42 ff.

Luhmann, Niklas (1965): *Grundrechte als Institution: Ein Beitrag zur politischen Soziologie,* Berlin: Duncker & Humblot.

Luhmann, Niklas (1971): «Die Weltgesellschaft», in: *Archiv für Rechtsund Sozialphilosophie* 57, 1 ff.

Luhmann, Niklas (1981a): *Politische Theorie im Wohlfahrtsstaat,* München: Olzog.

Luhmann, Niklas (1981b): «Grundwerte als Zivilreligion», in: Niklas Luhmann (Hg.), *Soziologische Aufklärung, Band 3, Soziales System, Gesellschaft, Organisation,* Opladen: Leske und Budrich, 293 ff.

Luhmann,Niklas(1983):«IndividuumundGesellschaft»,in:*Universitas*39,1 ff. Luhmann, Niklas (1984): *Soziale Systeme: Grundriß einer allgemeinen Theorie,* Frankfurt/M.: Suhrkamp.

Luhmann, Niklas (1986): «Die Weltgesellschaft», in: Niklas Luhmann (Hg.), *Soziologische Aufklärung, Band 2, Aufsätze zur Theorie der Gesellschaft,* 3. Aufl., Opladen: Westdeutscher Verlag, 51 ff.

Luhmann, Niklas (1990a): *Die Wissenschaft der Gesellschaft,* Frankfurt/M.: Suhrkamp.

Luhmann, Niklas (1990b): «Verfassung als evolutionäre Errungenschaft», in: *Rechtshistorisches Journal* 9, 176 ff.

Luhmann, Niklas (1990c): «The World Society as a Social System», in: Niklas Luhmann, *Essays on Self-Reference,* New York: Columbia University Press, 175 ff.

Luhmann, Niklas (1991): *Soziologie des Risikos,* Berlin: de Gruyter.

Luhmann, Niklas (1993a): *Das Recht der Gesellschaft,* Frankfurt/M.: Suhr-kamp.

Luhmann, Niklas (1993b): *Gibt es in unserer Gesellschaft noch unverzichtbare Normen?,* Heidelberg: Müller Jur. Verlag.

Luhmann, Niklas (1994): *Die Wirtschaft der Gesellschaft,* Frankfurt/ M.: Suhrkamp.

Luhmann, Niklas (1995a): «Das Paradox der Menschenrechte und drei Formen seiner Entfaltung», in: Niklas Luhmann (Hg.), *Soziologische Aufklärung, Band 6: Die Soziologie und der Mensch,* Opladen: Westdeutscher Verlag, 229 ff.

Luhmann, Niklas (1995b): «Gesellschaft als Differenz», unveröffentlichtes Manuskript.

Luhmann, Niklas (1997a): *Die Gesellschaft der Gesellschaft,* Frankfurt/M.: Suhrkamp.

Luhmann, Niklas (1997b): «Globalization or World Society», in: *International Review of Sociology* 7, 67 ff.

Luhmann, Niklas (1998): «Der Staat des politischen Systems: Geschichte und Stellung in der Weltgesellschaft», in: Ulrich Beck (Hg.), *Perspektiven der Weltgesellschaft,* Frankfurt/M.: Suhrkamp, 345 ff.

Luhmann, Niklas (2000a): *Die Politik der Gesellschaft,* Frankfurt/ M.: Suhrkamp.

Luhmann, Niklas (2000b): *Organisation und Entscheidung,* Opladen: Westdeutscher Verlag.

Lutz, Carsten (2003): *Kompetenzkonflikte und Aufgabenverteilung zwischen nationalen und internationalen Gerichten. Erste Bausteine einer Weltgerichtsordnung,* Berlin: Duncker & Humblot.

Lutz-Bachmann, Matthias (1999): «Weltstaatlichkeit und Menschenrechte nach dem Ende des überlieferten ›Nationalstaats‹», in: Hauke Brunkhorst, Wolfgang Köhler und Matthias Lutz-Bachmann (Hg.), *Recht auf Menschenrechte. Menschenrechte, Demokratie und internationale Politik,* Frankfurt/M.: Suhrkamp, 199 ff.

Lutz-Bachmann, Matthias (2002): «Weltweiter Frieden durch eine Weltrepublik? Probleme internationaler Friedenssicherung», in:

Matthias LutzBachmann und James Bohmann (Hg.), *Weltstaat oder Staatenwelt? Für und wider die Idee einer Weltrepublik*, Frankfurt/M.: Suhrkamp, 32 ff.

Lyotard, Jean-François (1989): *Der Widerstreit*, 2. Aufl., München: Wilhelm Fink, 9 ff.

Madrid, Raul (1990): *Over-Exposed: U.S. Banks Confront 3rd World Debt Crisis*, New York: Investor Responsibility.

Manguel, Alberto (2002): «Argentinien war einmal», in: *Lettre International 1/2002* 56, 28 ff.

Maniruzzaman, Abul (1999): «The Lex Mercatoria and International Contracts: A Challenge for International Commercial Arbitration?», in: *American University International Law Review* 14, 657 ff.

Marceau, Gabrielle (2001): «Conflicts of Norms and Conflicts of Jurisdictions. The Relationship between the WTO Agreement and MEAS and other Treaties», in: *Journal of World Trade* 35, 1081 ff.

Marschik, Axel (1997): *Subsysteme im Völkerrecht. Ist die Europäische Union ein ›Self-Contained Regime‹?*, Berlin: Duncker & Humblot.

Marschik, Axel (1998): «Too Much Order? The Impact of Special Secondary Norms on the Unity and Efficacy of the International Legal System», in: *European Journal of International Law* 9, 212 ff.

Martenczuk, Bernd (1996): *Rechtsbindung und Rechtskontrolle des Weltsicherheitsrats. Die Überprüfung nichtmilitärischer Zwangsmaßnahmen durch den Internationalen Gerichtshof*, Berlin: Duncker & Humblot.

Martinez, Jenny S. (2003): «Towards an International Judicial System», in: *Stanford Law Review* 56, 429 ff.

Maschke, Günther (1994): «Freund und Feind - Schwierigkeiten mit einer banalité supérieure», in: *Der Staat* 33, 286 ff.

Matthews, Duncan (2004): «WTO Decision on Implementation of Paragraph 6 of the Doha Declaration on the TRIPS Agreement and Public Health: A Solution to the Access to Essential Medicines Problem? », in: *Journal of International Economic Law* 7, 73 ff.

Matz, Nele (2005): *Wege zur Koordinierung völkerrechtlicher Verträge. Völkervertragsrechtliche und institutionelle Ansätze*, Berlin: Springer.

Maus, Ingeborg (1999): «Menschenrechte als Ermächtigungsnormen internationaler Politik», in: Hauke Brunkhorst, Wolfgang Köhler und Matthias Lutz-Bachmann (Hg.), *Recht auf Menschenrechte:*

Menschenrechte, Demokratie und internationale Politik, Frankfurt/M.: Suhrkamp, 276 ff.

Maus, Ingeborg (2004): «Vom Rechtsstaat zum Verfassungsstaat», in: *Blätter für deutsche und internationale Politik* 49, 835 ff.

May, Christopher (2000): *A Global Political Economy of Intellectual Property Rights: The new enclosures?*, London: Routledge.

Mayer, Franz C. (2000): *Kompetenzüberschreitung und Letztentscheidung. Das Maastricht-Urteil des Bundesverfassungsgerichts und die Letztentsheidung über Ultra-vires-Akte in Mehrebenensystemen,* München: C.H. Beck.

Mayer, Pierre (1986): «Mandatory Rules of Law in International Arbitra tion», in: *Arbitration International* 2, 274 ff.

Mayer-Ladewig, Jens und Petzold, Herbert (2005): «Die Bindung deutscher Gerichte an Urteile des EGMR. Neues aus Straßburg und Karlsruhe», in: *Neue Juristische Wochenschrift* 58, 15 ff.

Mayntz, Renate (1992a): «Interessenverbände und Gemeinwohl: Die Verbändestudie der Bertelsmann Stiftung», in: Renate Mayntz (Hg.), *Verbände zwischen Mitgliederinteressen und Gemeinwohl,* Gütersloh: Bertelsmann Stiftung, 11 ff.

Mayntz, Renate (1992b): «Modernisierung und die Logik von interorganisatorischen Netzwerken», in: *Journal für Sozialforschung* 32, 19 ff.

McConnaughay, Philip J. (2001): «Rethinking the Role of Law and Contracts in East-West Commercial Relationships», in: *Virginia Journal of International Law* 41, 427 ff.

McDougal, Myres (1941): «Fuller v. The American Legal Realists: An Inte vention», in: *Yale Law Journal* 50, 827 ff.

Mearsheimer, John (1995): «The False Promise of International Institutions», in: *International Security* 19, 5 ff.

Medicins sans Frontiers (2003): *Open Letter to the Members of the WTO*, 8. Februar 2003, abrufbar unter: http://www.msf.or.jp/access / pdf/a_030214-2.pdf.

Meinke, Britta (2002): *Multi-Regime-Regulierung. Wechselwirkungen zwischen globalen und regionalen Umweltregimen,* Wiesbaden: Deutscher Universitäts-Verlag.

Melissaris, Emmanuel (2004): «The More the Merrier? A New Take on Legal Pluralism», in: *Social & Legal Studies* 13, 57 ff.

Merkel, Reinhard (2000): *Der Kosovo-Krieg und das Völkerrecht,* Frankfurt/M.: Suhrkamp.

Merle, Jean-Christophe und Gosepath, Stefan (2002): «Einführung», in: Stefan Gosepath und Jean-Christophe Merle (Hg.), *Weltrepublik. Globalisierung und Demokratie,* München: C.H. Beck, 7 ff.

Messner, Dirk (1995): *Die Netzwerkgesellschaft: Wirtschaftliche Entwicklung und internationale Wettbewerbsfähigkeit als Probleme gesellschaftlicher Steuerung,* Köln: Weltforum.

Meyer, John W., Boli, John, Thomas, George M. und Ramirez, Francisco

O. (1997): «World Society and the Nation-State», in: *American Journal of Sociology* 103, 144 ff.

Michaelis, Nina Veronique (2003): *Nachhaltige Entwicklung und programmgebundene Kreditvergabe der Weltbank. Eine theoretische und konzeptionelle Analyse,* Regensburg: Trans.

Michaels, Ralf (2005): «The Re-State-ment of Non-State Law: The State, Choice of Law, and the Challenge from Global Legal Pluralism», in: *Duke Law School Working Paper Series, Paper 21,* abrufbar unter: http://Isr.nellco.org/duke/fs/papers/21; zgl. *Wayne Law Review* 51, i.E.

Mitchell, Ronald B. (1998): «Sources of Transparency: Information Systems in International Regimes», in: *International Studies Quarterly* 42, 109 ff.

Morgan-Foster, Jason (2003): «The Relationship of IMF Structural Adjustment Programs to Economic, Social, and Cultural Rights: The Argentine Case Revisited», in: *Michigan Journal of International Law* 24, 577 ff.

Morgenthau, Hans (1929): *Die internationale Rechtspflege, ihr Wesen und ihre Grenzen, Frankfurter Abhandlungen zum Kriegsverhütungsrecht* 12, Leipzig: Noske.

Morgenthau, Hans (1934) : *La Réalité des normes. En particulier des normes du droit international,* Paris: Alcan.

Morgenthau, Hans (1940): «Positivism, Functionalism and International Law», in: *American Journal of International Law* 34, 261 ff.

Muchlinski, Peter (2001): «Human rights and multinationals: is there a problem? », in: *International Affairs* 77, 31 ff.

Mueller, Milton (2002): *Rooling the Root: Internet Governance and the Taming of Cyberspace,* Cambridge/Mass.: MIT Press.

Mukherjee, Santanu (2004): «The Journey of Indian Patent Law towards TRIPS Compliance», in: *International Review of Intellectual Property and Competition Law* 35, 125 ff.

Müller, Friedrich (1979): *Einheit der Verfassung*, Berlin: Duncker & Humblot.

Müller, Harald (1993a): *Die Chance der Kooperation: Regime in den internationalen Beziehungen*, Darmstadt: Wissenschaftliche Buchgesellschaft.

Müller, Harald (1993b): «The Internationalizations of Principles, Norms, and Rules by Governments: The Case of Security Regimes», in: Volker Rittberger (Hg.), *Regime Theory and International Relations*, Oxford: Oxford University Press, 361 ff.

Nadelman, Ethan (1990): «Global Prohibition Regimes: The Evolution of Norms in International Society», in: *International Organization* 44, 479 ff.

Nanda, Ved P. und Pring, George (2003): *International Environmental Law and Policy for the 21st Century*, Ardseley: Transnational Publishers.

Nassehi, Armin (2002): «Politik des Staates oder Politik der Gesellschaft? Kollektivität als Problemformel des Politischen», in: Kai-Uwe Hellmann und Rainer Schmalz-Bruns (Hg.), *Theorie der Politik. Niklas Luhmanns politische Soziologie*, Frankfurt/M.: Suhrkamp, 38 ff.

Neumann, Jan (2001): «Die materielle und prozessuale Koordination völkerrechtlicher Ordnungen. Die Problematik paralleler Streitbeilegungsverfahren am Beispiel des Schwertfisch-Falls», in: *Zeitschrift für ausländisches und öffentliches Recht und Völkerrecht* 61, 529 ff.

Neumann, Jan (2002): *Die Koordination des WTO-Rechts mit anderen Ordnungen: Konflikte des materiellen Rechts und Konkurrenzen der Streitbeilegung*, Berlin: Duncker & Humblot.

Neves, Marcelo (1992): *Verfassung und Positivität des Rechts in der peripheren Moderne*, Berlin: Duncker & Humblot.

Nicolaidis, Kalypso und Tong, Joyce (2004): «Diversity or Cacophony? The Continuing Debate over New Sources of International Law», in: *Michigan Journal of International Law* 25, 1349 ff.

Oehler, Dietrich (1983): *Internationales Strafrecht*, 2. Aufl., Köln: Heymann. Oellers-Frahm, Karin (2001): «Multiplication of International Courts», in: *Max Planck UNYB* 5, 67 ff.

Oeter, Stefan (2002): «Terrorismus und Menschenrechte», in: *Archiv des Völkerrechts* 40, 422 ff.

Oeter, Stefan (2005): «Vielfalt der Gerichte – Einheit des Prozessrechts?», in: *Berichte der Deutschen Gesellschaft für Völkerrecht*, i.E.

Ohler, Christoph (2005): «Der Staatsbankrott», in: *Juristenzeitung* 60:12, 590 ff.

Ottolia, Andrea und Wielsch, Dan (2004): «Mapping the Information Environment: Legal Aspects of Digitalization and Modularization», in: *Yale Journal of Law and Technology* 6, 174 ff.

Paulus, Andreas L. (2001): *Die internationale Gemeinschaft im Völkerrecht. Eine Untersuchung zur Entwicklung des Völkerrechts im Zeitalter der Globalisierung*, München: H. C. Beck.

Paulus, Andreas L. (2004a): «Commentary to Andreas Fischer-Lescano and Gunther Teubner. The Legitimacy of International Law and the Role of the State», in: *Michigan Journal of International Law* 25, 1047 ff.

Paulus, Andreas L. (2004b): «The War Against Iraq and the Future of International Law: Hegemony or Pluralism? », in: *Michigan Journal of International Law* 25, 691 ff.

Paulus, Christoph (2002): «Überlegungen zu einem Insolvenzverfahren für Staaten», in: *Wertpapiermitteilungen*, 725 ff.

Paust, Jordan (2004): «After 9/11. ›No Neutral Ground‹ with Respect to Human Rights», in: *Wayne Law Review* 50, 79 ff.

Pauwelyn, Joost (2001): «The Role of Public International Law in the WTO: How Far Can We Go?», in: *American Journal of International Law* 95, 535 ff.

Pauwelyn, Joost (2003): *Conflict of Norms in Public International Law: How WTO Law Relates to Other Rules of International Law*, Cambridge: Cambridge University Press.

Pauwelyn, Joost (2004): «Bridging Fragmentation and Unity: International Law as a Universe of Inter-Connected Islands», in: *Michigan Journal of International Law* 25, 903 ff.

Pawlowski, Hans-Martin (1991): *Methodenlehre für Juristen: Theorie der Norm und des Gesetzes*, 2. Aufl., Heidelberg: C.F. Müller.

Perez, Antonio F. (1998): «WTO and U.N. Law: Institutional Comity in National Security», in: *Yale Journal of International Law* 23, 301 ff.

Perez, Oren (2003): «Normative Creativity and Global Legal Pluralism: Reflections on the Democratic Critique of Transnational Law», in: *Indiana Journal of Global Studies* 10, 25 ff.

Perez, Oren (2004): *Ecological Sensitivity and Global Legal Pluralism Rethin king the Trade and Environment Conflict*, Oxford: Hart Publishing.

Perritt, Henry H. (2000a): «Economic and Other Barriers to Electronic Commerce», in: *U. Pa. J. Int'l Econ. L.* 21, 563 ff.

Perritt, Henry H. (2000b): «Dispute Resolution in Cyberspace: Demand for New Forms of ADR», in: *Ohio State Journal on Dispute Resolution* 15, 675 ff.

Perrow, Charles (1992): «Small-Firm Networks», in: Nitin Nohria und Robert G. Eccles (Hg.), *Networks and Organizations: Structure, Form and Action,* Boston: Harvard Business School Press, 445 ff.

Petersen, Hanne und Zahle, Henrik (1995): *Legal Polycentricity: Consequen ces of Pluralism in Law,* Aldershot: Dartmouth.

Petersmann, Ernst-Ulrich (1999): «Constitutionalism and International Adjudication: How to Constitutionalize the U.N. Dispute Settlement System? », in: *New York University Journal of International Law and Politics* 31, 753 ff.

Petersmann, Ernst-Ulrich (2002a): «Time for a United Nations ›Global Compact‹ for Integrating Human Rights into the Law of Worldwide Organizations: Lessons from European Integration», in: *European Journal of International Law* 13, 621 ff.

Petersmann, Ernst-Ulrich (2002b): «Taking Human Rights, Poverty and Empowerment of Individuals More Seriously: Rejoinder to Alston», in: *European Journal of International Law* 13, 845 ff.

Petersmann, Ernst-Ulrich (2004a): *Justice as Conflict Resolution: Proliferation, Fragmentation and Decentralization of Dispute Settlement in Interna tional Trade,* Florenz: EUI Working Paper 2004/10.

Petersmann, Ernst-Ulrich (2004b): «The ›Human Rights Approach‹ Advocated by the UN High Commissioner For Human Rights and by the International Labour Organization: Is it relevant for WTO Law and Policy? », in: *Journal of International Economic Law* 7, 605 ff.

Pfeiffer, Thomas (2003): «Zahlungskrisen ausländischer Staaten im deutschen und internationalen Rechtsverkehr», in: *Zeitschrift für vergleichende Rechtswissenschaft* 102, 141 ff.

Pogge, Thomas (2002): *World Poverty and Human Rights: Cosmopolitan Responsibilities and Reforms,* Cambridge: Cambridge University Press.

Polanyi, Karl (1995): *The Great Transformation: Politische und Ökonomische Ursprünge von Gesellschaften und Wirtschaftssystemen* (1944), 2. Aufl., Frankfurt/M.: Suhrkamp.

Posner, Richard A. (1987): «The Decline of Law as an Autonomous Discipline: 1982-1987», in: *Harvard Law Review* 100, 761 ff.

Posner, Eric A. (1999): «Arbitration and Harmonization of International Commercial Law: A Defense of Mitsubishi», in: *Vanderbilt Journal of International Law* 39, 647 ff.

Posner, Richard A. (2004): «No Thanks, We Already have our own Laws. The court should never view a foreign legal decision as a precedent in any way», in: *Legal Affairs Juli/August 2004,* abrufbar unter: http://www.legal affairs.org/issues/July-August-2004/feature_posner_julaug04.html.

Post, David N. (1995): «Anarchy, State, and the Internet: An Essay on LawMaking in Cyberspace», in: *Journal of Online Law,* abrufbar unter: http://warthog.cc.wm.edu/law/publications/jol/post.html, art. 3.

Post, David N. (1998): «The ›Unsettled Paradox‹: The Internet, the State, and the Consent of the Governed», in: *Indiana Journal of Global Law Review* 5, 521 ff.

Post, David N. (2000): «Of Black Holes and Dezentralized Law-Making», in: *Vanderbilt Journal of Enterprise Law and Practice* 70, 2 ff.

Powell, Walter (1996): «Weder Markt noch Hierarchie: Netzwerkartige Organisationsformen», in: Patrick Kenis und Volker Schneider (Hg.), *Organisation und Netzwerk. Institutionelle Steuerung in Wirtschaft und Politik,* Frankfurt am Main: Campus, 213 ff.

Princen, Thomas und Finger, Mathias (1994): *Environmental NGOs in World Politics: Linking the Local and the Global,* London: Routledge.

Provan, Keith G. (2001): *Conceptualizing and Assessing Network Effectiveness: The Evaluation Perspective,* Lyon: European Group for Organizational Studies, 17. Kolloquium, 5.-7. Juli 2001, Manuskript.

Provan, Keith G. und Milward, H. Brinton (1995): «A Preliminary Theory of Interorganizational Network Effectiveness. A Comparative Study of Four Community Mental Health Systems», in: *Administrative Science Quarterly* 40, 1 ff.

Pulkowski, Dirk (2005): «Book Review», in: *European Journal of International Law* 16, 153 ff.

Rawls, John (1996): *Political Liberalism,* New York: Columbia University Press.

Reimann, Mathias (2004): «From the Law of Nations to Transnational Law: Why We Need a New Basic Course for the International Curriculum», in: *Penn State International Law Review* 22, 397 ff.

Reinisch, August (1995): *State Responsibility for Debts: International Law Aspects of External Debt and Debt Restructuring*, Köln: Böhlau.

Reisman, Michael (1984): «The Incident as a Decisional Unit in International Law», in: *Yale Journal of International Law* 10, 1 ff.

Report of the High-level panel on threats, challenges and change (2004): *A more secure World: Our shared Responsibility*, New York: United Nations. Reuter, Dieter (1996): «Das selbstgeschaffene Recht des internationalen Sports im Konflikt mit dem Geltungsanspruch des nationalen Rechts», in: *Deutsche Zeitschrift für Wirtschaftsrecht* 6, 1 ff.

Riedel, Eibe (1991): «Standards and Sources. Farewell to the Exclusivity of the Sources Triad in International Law», in: *European Journal of International Law* 2, 58 ff.

Rieffel, Alexis (1984): «The Paris Club 1978-1983», in: *Columbia Journal of Transnational Law* 23, 83 ff.

Rieth, Lothar (2003): *Deutsche Unternehmen, Soziale Verantwortung und der Global Compact,* abrufbar unter: http://www.uni-tuebingen.de/gk.globale-herausforderungen/papers/rieth/052003_Lothar_Rieth_SV_ Dt_Unt_GC.pdf.

Rigaux, François (1995): «Internationale Tribunale nach den Nürnberger Prozessen», in: Gerd Hankel (Hg.), *Strafgerichte gegen Menschheitsverbrechen,* Hamburg: Hamburger Ed., 142 ff.

Rigaux, François (1998): «Hans Kelsen on International Law», in: *European Journal of International Law* 9, 325 ff.

Röben, Volker (2002): «The Southern Bluefin Tuna Cases: Re-Regionalization of the Settlement of Law of the Sea Disputes», in: *Zeitschrift für ausländisches und öffentliches Recht und Völkerrecht* 62, 61 ff.

Roe, Mark (1995): «Chaos and Evolution in Law and Economics», in: *Harvard Law Review* 109, 641 ff.

Rogoff, Kenneth und Zettelmeyer, Jeromin (2002): «Bankruptcy Procedures for Sovereigns: A History of Ideas, 1976-2002», in: *IMF Working Paper 2/133.*

Romano, Cesare P. (1999): «The Proliferation of International Judicial Bodies: The Pieces of the Puzzle», in: *New York University Journal of International Law and Politics* 31, 709 ff.

Romano, Frank (1998): «International Conventions and Treaties, Global Trademark and Copyright 1998: Protecting intellectual property rights in the International Marketplace», in: *PLI/Pat,* 536 ff.

Romano, Santi (1918): *L'ordinamento giuridico*, 2. Aufl., Firenze: Sansoni. Rosatti, Horazio (2004): «Globalization, Statism and Law.

Argentina and ICSID», in: *Oil, Gas & Energy Law Intelligence* 1, abrufbar unter: www.gasandoil.com/ogel, 1 ff.

Rousseau, Charles (1932): «De la compatibilité des norms juridiques contradictoires dans l'ordre international», in: *Revue Général de Droit International Public* 39, 133 ff.

Ruffert, Matthias (2000): «Zuständigkeitsgrenzen internationaler Organisationen im institutionellen Rahmen der internationalen Gemeinschaft», in: *Archiv des Völkerrechts* 38, 129 ff.

Ruggie, John (1975): «International Responses to Technology: Concepts and Trends», in: *International Organization* 29, 557 ff.

Ruggie, John und Haas, Ernst (1975): «Preface», in: *International Organiza tion* 29, 1 ff.

Rumsfeld, Donald (Mai/Juni 2002): «Transforming the Military», in: *Foreign Affairs* 81, 20 ff.

Rupp-Swienty, Annette (1999): *Die Doktrin von der margin of appreciation in der Rechtsprechung des Europäischen Gerichtshofs für Menschenrechte*, München: Herbert Utz.

Sack, Alexander N. (1927) : *Les effets des transformations des états sur leurs dettes publiques et autres obligations financières*, Paris: Sirey.

Santiago Tawil, Guido (2000): «Los tratados de protección y promoción recíproca de inversiones, la responsabilidad del Estado y el arbitraje internacional», in: *La Ley, Buenos Aires*, August 2000, 1 ff.

Santos, Boaventura de Sousa (1987): «Law: A Map of Misreading. Toward a Postmodern Conception of Law», in: *Journal of Law and Society* 14, 279 ff.

Santos, Boaventura de Sousa (1992): «State Transformation, Legal Pluralism and Community Justice», in: *Social and Legal Studies* 2, 131 ff.

Santos, Boaventura de Sousa (2002): *Toward a New Legal Common Sense: Law, Globalization and Emancipation*, 2. Aufl., London: Butterworths Lexis Nexis.

Scelle, Georges (1932) : *Précis de droit des gens*, Band 1:, *Principes et systématique*, Paris: Libr. du Recueil Sirey.

Schachter, Oscar (1977): «The Invisible College of International Lawyers», in: *Northwestern University Law Review* 72, 217 ff.

Scharpf, Fritz W. (1991): «Die Handlungsfähigkeit des Staates am Ende des Zwanzigsten Jahrhunderts», in: *Politische Vierteljahresschrift* 32, 621 ff.

Schepel, Harm (2004): «Constituting Private Governance Regimes: Standards Bodies in American Law», in: Christian Joerges und Gunther Teubner (Hg.), *Constitutionalism and Transnational Governance,* Oxford: Hart Publishing, 161 ff.

Schilling, Theodor (2005): «On the Constitutionalization of General International Law», in: *Jean Monnet Working Paper* 06/2005.

Schircks, Rhea (2002): *Die Martens'sche Klausel. Rezeption und Rechtsgeltung,* Baden-Baden: Nomos.

Schluchter, Wolfgang (1988): *Religion und Lebensführung,* Band 1, Frankfurt/M.: Suhrkamp.

Schmierer, Joscha (1996): *Mein Name sei Europa. Einigung ohne Mythos und Utopie,* Frankfurt/M.: Fischer.

Schmitt, Carl (1930): «Staatsethik und pluralistischer Staat», in: *Kant-Studien 1/1930,* 28 ff.

Schmitt, Carl (1967): «›Die Tyrannei der Werte‹. Säkularisation und Utopie», in: *Ebracher Studien. Ernst Forsthoff zum 65. Geburtstag,* Stuttgart: Kohlhammer, 37 ff.

Schmitt, Carl (1994a): «Völkerrechtliche Formen des modernen Imperialismus (1932)», in: Carl Schmitt (Hg.), *Positionen und Begriffe im Kampf mit Weimar, Genf, Versailles, 1923 – 1939,* Berlin: Duncker & Humblot, 184 ff.

Schmitt, Carl (1994b): «Der Führer schützt das Recht (1934)», in: Carl Schmitt (Hg.), *Positionen und Begriffe im Kampf mit Weimar – Genf – Versailles, 1923 – 1939,* Berlin: Duncker & Humblot, 227 ff.

Schmitt, Carl (1996): *Der Hüter der Verfassung (1931),* 4. Aufl., Berlin: Duncker & Humblot.

Schmitz, Hans-Peter (2001): «Menschenrechtswächter: partielle Midlifecrisis. INGOs, Vereinte Nationen und Weltöffentlichkeit», in: *Vereinte Nationen* 49, 7 ff.

Schneider, Jakob (2004): *Die Justiziabilität wirtschaftlicher, sozialer und kultureller Menschenrechte,* Berlin: Deutsches Institut für Menschenrechte.

Schramm Stokke, Olav (2001): *The Interplay of International Regimes: Putting Effectivness Theory into Work,* abrufbar unter: www.fni.no: The Fridtjof Nansen Institute. FINI Report 14/2001.

Schulz, Andrea (2003): *The Relationship Between The Judgments Project And Other International Instruments. Hague Conference on Private International Law, Preliminary Document No. 24,* abrufbar unter: http://www. hcch.net/doc/jdgm_pd24e.pdf.

Schütz, Anton (1997): «The Twilight of the Global Polis: On Losing Paradigms, Environing Systems, and Observing World Society», in: Gunther Teubner (Hg.), *Global Law Without A State,* Aldershot: Dartmouth Go wer, 257 ff.

Schütz, Anton (2000): «Thinking the Law with and against Luhmann, Legendre, Agamben», in: *Law and Critique* 11, 107 ff.

Sciulli, David (1992): *Theory of Societal Constitutionalism,* Cambridge: Cambridge University Press.

Sciulli, David (2001): *Corporate Power in Civil Society: An Application of Societal Constitutionalism,* New York: New York University Press.

Scott, Craig, Qureshi, Abid und Michell, Paul u. a. (1994): «A memorial for Bosnia: Framework of Legal Arguments Concerning the Lawfulness of the Maintenance of the United Nations Security Council's Arms Embargo on Bosnia and Herzegovina», in: *Michigan Journal of International Law* 16, 1 ff.

Scott, Craig und Wai, Robert (2004): «Transnational Governance of Cor porate Conduct through the Migration of Human Rights Norms: The Potential Contribution of Transnational ›Private‹ Litigation», in: Christian Joerges und Gunther Teubner (Hg.), *Constitutionalism and Transna tional Governance,* Oxford: Hart Publishing, 287 ff.

Seibert-Fohr, Anja (2004): «The Relevance of International Human Rights Standards for Prosecuting Terrorists», in: Christian Walter, Silja Vöneky, Volker Röben und Frank Schorkopf (Hg.), *Terrorism as a Challenge for National and International Law: Security versus Liberty?,* Wien: Springer, 125 ff.

Sell, Susan K. (2002): «TRIPs and the Access to Medicines Campaign», in: *Wisconsin International Law Journal* 20, 481 ff.

Semlinger, Klaus (1993): «Effizienz und Autonomie in Zulieferungsnetzwerken: Zum strategischen Gehalt von Kooperation», in: Wolfgang H. Staehle und Jörg Sydow (Hg.), *Managementforschung 3,* Berlin: de Gruyter, 309 ff.

Shahabuddeen, Mohamed (2002): «Consistency in Holdings by International Tribunals», in: Nisuke Ando, Edward McWhinney und Rüdiger Wolfrum (Hg.), *Liber Amicorum Judge Shigeru Oda,* Den Haag: Kluwer Law International, 633 ff.

Shanker, Daya (2002): «The Vienna Convention on the Law of Treaties, the Dispute Settlement System of the WTO and the Doha Declaration on the TRIPs Agreement», in: *Journal of World Trade* 36, 721 ff.

Shanker, Daya (2004): «Argentina-US Mutually Agreed Solution, Econo mic Crisis in Argentina and Failure of the WTO Dispute Settlement System», in: *Journal of Law and Technology* 35, 565 ff.

Shaw, Martin (1995): *Global Society and International Relations: Sociological Concepts and Political Perspectives*, Cambridge: Cambridge Polity Press.

Shaw, Martin (1998): «Die Repräsentation ferner Konflikte und die globale Zivilgesellschaft», in: Ulrich Beck (Hg.), *Perspektiven der Weltgesellschaft,* Frankfurt/M.: Suhrkamp, 221 ff.

Shelton, Dinah (1999): *Remedies in International Human Rights Law,* Oxford: Oxford University Press.

Simma, Bruno (1972): «Völkerrechtswissenschaft und Lehre von den internationalen Beziehungen: Erste Überlegungen zur Interdependenz zweier Disziplinen», in: *Österreichische Zeitschrift für Öffentliches Recht* 23, 293 ff.

Simma, Bruno (1985): «Self-Contained Regimes», in: *Netherlands Yearbook of International Law* 16, 111 ff.

Simma, Bruno (1999): «NATO, the UN and the Use of Force: Legal Aspects», in: *European Journal of International Law* 10, 1 ff.

Simmons, Beth und Martin, Lisa (2002): «International Organizations and Institutions», in: Walter Carlsnaes, Thomas Risse und Beth Simmons (Hg.), *Handbook of International Relations,* London: Sage, 192 ff.

Simpson, Gerry (2001): «Two Liberalisms», in: *European Journal of International Law* 12, 537 ff.

Sinclair, Ian (1994): *The Vienna Convention on the Law of Treaties,* 2. Aufl., Manchester: Manchester University Press.

Sinha, Surya P. (1995): «Legal Polycentricity», in: Hanne Petersen und Hen rik Zahle (Hg.), *Legal Polycentricity: Consequences of Pluralism in Law, Aldershot*: Dartmouth, 31 ff.

Slaughter, Anne-Marie (1995): «International Law in a World of Liberal States», in: *European Journal of International Law* 6, 503 ff.

Slaughter, Anne-Marie (1997): «A Real New World Order», in: *Foreign Affairs* 76, 183 ff.

Slaughter, Anne-Marie (2003): «A Global Community of Courts», in: *Harvard International Law Journal* 44, 191 ff.

Slaughter, Anne-Marie (2004a): *A New World Order*, Princeton: Princeton University Press.

Slaughter, Anne-Marie (2004b): «Sovereignty and Power in a Networked World Order», in: *Stanford J Int'l L.* 40, 283 ff.

Slaughter, Anne-Marie und Burke-White, William (2003): «An International Constitutional Moment», in: *Harvard International Law Journal* 43, 1 ff.

Slaughter, Anne-Marie, Tulumello, Andrew und Wood, Stepan (1998):

«International Law and International Relations Theory: A New Genera tion of Interdisciplinary Scholarship», in: *American Journal of International Law* 92, 367 ff.

Slye, Ronald C. (2002): «The legitimacy of amnesties under international law and general principles of Anglo-American law», in: *Virginia Journal of International Law* 43, 173 ff.

Snyder, Francis (1999): «Globalisation and Europeanisation as Friends and Rivals: European Union Law in Global Economic Networks», in: European University Institute (Hg.), *EUI Working Papers No. 99/8,* San Do menico: Badia Fiesolana.

Snyder, Francis (2004): «Economic Globalization and the Law in the Twenty-first Century», in: Austin Sarat (Hg.), *The Blackwell Companion to Law and Society,* London: Blackwells, 624 ff.

Steindorff, Ernst (1958): *Sachnormen im internationalen Privatrecht,* Frankfurt/M.: Klostermann

Stern, , Brigitte (1980): «Trois arbitrages, un même problème, trois solutions: les nationalisations pétrolières libyennes devant l'arbitrage international», in: *Revue de l'Arbitrage,* 3 ff.

Stichweh, Rudolf (1994): *Wissenschaft, Universität, Professionen,* Frankfurt/M.: Suhrkamp.

Stichweh, Rudolf (2000): *Die Weltgesellschaft: Soziologische Analysen,* Frankfurt/M.: Suhrkamp.

Stichweh, Rudolf (2001): Strukturen der Weltgesellschaft, in: *Frankfurter Rundschau* 13.03.2001, 22.

Stoll, Peter-Tobias (2003): «How to Overcome the Dichotomy Between WTO Rules and MEAs?», in: *Zeitschrift für ausländisches öffentliches Recht und Völkerrecht* 63, 439 ff.

Stoll, Peter-Tobias (2004): «Biotechnologische Innovationen: Konflikte und rechtliche Ordnung», in: Adrienne Hèritier, Michael Stolleis und Fritz Scharpf (Hg.), *European and International Regulation after the Nation State. Different Scopes and Multiple Levels,* Baden-Baden: Nomos, 261 ff.

Stolleis, Michael (2004): «Was kommt nach dem souveränen Nationalstaat? Und was kann die Rechtsgeschichte dazu sagen?», in: Adrienne Héritier, Michael Stolleis und Fritz Scharpf (Hg.), *European and International Regulation after the Nation State. Different Scopes and Multiple Levels,* Baden-Baden: Nomos, 17 ff.

Sydow, Jörg (1992): *Strategische Netzwerke: Evolution und Organisation,* Wiesbaden: Gabler.

Sydow, Jörg (1999): «Management von Netzwerkorganisationen: Zum Stand der Forschung», in: Jörg Sydow (Hg.), *Management von Netzwerkorganisationen,* Wiesbaden: Westdeutscher Verlag, 279 ff.

Sydow, Jörg und Windeler, Arnold (1998): «Organizing and Evaluating Interfirm Networks», in: *Organization Science, Special Issue: Managing Partnership and Strategic Alliances* 9, 265 ff.

Sydow, Jörg und Windeler, Arnold, (2000): «Steuerung von und in Netzwerken», in: Jörg Sydow und Arnold Windeler (Hg.), *Steuerung von Netzwerken: Konzepte und Praktiken,* Opladen: Westdeutscher Verlag, 1 ff.

Sykes, Alan (2002): «TRIPs, Pharmaceuticals, Developing Countries and the Doha ›Solution‹», in: John M. Olin, *Law and Economics Working Pa per No. 140,* University of Chicago Law School September 2002.

Tacke, Veronika (2000): «Netzwerk und Adresse», in: *Soziale Systeme* 6, 1 ff. Takagi, Shinji (2004): *The IMF and Argentina, 1991-2001,* IMF, *Independent Evaluation Office,* abrufbar unter: www.imf.org.

Tayler, Wilder (2001): «Background to the elaboration of the draft international convention for the protection of all persons from forced disappearance», in: *Review of the International Commission of Jurists* 62-63, 63 ff.

Teubner, Gunther (1980): «Die Generalklausel von ›Treu und Glauben‹», in: Rudolf Wassermann (Hg.), *Alternativkommentar zum Bürgerlichen Gesetzbuch,* Band 2:, *Allgemeines Schuldrecht,* Neuwied: Luchterhand, 32 ff. Teubner, Gunther (1989): *Recht als autopoietisches System,* Frankfurt/M.: Suhrkamp.

Teubner, Gunther (1995): «Die zwei Gesichter des Janus: Rechtspluralismus in der Spätmoderne», in: Eike Schmidt und Hans-Leo Weyers (Hg.), *Liber Amicorum Josef Esser,* Heidelberg: Müller, 191 ff.

Teubner, Gunther (1996a): «Globale Bukowina: Zur Emergenz eines transnationalen Rechtspluralismus», in: *Rechtshistorisches Journal* 15, 255 ff.

Teubner, Gunther (1996b): «Altera pars audiatur: Das Recht in der Kollision unterschiedlicher Universalitätsansprüche», in: *Archiv für Rechtsund Sozialphilosophie*, Beiheft 65, 199 ff.

Teubner, Gunther (1996c): «Des Königs viele Leiber: Die Selbstdekonstruktion der Hierarchie des Rechts», in: *Soziale Systeme* 3, 229 ff.

Teubner,Gunther(1996d):«De Collisione Discursuum: Communicative RationalitiesinLaw,Morality,andPolitics», in: *Cardozo Law Review* 17, 901 ff. Teubner, Gunther (1997): *Global Law without a State*, Aldershot: Dartmouth.

Teubner, Gunther (1999): «Eigensinnige Produktionsregimes: Zur Ko-evolution von Wirtschaft und Recht in den varieties of capitalism», in: *Soziale Systeme* 5, 7 ff.

Teubner, Gunther (2000a): «Privatregimes: Neo-Spontanes Recht und duale Sozialverfassung in der Weltgesellschaft», in: Dieter Simon und Manfred Weiss (Hg.), *Zur Autonomie des Individuums. Liber Amicorum Spiros Simitis*, Baden-Baden: Nomos, 437 ff.

Teubner, Gunther (2000b): «Des Königs viele Leiber: Die Selbstdekonstruktion des Rechts», in: Hauke Brunkhorst und Matthias Kettner (Hg.), *Globalisierung und Demokratie: Wirtschaft, Recht, Medien*, Frankfurt/M.: Suhrkamp, 240 ff.

Teubner, Gunther (2000c): «Ein Fall von struktureller Korruption? Die Familienbürgschaft in der Kollision unverträglicher Handlungslogiken», in: *Kritische Vierteljahresschrift für Gesetzgebung und Rechtswissenschaften* 83, 388 ff.

Teubner, Gunther (2001a): «Rechtsirritationen: Zur Koevolution von Rechtsnormen und Produktregimes», in: Günther Dux und Frank Welz (Hg.), *Moral und Recht im Diskurs der Moderne: Zur Legitimation gesellschaftlicher Ordnung*, Opladen: Leske und Budrich, 351 ff.

Teubner, Gunther (2001b): «Das Recht hybrider Netzwerke», in: *Zeitschrift für das gesamte Handelsrecht und Wirtschaftsrecht* 165, 550 ff.

Teubner, , Gunther (2003a): «Globale Zivilverfassungen? Alternativen zum staatszentrierten Konstitutionalismus», in: *Zeitschrift für ausländisches und öffentliches Recht und Völkerrecht* 63, 1 ff.

Teubner, Gunther (2003b): «Der Umgang mit Rechtsparadoxien: Derrida, Luhmann, Wiethölter», in: Christian Joerges und Gunther Teubner (Hg.), *Rechtsverfassungsrecht: Recht-Fertigungen zwischen Sozialtheorie und Privatrechtsdogmatik*, Baden-Baden: Nomos, 25 ff.

Teubner, Gunther (2004): *Netzwerk als Vertragsverbund: Virtuelle Unternehmen, Franchising, Just-in-Time in sozialwissenschaftlicher und juristischer Sicht,* Baden-Baden: Nomos.

Teubner, Gunther (2005): «The Anonymous Matrix. Human Rights Violations by ›Private‹ Transnational Actors», in: Manuel Escamilla und Modesto Saavedra (Hg.), *Law and Justice in a global society, International Association for philosophy of law and social sociology,* Granada, 547 ff.

Teubner, Gunther und Zumbansen, Peer (2000): «Rechtsverfremdungen: Zum gesellschaftlichen Mehrwert des zwölften Kamels», in: Gunther Teubner (Hg.), *Die Rückgabe des zwölften Kamels: Niklas Luhmann in der Diskussion über Gerechtigkeit,* Stuttgart: Lucius & Lucius, 189 ff.

Thomas, Urs (2004): «Trade and the Environment: Stuck in a Political Impasse at the WTO after the Doha and Cancun Ministerial Conferences», in: *Global Environmental Politics* 4, 9 ff.

Thürer, Daniel (2003): «Irak-Krise: Anstoß zu einem Neuüberdenken der völkerrechtlichen Quellenlehre», in: *Archiv des Völkerrechts* 41, 314 ff.

Tiebout, Charles (1956): «A Pure Theory of Local Expenditures», in: *Journal of Political Economy* 64, 416 ff.

Tietje, Christian (1999): «The Changing Legal Structure of International Treaties as an Aspect of an Emerging Global Governance Architecture», in: *German Yearbook of International Law* 42, 26 ff.

Tietje, Christian (2005): «Die Argentinien-Krise aus rechtlicher Sicht: Staatsanleihen und Staateninsolvenz», in: *Beiträge zum transnationalen Wirtschaftsrecht* 37, abrufbar unter: http://www.wirtschaftsrecht.uni-halle.de/body_publikationen.html.

Tomuschat, Christian (1993): «Obligations Arising for States Without or Against Their Will», in: *Recueil des Cours* 241, 195 ff.

Tomuschat, Christian (1997): «International Law as the Constitution of Mankind», in: United Nations (Hg.), *International Law on the Eve of the Twenty-first Century,* New York: United Nations Publications, 37 ff.

Tomuschat, Christian (1999): «International Law: Ensuring the Survival of Mankind on the Eve of a New Century, General Course on Public International Law», in: *Recueil des Cours* 281, 23 ff.

Tomuschat, Christian (2002): «The duty to prosecute international crimes committed by individuals», in: Hans-Joachim Cremer (Hg.),

Festschrift für Helmut Steinberger. Tradition und Weltoffenheit des Rechts, Berlin: Springer-Verlag, 315 ff.

Trachtman, Joel P. (2000): «Regulatory Competition and Regulatory Jurisdiction», in: *Journal of International Economic Law* 3, 331 ff.

Trachtman, Joel P. (2002): «Institutional Linkage: Transcending Trade and ...», in: *American Journal of International Law* 96, 77 ff.

Treves, Tullio (1999): «Conflicts between the International Tribunal for the Law of the Sea and the International Court of Justice», in: *New York University Journal of International Law and Politics* 31, 809 ff.

Triepel, Heinrich (1929): «Wesen und Entwicklung der Staatsgerichtsbarkeit», in: *Veröffentlichungen der Vereinigung der deutschen Staatsrechtslehrer* 5, 2 ff.

Uerpmann, Robert (2001): «Internationales Verfassungsrecht», in: *Juristenzeitung* 11, 565 ff.

UK Commission on Intellectual Property Rights and Development Policy (CIPRDP) (2002): *Report: Integrating Intellectual Property Rights and Development Policy,* London, abrufbar unter: http://www.iprcommission. org.

Underdal, Arild (2002): «Patterns of Regime Effectiveness», in: Edward Miles (Hg.), *Environmental Regime Effectiveness,* Cambridge/Mass.: MIT, 433 ff.

Vagts, Detlev (2001): «Hegemonic International Law», in: *American Journal of International Law* 94, 843 ff.

Vanberg, Viktor (1986): «Spontaneous Market Order and Social Rules: A Critical Examination of F.A. Hayek's Theory of Cultural Evolution», in: *Economics and Philosophy* 2, 75 ff.

Vec, Milos (2004): «Das selbstgeschaffene Recht der Ingenieure. Internationalisierung und Dezentralisierung am Beginn der Industriegesellschaft», in: Adrienne Héritier, Michael Stolleis und Fritz Scharpf (Hg.), *European and International Regulation after the Nation State. Different Scopes and Multiple Levels,* Baden-Baden: Nomos, 93 ff.

Verdross, Alfred (1953/54): «Die Wertgrundlagen des Völkerrechts», in: *Archiv des Völkerrechts* 4, 129 ff.

Verdross, Alfred (1964): *Völkerrecht,* 5. Aufl., Wien: Springer.

Vesting, Thomas (2000): «Subjektive Freiheitsrechte als Elemente von Selbstorganisationsund Selbstregulierungsprozessen in der liberalen Gesellschaft - dargestellt am Beispiel der Bedeutung der Intellectual Property Rights in der neuen Netzwerkökonomie», in:

Regulierte Selbstregulierung, Die Verwaltung, Beiheft aus Anlass des 60. Geburtstags von Wolfgang HoffmannRiem, 21 ff.

Vöneky, Silja (2001): *Die Fortgeltung des Umweltvölkerrechts in internationalen bewaffneten Konflikten,* Band 145, Wien: Springer.

Voser, Nathalie (1996): «Mandatory Rules of Law as a Limitation on the Law Applicable in International Commercial Arbitration», in: *The American Review of International Arbitration* 7, 319 ff.

Vyver, Johan David van der (1999): «Truth commissions, state sovereignty and an emerging international criminal justice system for the new milennium», in: *Tydskrif vir Regswetenskap* 24, 5 ff.

Wai, Robert (2005): «Transnational Private Law and Private Ordering in a Contested Global Society», in: Harvard International Law Journal 46, 471 ff.

Walker, Neil (2001): «The EU and the WTO: Constitutionalism in a New Key», in: Grainne de Burca und Joanne Scott (Hg.), *The EU and the WTO. Legal and Constitutional Issues,* London: Hart Publishing, 31 ff.

Walker, Neil (2002): «The Idea of Constitutional Pluralism», in: *Modern Law Review* 65, 317 ff.

Walter, Christian (2001): «Constitutionalizing (Inter)national Governance: Possibilities for and Limits to the Development of an International Constitutional Law», in: *German Yearbook of International Law* 44, 170 ff.

Walter, Christian (2004): «(Inter)national Governance in verfasungsrechtlicher Perspektive: Überlegungen zu Möglichkeiten und Grenzen der Entwicklung eines ›Internationalen Verfassungsrechts‹», in: Adrienne Héritier, Michael Stolleis und Fritz Scharpf (Hg.), *European and International Regulation after the Nation State. Different Scopes and Multiple Levels,* Baden-Baden: Nomos, 31 ff.

Wapner, Paul (1995): «Politics Beyond the State: Environmental Activism and World Civic Politics», in: *World Politics* 47, 311 ff.

Watson, Geoffrey (1993): «Constitutionalism, Judicial Review, and the World Court», in: *Harvard International Law Journal* 34, 1 ff.

Weber, Max (1968): *Gesammelte Aufsätze zur Wissenschaftslehre,* 3. Aufl., Tübingen: Mohr & Siebeck.

Weil, Prosper (1982): «Vers une normativité relative en droit international?», in: *Revue Generale De Droit International Public* 86, 5 ff.

Weiler, Joseph (1996): «Der Staat ›über alles‹. Demos, Telos und die Maastricht-Entscheidung des Bundesverfassungsgerichts», in: *Jahrbuch des öffentlichen Rechts der Gegenwart* 44, 91 ff.

Weinberger, Sheila (1996): «The Wimbledon Paradox and the World Court: Confronting Inevitable Conflicts between Conventional and Customary International Law», in: *Emory International Law Review* 10, 1 ff.

Weinstein, Michael M. und Charnovitz, Steve (2001): «The Greening of the WTO», in: *Foreign Affairs* 80, 147 ff.

Weisbrod, Carol (2002): *Emblems of Pluralism: Cultural Differences and the State*, Princeton: Princeton University Press.

Weissman, Robert (1996): «A Long, Strange TRIPs: The Pharmaceutical Industry Drive to Harmonize Global Intellectual Property Rules, and the Remaining Legal Alternatives Available to Third World Countries», in: *University of Pennsylvania Journal of International Economic Law* 17, 1069 ff.

Weltkommission für die soziale Dimension der Globalisierung (2004): *Eine faire Globalisierung: Chancen für alle schaffen*, Genf: ILO.

Wendt, Alexander (1992): «Anarchy is what states make of it: the social construction of power politics», in: *International Organisation* 46, 391 ff.

Wendt, Alexander (2003): «Why a World State is Inevitable. Teleology and the Logic of Anarchy», in: *European Journal of International Relations* 9, 491 ff.

Werle, Gerhard (2003): *Völkerstrafrecht*, Tübingen: Mohr & Siebeck. Wiener, Jarrod: *The ›Transnational‹ Political Economy: A Framework for Analysis*, abrufbar unter: http://www.kent.ac.uk/politics/research/kentpapers/weiner1.html: The Kent Papers in Politics and International Rela tions.

Wiethölter, Rudolf (1988): «Zum Fortbildungsrecht der (richterlichen) Rechtsfortbildung: Fragen eines lesenden Recht-Fertigungslehrers», in: *Kritische Vierteljahreszeitschrift für Gesetzgebung und Rechtswissenschaft* 3, 1 ff.

Wiethölter, Rudolf (2003): «Recht-Fertigungen eines GesellschaftsRechts», in: Christian Joerges und Gunther Teubner (Hg.), *Rechtsverfassungsrecht: Rechtfertigung zwischen Privatrechtsdogmatik und Gesellschaftstheorie*, Baden-Baden: Nomos, 1 ff.

Willke, Helmut (1992): *Ironie des Staates: Grundlinien einer Staatstheorie polyzentrischer Gesellschaft*, Frankfurt/M.: Suhrkamp.

Willke, Helmut (1997): *Supervision des Staates*, Frankfurt/M.: Suhrkamp. Willke, Helmut (2003): *Heterotopia. Studien zur Krisis der Ordnung moderner Gesellschaften*, Frankfurt/M.: Suhrkamp.

Windeler, Arnold (2001): *Unternehmungsnetzwerke: Konstitution und Strukturation*, Wiesbaden: Westdeutscher Verlag.

Winham, Gilbert R. (2003): «International Regime Conflict in Trade and Environment: The Biosafety Protocol and the WTO», in: *World Trade Review* 2, 131 ff.

Winter, Gerd (2005): «Einführung», in: Gerd Winter (Hg.), *Die Umweltverantwortung multinationaler Unternehmen. Selbststeuerung und Recht bei Auslandsdirektinvestitionen*, Baden-Baden: Nomos, 3 ff.

World Bank (2002): *Global Economic Prospects 2002: Making Trade Work for the World's Poor*, Washington D.C

World Health Organisation (2001): *Macroeconomics and Health. Investing in Health for Economic Development, Report of the Commission Macroeconomics and Health,* Genf: WHO.

World Health Organisation (2003): *World Health Report 2003*, Genf: WHO. World Health Organisation (2004): *UNAIDS. 2004 Report on the global HIV/AIDS Epidemic: 4th global Report*, Genf: WHO.

World Health Organisation (2005): *Treat 3 Million by 2005 Initiative,* Genf: WHO.

Yamin, Alicia Ely (2003): «Not Just a Tragedy: Access to Medications as Right under International Law», in: *Boston University International Law Journal* 21, 101 ff.

Young, Oran (1986): «International Regimes: Toward a New Theory of Institutions», in: *World Politics* 39, 104 ff.

Young, Oran (1994): *International Governance. Protecting the Environment in a Stateless Society*, Ithaca: Cornell University Press.

Zangl, Bernhard (2005): «Is there an emerging international rule of law? », in: *European Review* 13, 73 ff.

Ziegert, Klaus A. (2000): «Globalisierung des Rechts aus der Sicht der Rechtssoziologie», in: Rüdiger Voigt (Hg.), *Globalisierung des Rechts,* Baden-Baden: Nomos, 69 ff.

Zumach, Andreas (2003): «Medikament vor Ort, Patient tot», in: *die tageszeitung,* 13.9.2003, 13.

Zumbansen, Peer (2000): *Ordnungsmuster im modernen Wohlfahrtsstaat: Lernerfahrungen zwischen Staat, Gesellschaft und Vertrag,* Baden-Baden: Nomos.

Zumbansen, Peer (2004): «Globalization and the Law: Deciphering the Message of Transnational Human Rights Litigation», in: *German Law Journal* 5, 1499 ff.

COLISIONES ENTRE REGÍMENES JURÍDICOS
ANÁLISIS DE LA FRAGMENTACIÓN DEL DERECHO GLOBAL,
de ANDREAS FISCHER-LESCANO y GUNTHER TEUBNER
se imprimió en la República Argentina en noviembre de 2021

Made in the USA
Monee, IL
05 November 2026

67814365R00125